国家社会科学基金重大项目"丝路审美文化中外互通问题研究"（项目编号：17ZDA272）阶段性成果

国外文化研究前沿译丛

张　进　主编

解读名流
（原书第二版）

Understanding Celebrity
（Second Edition）

［澳］格雷姆·特纳（Graeme Turner）　著

高红霞　刘述时　译

知识产权出版社

全国百佳图书出版单位

—北京—

English language edition published in 2004, reprinted 2007, 2008, 2009 (twice), 2010 and 2012 by SAGE Publications, Ltd., SAGE Publications Company of London, Thousand Oaks, New Delhi and Singapore.

© Graeme Turner 2014

图书在版编目（CIP）数据

解读名流：原书第二版/（澳）格雷姆·特纳（Graeme Turner）著；高红霞，刘述时译. —北京：知识产权出版社，2024.3
书名原文：Understanding Celebrity（Second Edition）
ISBN 978 - 7 - 5130 - 9170 - 1

Ⅰ.①解… Ⅱ.①格… ②高… ③刘… Ⅲ.①名人—人物研究—世界 Ⅳ.①K811

中国国家版本馆 CIP 数据核字（2024）第 009148 号

责任编辑：刘 江　　　　　　　　责任校对：谷 洋
封面设计：杨杨工作室·张冀　　　责任印制：刘译文

解读名流（原书第二版）

［澳］格雷姆·特纳（Graeme Turner）　　著

高红霞　刘述时　译

出版发行：知识产权出版社 有限责任公司	网　址：http://www.ipph.cn
社　址：北京市海淀区气象路 50 号院	邮　编：100081
责编电话：010 - 82000860 转 8344	责编邮箱：liujiang@ cnipr.com
发行电话：010 - 82000860 转 8101/8102	发行传真：010 - 82000893/82005070/82000270
印　刷：天津嘉恒印务有限公司	经　销：新华书店、各大网上书店及相关专业书店
开　本：880mm × 1230mm　1/32	印　张：9.125
版　次：2024 年 3 月第 1 版	印　次：2024 年 3 月第 1 次印刷
字　数：212 千字	定　价：78.00 元

ISBN 978 - 7 - 5130 - 9170 - 1
京权图字：01 - 2023 - 5563

关于作者

格雷姆·特纳（Graeme Turner，1947 年生），是澳大利亚人文科学院（Australian Academy of the Humanities）主席（2004—2007），文化研究教授，澳大利亚昆士兰大学批评与文化研究中心（Centre for Critical and Cultural Studies）创始主任（2000—2012），也是澳大利亚国际文化与媒体研究的领军人物之一。他在"名人"的制造、消费及其文化功能、社会效应研究领域表现突出，并在世界范围内享有盛誉，被誉为澳大利亚当代文化研究"第一人"。2006—2011 年特纳教授任澳大利亚研究理事会研究员（ARC Federation Fellow），2006—2010 年担任澳大利亚研究理事会资助的"文化研究网络"项目召集人（Convenor of the ARC – funded Cultural Research Network），广泛参与澳大利亚联邦政府资助或管理的研究项目和高等教育政策的制定和研究工作。他分别于 2015 年和 2018 年担任澳大利亚卓越研究人文与创意艺术小组（Humanities and Creative Arts Panel for ERA）主席，是第二位在总理科学、工程和创新理事会（Prime Minister's Science, Engineering and Innovation Council）任职的人文学者。

格雷姆·特纳教授的研究涉及文学、电影、电视、广播、新媒体、新闻和流行文化等领域，在澳大利亚国内外学术出版社出版著作二十多部，发表学术论文六十多篇，作品被翻译成十多种文字，在世界范围内发行。特纳教授目前的研究项目包括跨国视频直播的增长及其对澳大利亚媒体的影响，以及后广播时代媒体与民主国家关系的变化状况。

特纳教授具有代表性的专著有：《重塑媒体》（*Reinventing the Media*，2016）；《文化研究的走向？》（*What's Become of Cultural Studies?*，2012）；《普通人与媒介：民众化转向》（*Ordinary People and the Media：The Demotic Turn*，2010）；《终结事件：澳大利亚电视时事的衰落》（*Ending the Affair：The Decline of Television Current Affairs in Australia*，2005）；《解读名流》（*Understanding Celebrity*，2004），多次再版；《英国文化研究导论》（*British Cultural Studies：An Introduction*，2003）；《作为社会实践的电影》（*Film as Social Practice*，1999），多次再版；《电影文化读本》（*The Film Cultural Reader*，2001）；2018年劳特利奇出版社出版特纳与大卫·罗（David Rowe）、艾玛·沃特顿（Emma Waterton）合作完成的著作《文化形成：商业化、跨国主义和当代澳大利亚的"民族化"状况》（*Making Culture：Commercialisation，Transnatonalism and the State of 'Nationing' in Contemporary Australia*）；2014年澳大利亚人文科学院出版社出版特纳与凯利·布拉斯（Kylie Brass）合作的《澳大利亚人文、艺术和社会科学地图》（*Mapping the Humanities，Arts and Social Sciences in Australia*）；2009年劳特利奇·泰勒和弗朗西斯出版集团（*Routledge Taylor & Francis Group*）出版特纳与金娜·泰（Jinna Tay）合作的《电视之后的电视研究：解读后广播时代的电视》（*Television Studies After TV：Understanding Television in the Post-broadcast Era*），2015年劳特利奇出版社出版二者合作的《亚洲电视历史：问题和背景》（*Television Histories in Asia：Issues and*

Contexts）；2013 年劳特利奇出版社出版特纳与安娜·克里斯蒂娜·佩蒂拉（Anna Cristina Pertierra）合作的《定位电视：消费区域》（*Locating Television：Zones of Consumption*）；2000 年剑桥大学出版社出版特纳与弗朗西斯·邦纳（Frances Bonner）、大卫·马歇尔（David Marshall）合作的《名声游戏：澳大利亚的名人制造》（*Fame Games：The Production of Celebrity in Australia*）。

特纳教授近年来的代表性论文如下：《约翰·菲斯克和文化研究的建立》（John Fiske and the Building of Cultural Studies，2022）、《初遇：阅读雷蒙德·威廉姆斯》（First Contact：Reading Raymond Williams，2021）、《人文学科的启发性：协调部门》（The Humanities as Heuristic：Coordinating the Sector，2019）、《电视研究，我们需要谈谈"狂看片"》（Television Studies, We Need to Talk About "Binge – viewing"，2019）、《应对多样性：澳大利亚电视，同质性和本土性》（Dealing with Diversity：Australian Television, Homogeneity and Indigeneity，2019）、《数字时代的媒体和民主：这是我们所想的吗？》（The Media and Democracy in the Digital Era：Is This What We Had in Mind?，2018）、《网飞和澳大利亚电视市场的重构》（Netflix and the Reconfiguration of the Australian Television Market，2018）、《名人与环境：他们的权力极限》（Celebrities and the Environment：The Limits to Their Power，2016）、《幸存于后广播时代：澳大利亚广播公司的国际背景》（Surviving the Post – broadcast Era：The International Context for Australia's ABC，2016）、《传播学中的文化研究标志：受众视角》（The Mark of Cultural Studies on Communication Research：A Perspective from the Audience，

2015）、《澳大利亚文化研究的现状如何?》（What Has Become of Australian Cultural Studies?，2015）、《名人新闻是新闻吗?》（Is Celebrity News，News?，2014）、《文化研究实践之今日》（Practising Cultural Studies Today，2013）、《让渡空间：融合文化、文化研究与课程》（Surrendering the Space：Convergence Culture，Cultural Studies and the Curriculum，2010）、《走进名人研究》（Approaching Celebrity Studies，2010），等等。

关于本书

　　《解读名流》（*Understanding Celebrity*）是格雷姆·特纳的代表作之一，自 2004 年首次出版以来已经多次再版。本次翻译参照的英语原版是 2014 年由赛奇出版社修订出版的第 2 版。《解读名流》从"名流"带给人们的谈资入手，深入研究制造名人的行业、名人消费、大众媒介与社会、经济、文化等方面的复杂关系。本书致力于打破关于名人的常规建构，创新名人文化研究的主导模式，确定各行业对名人的定位，区分电影、电视、体育以及商业等各行业名人名气的差异以及"名人文化"效应。

　　本书分为三个部分。第一部分是"引言"，主要通过综述名人历史，引导读者初步了解名人的文化功能。名流的概念、名人的分类、名人的文化传播、名人的社会功能、名人与宣传行业是本部分的研究重点。第二部分是"制造名人"，以名人经济，名人的批量制造，名人、小报与公共领域为重点讨论对象，研究影视、广告、时尚、体育等相关行业对制造名人过程的推广与宣传。第三部分是"消费名人"，以名人的文化功能和消费名人为聚焦点，解读名人文化功能的多样性、偶然性和对文化的潜在挑战性，研究消费名人的模式与文化效应，分析名人制造和传播的产业结构，以及消费名人的文化事件。

　　《解读名流》关于名人制造，名人消费，名人的文化功能、文化传播、社会效应，以及名人与经济、全球化、媒介融合和公共领域的研究，能够为中国当下的文化与媒介研究提供较为重要的参考。

第二版致谢

在本书第二版出版之际，我想对在批评与文化研究中心工作的同事安西娅·泰勒（Anthea Taylor）表达诚挚的谢意。无论是对于我以往关于名流文化所撰写的作品，还是现今问世的这本书，她都提出了富有建设性的意见，尤其是针对本书某些材料的修订。我和她在过去的四年里进行过无数次卓有成效的交谈。我还要感谢 2012 年在墨尔本迪肯大学（Deakin University）举办的首届国际名人研究会议的组织者——詹姆斯·班尼特（James Bennett）和肖恩·雷德蒙德（Sean Redmond）。我已将在此次大会上提交的一些材料呈现在本书的结论部分。最后，我还要感谢赛奇出版社的米拉·斯蒂尔（Mila Steele），她善意地敦促我更新《解读名流》，我也希望本次更新后的版本能够不负她的期望。

致　谢

　　首先，谨向我的合作伙伴弗朗西斯·邦纳和大卫·马歇尔致以诚挚的谢意，感谢他们在我们早期合作完成的一本关于澳大利亚名人的著作——《名声游戏：澳大利亚的名人制造》（2000年）的写作项目中做出的贡献。在那本书的创作过程中，我从他们那里获益良多。感谢他们在日常交流与学术方面给予的帮助，我不仅要感谢他们所撰写的内容，还要感谢在相互间多次交谈时他们提供的建议、参考文献，甚至是颦蹙之间的眼神沟通。

　　此外，我还想感谢那些读过本书草稿并提出宝贵意见和中肯评价的同事们，尤其是弗朗西斯·邦纳，她以始终如一的慷慨之姿，认真阅读了整本书稿。虽然约翰·哈特利（John Hartley）和艾伦·麦基（Alan McKee）对于书稿阅读得相对少一些，但他们也大方地给出了深入思考后的意见。本书的写作，缘起于我在参加桑德兰大学（University of Sunderland）媒体与文化研究中心举办的一次学术研讨会时应赛奇出版社茱莉娅·霍尔（Julia Hall）女士的邀请。2000—2003年，我曾在那里担任客座教授。我同样还要感谢约翰·斯道雷（John Storey）和他的同事们，尤其是安琪·温得利（Angie Werndly）和安迪·克里塞尔（Andy Crisell），他们邀请我参与他们的学术研究，并让我成为受欢迎的一员。另一个我需要感谢的人是乔克·赫米斯

（Joke Hermes），或许她已忘记了在那次研讨会上给予我的意见，但对我来说，那些意见大有裨益。再者，我要感谢我的三个研究生——苏珊·拉克曼（Susan Luckman）、约翰·冈德斯（John Gunders）和伊丽莎白·汤姆林森（Elizabeth Tomlinson），他们在很多时候充当着我的研究助理。另外，昆士兰大学批评与文化研究中心的同事们营造了极佳的工作氛围，该中心的项目主任安德莉亚·米歇尔（Andrea Mitchell）体贴入微，非常合理地安排了我的工作时间，并且将整个中心管理得井井有条。最后，我想感谢我的妻子克莉丝（Chris），她给予我无私的爱与支持。

第二版前言

本书的第一版完成于 10 年前，自那以后，很多事情都发生了变化，尤其是网络对于名人的制造与消费已经基本成为一种主流的活动。第一版对于网络因素的考虑主要基于当时的社会环境，自那以后，有很多新的网络平台出现，这值得引起重视，在此仅举其中的一个例子进行说明。例如，推特（Twitter）的普遍使用已经改变了传统意义上的名人与粉丝之间的关系，并且打乱了管理制造名人的行业控制体系。为了维持本书的结构——关于制造名人和消费名人的章节划分，旨在给予它们应得的篇幅——我抵制住了诱惑（以及一些建议），并没有撰写一个关于名人和新媒体的新章节。我更愿意在原书中加入新媒体、数字媒体或者移动媒体的材料，将它们和本书的论点整合，以便我以后再做更新。不过这么做也会使我的论点复杂化，比如说，一旦在描写中引入社交媒体的讨论，就会引发一连串需要澄清的问题，其中包括什么可以算作大众传媒，以及如此考量的重要性。

虽然新增的大部分材料涉及新媒体平台带来的变化，但同时，这一新的版本也对早期版本进行了彻底修订：增加和删减了一些材料，整体论点的方向略有改变，倾向于反映名人研究领域的重要变化。第一版主要强调媒体和文化研究学者把名人视为产业和表征研究范畴的必要性，而经过修订的第二版则反映出大家对名人研究领域本身的关注正在增强，对于名人在媒体文化中的显著影响力所产生的文化和政治上的成果也更加理解。我希望这次修订是对本书的论点、涉及的媒体平台以及使用案例的重要更新，从而进一步扩展和增强本书的实用性。

格雷姆·特纳

2013 年 2 月书于布里斯班

前　言

关于"名流"，我们能谈论些什么呢？如本书所示，有关这个话题，可聊的东西其实依然很多。我一直致力于打破关于名人的常规建构，以确定各个行业对名人的定位，这样我们才能够区分电影、电视、体育以及商业等各行各业中名人在名气上的差异。同样，我也注意到有关名人的文化研究的主导模式，其关注点集中于"名人文化"，它被有效地定义为一种表征的范畴。把特定的名人作为文本进行分析——大多数情况下是历史化的、互文化的文本，依然是文化和媒体研究中用来解读名人效应的主导模式。在本书中，我通过对产生名人文本的行业以及构建名人消费过程进行大量分析，试图寻找可行的方法来替代传统的主导研究模式。

基于此，我将本书分为三个部分。第一部分"引言"，主要通过综述名人历史及分析名人，引导大家对名人文化功能产生初步了解。第二部分"制造名人"，电视行业是在制造名人过程中会与新颖的形式和产品紧密相关的行业，在研究这一行业的当代发展趋势之前，我会先对名人制造的推广与宣传行业进行论述。第三部分"消费名人"，重点讨论消费名人的模式与目的，本部分的内容涉及公众对戴安娜王妃之死的反应，以及对名人网站的痴迷。名人提供的文化功能往往变化多端，且极具偶然性，任何对于名人文化的简单定义都将构成挑战。本书如此谋篇布局让我得以对名人的话语构成（如自相矛盾的话语、名人本人所扮演的不同角色）、制造和传播名人的产业结构以及消费名人的文化过程等，给予（几乎是）同等程度的重视。在我看来，这样的文本架构至少让我们从一开始就能正确地解读名人在当代文化中扮演的角色。

格雷姆·特纳

2003 年 7 月书于布里斯班

目　　录

第一部分　引　言

第一章　解读名人 ……………………………………… 3

一、今日名人 …………………………………………… 3

二、何为名人 …………………………………………… 4

三、图册人物、明星与名人 ………………………… 15

四、名人文化的传播 ………………………………… 28

五、名人的分类 ……………………………………… 37

六、名人的社会功能 ………………………………… 41

七、名人与宣传行业 ………………………………… 47

第二部分　制造名人

第二章　名人经济 …………………………………… 51

一、全球化与媒介融合 ……………………………… 51

二、名人商品 ………………………………………… 56

三、名人产业 ………………………………………… 68

四、宣传、新闻与权利 ……………………………… 77

第三章　名人的批量制造 …………………………… 87

一、普通艺人 ………………………………………… 87

二、"真正的"名人与真人秀电视节目 …………… 91

三、有效掌控：数字时代的自制名人 ⋯⋯⋯⋯⋯⋯ 107
第四章 名人、小报与公共领域 ⋯⋯⋯⋯⋯⋯⋯⋯ 120
　一、引　言 ⋯⋯⋯⋯⋯⋯⋯⋯⋯⋯⋯⋯⋯⋯⋯ 120
　二、名人、大众市场杂志与小报 ⋯⋯⋯⋯⋯⋯⋯ 122
　三、"小报化"论争 ⋯⋯⋯⋯⋯⋯⋯⋯⋯⋯⋯⋯ 129
　四、"大众化娱乐" ⋯⋯⋯⋯⋯⋯⋯⋯⋯⋯⋯⋯ 135
　五、民众化转向 ⋯⋯⋯⋯⋯⋯⋯⋯⋯⋯⋯⋯⋯ 143

第三部分　消费名人

第五章 名人的文化功能 ⋯⋯⋯⋯⋯⋯⋯⋯⋯⋯⋯ 151
　一、"草根"名人 ⋯⋯⋯⋯⋯⋯⋯⋯⋯⋯⋯⋯⋯ 151
　二、准社会互动关系 ⋯⋯⋯⋯⋯⋯⋯⋯⋯⋯⋯⋯ 157
　三、王室名人 ⋯⋯⋯⋯⋯⋯⋯⋯⋯⋯⋯⋯⋯⋯ 163
　四、哀悼戴安娜 ⋯⋯⋯⋯⋯⋯⋯⋯⋯⋯⋯⋯⋯ 167
　五、文化身份建构 ⋯⋯⋯⋯⋯⋯⋯⋯⋯⋯⋯⋯ 177
第六章 消费名人 ⋯⋯⋯⋯⋯⋯⋯⋯⋯⋯⋯⋯⋯⋯ 187
　一、名人观看者 ⋯⋯⋯⋯⋯⋯⋯⋯⋯⋯⋯⋯⋯ 187
　二、八卦：大家庭、情景剧、报复 ⋯⋯⋯⋯⋯⋯ 196
　三、消费的历史：追星 ⋯⋯⋯⋯⋯⋯⋯⋯⋯⋯⋯ 206
　四、在线消费名人 ⋯⋯⋯⋯⋯⋯⋯⋯⋯⋯⋯⋯ 213
第七章 结论：名人与公众文化 ⋯⋯⋯⋯⋯⋯⋯⋯ 224
　一、重视名人 ⋯⋯⋯⋯⋯⋯⋯⋯⋯⋯⋯⋯⋯⋯ 224
　二、名人、政治与宣传"粉饰" ⋯⋯⋯⋯⋯⋯⋯⋯ 232
　三、结　论 ⋯⋯⋯⋯⋯⋯⋯⋯⋯⋯⋯⋯⋯⋯⋯ 241
参考文献 ⋯⋯⋯⋯⋯⋯⋯⋯⋯⋯⋯⋯⋯⋯⋯⋯⋯ 245
英文版索引 ⋯⋯⋯⋯⋯⋯⋯⋯⋯⋯⋯⋯⋯⋯⋯⋯ 261

第一部分

引　言

第一章　解读名人

所谓熟悉的陌生人，绝非史无前例。人们很早就想象过一个世界，其中居住着许多无法真正接触却又近在咫尺的人。当然，现实中进入我们世界的公众人物的规模大小和流动范围，以及他们的普遍存在和关于他们的故事数量也确实发生着变化。毫无疑问，现在的故事只是其他故事的前奏或者续曲，或真或假，故事本身就是中场停顿，故事没有结尾。❶

一、今日名人

名人的现状如何？当今名人通常出现在体育圈和娱乐圈，他们的媒体曝光度较高，相对于职场生活而言，他们的私生活更容易引起公众的兴趣。例如，和政府官员不同的是，名人的职位或者成就虽然在一开始会给他们带来知名度，但他们的名气并不完全取决于这些。更确切地说，如果前面提到的因素已经稳固地建立起来，那么名人的名气很可能会超过最初的身份给他们带来的知名度。事实也是如此，现代名人除了能够吸引

---

❶ T. Gitlin. Media Unlimited: How the Torrent of Images and Sounds Overwhelms Our Lives [M]. New York: Metropolitan Books, 2001: 22.

公众的注意力，好像也没有什么其他特别的成就；比方说，
《老大哥》（*Big Brother*）或者《幸存者》（*Survivor*），其知名度
在于短时间积攒起来的知名度以及选手们一段时期内的人气；
又或者像金·卡戴珊（Kim Kardashian）一样，其知名度在于更
长久一些的公众人气。正如我们透过金·卡戴珊所看到的那样，
大多数媒体人士会说，出于种种原因，21世纪的名人受到的公
众关注度对于整个社会来说，看起来是极不平衡的。而其他研
究过该现象的学者也许会认为，这种过度的关注不过是构成名
人吸引力的一个内在因素，而这也是人们为何将名人视为大众
媒体文化的不真实性或者被建构性的典型原因之一。❶

　　正如本章开篇所言，现代大众媒体中名人的普遍存在，使
人们把它看作一种新的发展，而非简单地将其看成一种长期存
在状态的延伸。如今人们对于名人文化的过度关注，可以说是
史无前例，近年来，名人在文化领域所扮演的角色也在不断朝
纵深和多元化的方向扩展。我们仍需讨论的问题是名人的构成，
也就是说，如何准确地描述和理解这一现象。把名人当作一个
话语范畴、一件商品以及消费品，正确评估其规模和起源是我
们目前正在着手研究的一项工作，但是还有许多定义上的问题
有待澄清。在本章，我想通过论述一些关键论点来继续这一研
究过程，即围绕名人的定义和分类、名人制造的历史以及名人
的社会功能展开论述。

二、何为名人

　　在这里，让我们首先考虑几个选择。第一，大众媒体中的

---

❶　B. Franklin. Newszak and News Media［M］. London：Edward Arnold，1997.

一些专栏作家和公众知识分子倾向于把现代名人现象看作文化转向焦虑的一个症状：这种文化是从长久的、书面的、理智的文化转向短暂性的、视觉上的、轰动性的文化所形成的。❶ 第二，那些消费和投资名人行业的人倾向于将名人现象看作一种内在的或者"与生俱来的"品质，这种品质只有那些非凡的人才才有可能具备，也只有那些行业星探才有能力"发掘"出来。对于通俗报刊、粉丝杂志（fanzines）、电视和电影行业来说，名人的典型特质与生俱来也颇具魔力，新闻记者、专栏作家和宣传者就经常会谈及名人的"风采""明星气质"及其"个人魅力"。第三，与此形成鲜明对比的是，学术文献，尤其是来自文化媒体研究界的文献，倾向于将名人看作一系列文化和经济过程下的产物，这些过程包含通过推广、宣传和广告等活动将个体名人商品化。在这些过程中，名人的潜在意义便是协商并构建其文化身份，而最重要的是，媒体在对待知名人士时所采用的表征策略。所有的这些过程一起构成了名人产业，其中的重点在于文化研究把名人效应和名人生产描述为媒体运作的基本结构部分。在本章，我试图通过提及这些广义上的方法来触及名人的本质和功能。

关于名人，流传最广的名言恐怕来自丹尼尔·布尔斯丁（Daniel Boorstin）："名人之所以被众人所知是因其知名度。"❷

---

❶　该引语来源于吉特林（Gitlin）的《媒体无限：图像和声音的洪流如何使我们无所适从》（*Media Unlimited：How the Torrent of Images and Sounds Overwhelms Our Lives*，2001）一书，不过这只是这种观点的例子之一，另一个例子是席克尔（Schickel）的《亲密的陌生人——美国名人文化》（*Intimate Strangers：The Culture of Celebrity in America*，1985），这样的例子还有很多。

❷　Daniel Boorstin. The Image：A Guide to Pseudo－Events in America ［M］. New York：Atheneum，1971：58.（Originally published in 1961 as *The Image or What Happened to the American Dream*?）

而且，"有意制造名人的目的就是迎合我们对于人类伟大性的过度期待。"名人为了出名不断提升自己的能力，其实不是为了完成什么伟大的事业，而是为了在公众领域将自己的人格与其他竞争者区别开来。因此，对于英雄人物，我们是通过他们的成就或"伟大却又平凡的个人美德"来区分的；而对于名人，他们的名气则"主要来自他们各自的八卦琐事"。当然，对于布尔斯丁而言，这不足为奇，艺人们之所以能占据名人榜，就是因为"他们擅长发挥自身人格的边际差异效应（marginal differentiation）"。❶

布尔斯丁在一份评论的说明中指责当代美国文化缺乏最基本的真实性，因为这一文化逐渐被他称为"虚假新闻事件"（pseudo event）的媒体表述所占据。这是一场完全为媒体所量身设计和上演的新闻事件，它通过媒体的大规模报道来积攒自身的意义，却不对其价值进行公正评估。反过来，名人效应就是虚假新闻事件中的人物虚假新闻的等价物，即"关于人物的虚假新闻事件"（human pseudo event），其专为媒体编造，通过对名人在媒体上的知名度大小和效果进行评价。❷

将名人效应与当代流行文化的不真实性如此密切地关联起来，是对于名人效应作为文化转型症状的诠释。虽然布尔斯丁的讨论先于人们对后现代性的争论数十年，但是受后现代主义著名的相对主义二元对立的驱动，他描述了一种痴迷于形象、拟像和在物质或者现实中失去根基的文化。当这一问题所受到

---

❶ Daniel Boorstin. The Image：A Guide to Pseudo‐Events in America ［M］. New York：Atheneum，1971：65.

❷ Daniel Boorstin. The Image：A Guide to Pseudo‐Events in America ［M］. New York：Atheneum，1971：57.

的关注如此真实并且被大多数人认可时，我们不得不承认，对
流行文化中各种运动的精英批判从一开始就采用了这种立场。
正如我们所知，每次新潮流的更迭都代表着一段文明的终结，
而潜在的动机也变成了精英主义者对于大众文化实践中通俗或
平民主义部分的极度厌恶。因此，对那些想要了解流行文化形
式和实践的人来说，这些东西的有用性便有所局限。约翰·斯
托里（John Storey）曾提醒我，在他的《流行文化的创造》
（*Inventing Popular Culture*）一书的序言中有雷蒙·威廉斯
（Raymond Williams）对于《文化与社会》（*Culture and Society*）
一书的评论，威廉斯认为，"我们生活在一个不断扩张的文化
中，但我们把太多的精力浪费在惋惜既定事实上，而不是寻求
理解事实的本质和状况"。❶ 这样看来，我引用布尔斯丁的说
法，似乎是对评论与分析的传统弱点的准确反映，也是对探索
研究其他方案重要性的一个准确反映。

当然，布尔斯丁的观点并非唯一，但我们可以借助他的观
点把当今名人解读为当代流行文化重要转变的代表。另一种更
为公正且道德说教成分较少的主张认为，当代名人现象反映了
流行文化的本体论转变。随着名人成为媒体关注和个人抱负的
主要领域，以及谈判协商和组织构建文化意义的关键环节，它
构成了文化意义生成的一种变化。❷ 从一种更偏向社会学的角
度来看，这种转变从文化的净损失（a net cultural loss）方面来
讲，通常是社区的消失，由于当代政治社会环境的压力，人际

---

❶ John Storey. Inventing Popular Culture：From Folklore to Globalization［M］.
Malden，MA：Blackwell，2003：xii.

❷ P. D. Marshall. Celebrity and Power：Fame in Contemporary Culture［M］. Min-
neapolis and London：University of Minnesota Press，1997：72 – 73.

关系的紧密性逐渐减弱并且消失不见。这种观点认为，作为在上述环境下的产物，现代生活中存在一种情感赤字（an affective deficit）的现象。某些我们曾认为最亲密的社会关系似乎也在逐渐衰退：核心家庭、大家庭以及家庭搬出远郊社区，就是我们谈及的某些症状的表现。通过所谓的准社会关系互动（para‐social interactions），即与我们不认识的人在较远的社会距离内进行互动，能解决直接社会关系减弱的问题，例如，和那些我们所关注的和倾慕的名人进行互动，我们会觉得很享受。❶ 为了弥补社区的消失，我们所采取的办法之一是，将热情倾注于名人形象，为了维持与某个名人特定形象的互动关系，进行更大的投资。实际上，我们这样做，无非是通过媒体将名人作为一种在新的维度构建社区的手段。

克里斯·罗杰克（Chris Rojek）❷ 和约翰·弗劳（John Frow）❸ 都曾经认为，当今名人的文化功能与通常意义上的宗教文化功能相似。"猫王埃尔维斯（Elvis）是神吗？"弗劳曾经问道，并且根据他所列出来的很多判断依据，得出肯定的答复。他们二人都对某些名人、宗教人士的特质以及粉丝受众、教会信徒们不同的心路历程进行了详细的对比阐述。在罗杰克最新的一本著作中，他将名人所具有的"商品化魅力"（the commodified magnetism）和一种陶醉于团体、入迷和超然的表演文化联系在一起。总之，正如他在《名誉攻击》（*Fame Attack*）一书中所评论

---

❶ C. Rojek. Celebrity［M］. London：Reaktion，2001：52.

❷ C. Rojek. Celebrity［M］. London：Reaktion，2001；C. Rojek. Fame Attack：The Inflation of Celebrity and its Consequences［M］. London：Bloomsbury，2012.

❸ J. Frow. Is Elvis a god？Cult，culture，questions of method［J］. International Journal of Cultural Studies，1998：1（2）：197 –210.

的那样，"虔诚弥漫在整个名人文化的生产、交易和消费环节"。❶

从这个角度来看，我们可以认为，名人的特质就发生在某个被关注的个体中：在这种情况下，人们广泛地认为，埃尔维斯的名人效应是这种独特个体的固有品质。如此看来，宗教话语正好与媒体行业中名人制造的话语相通。媒体行业中关于名气是一种天生的、固有的、品质的流行说辞，很明显是为了使相关行业的利益合理化，同样也能让那些将他们的产品作为信仰、渴望和励志对象而进行消费的人群在心灵上得到慰藉。但是，我们需要了解的是，这种对于名人的定义已经被同样流行的媒体话语中强调造假和造假方式的论调所对抗。许多个人成功的事例表明个体的"明星潜质"（star quality）始终在闪闪发光，但也有许多人坚持认为，名人的成功不过是"瞎猫碰上死耗子"，运气好而已，和"明星潜质"没有多大关系。很明显，这种故事的吸引力不在于观众对明星人物或者产生这些故事过程的崇拜或者敬仰。❷

越来越明显的是，随着我们对于名人在流行文化中所扮演角色的进一步理解，我们明白了细节是非常重要的。理查德·

---

❶　C. Rojek. Fame Attack：The Inflation of Celebrity and its Consequences［M］. London：Bloomsbury，2012：121.

❷　伊恩·康奈尔（Ian Connell，1992）曾提出，这种动机虽不那么慷慨，但是名人媒体的基础，在英国小报中流传着很多恶意和明显错误的信息，他还对这一现象做出了解释。安德鲁·罗斯（Andrew Ross，1989）将其进一步扩展，指出大众文化就是想表达它对资产阶级价值观念的不满，以摆脱后者的遏制和操控；这是约翰·哈特利在作品中不断重申的一个观点，也是斯克洛兹和伍德（Skeggs，Wood，2012）重点关注的领域，他们研究的是为何工薪阶层受众有兴趣关注真人秀电视节目。

戴尔（Richard Dyer）1979 年和 1986 年的作品❶就非常具有影响力，这是因为他在将影视明星作为文化文本进行研究时非常关注细节，以及他能够将这些文本与特定明星得以出名的话语和意识形态状况进行互文处理。戴尔认为，他所研究的影视明星深深地根植于他们身处的社会，产生于特定的历史背景，而且完全由生产明星的历史背景所决定；另外，他也对于某位明星与观众相联系时产生的偶然性和特殊性意义给予了同等重视。戴尔将影视明星作为象征符号的描述表明，明星的社会价值不仅依靠重复的表述和表演来累积，还是他们所象征的个性与社会所看重（或质疑）的个性之间形成的一种复杂关系的产物。因此，戴尔所讲的玛丽莲·梦露（Marilyn Monroe）这一形象代表的意义的事件说明，对于玛丽莲·梦露形象的培养，不仅是在专业方面培养她的明星形象，而且同时在培养这种形象得以形成的话语和意识形态环境。

在关于名人的定义发展过程中，下一个概念的转变以及带领我们更进一步接近名人制造环境的概念，也许来自约书亚·盖姆森（Joshua Gamson）的《声名鹊起》（*Claims to Fame*，1994）。盖姆森的重要贡献在于，他聚焦于研究大批量炮制名人产品的行业，并且他还能够告诉人们，粉丝和观众从这些产品中得到了特别的意义和乐趣。在他的著作中还有很多实证细节，这些细节在本书后面的章节中还将发挥更大的作用。

20 世纪 90 年代和 21 世纪初，学术界对于界定名人效应的

---

❶ R. Dyer. Stars［M］. London：BFI，1979；R. Dyer. Heavenly Bodies：Film Stars and Society［M］. London：BFI/Macmillan，1986.

兴趣越来越浓厚，一大批著作对名人研究进行了术语界定，而名人研究本身有别于影视明星研究，影视明星是我们现在最常见的名人研究对象之一。马歇尔（Marshall）的《名流与权力》（*Celebrity and Power*，1997），贾尔斯（Giles）的《不朽的幻象》（*Illusions of Immortality*，2000），特纳、邦纳与马歇尔的《名声游戏》（2000）以及罗杰克的《名流》（*Celebrity*，2001）位列其中，此时常见的研究策略主要是强调名人"不是某些特定个体的属性（a property of specific individuals），相反，它主要是通过对于个体的话语表征方式建构起来的"❶。在罗杰克看来，名人是大众媒体将品质"归因"到一个特定个体身上的结果。❷ 对于贾尔斯而言，名气的建立是一种过程，一种个体经过媒体处理后的结果：

> 现代社会中一个残酷的事实是，对于所有出名的人，大众媒体都待之如名人，无论这些人是重要的政治人物、知名的活动家、富有灵感的艺术家、连环杀手，还是《驾校》（*Driving School*）纪录片里的莫林女士（一个英国真人秀电视节目的演员）。报纸和电视节目只对他们的知名度负责，而不顾及他们出名方式上的差异是否具有意义。❸

也许大家会辩解说，重要差异还是存在的，例如，电影明

---

❶ G. Turner，F. Bonner，P. D. Marshall. Fame Games：The Production of Celebrity in Australia［M］. Melbourne：Cambridge University Press，2000：11.

❷ C. Rojek. Celebrity［M］. London：Reaktion，2001：10.

❸ D. Giles. Illusions of Immortality：A Psychology of Fame and Celebrity［M］. London：Macmillan，2000：5.

星身份如何构建，我们如何解读电视名人，连环杀手如何臭名昭著——大家普遍认为贾尔斯的观点似乎是比较公正的一个。政治家、电视表演者、流行明星以及最新退出《老大哥》节目组的人，似乎都或多或少融合到"宣传体制和名气制造机器"（publicity regimes and fame – making apparatus）中了。❶ 这样的话，当今名人就不可避免地成了媒体代表的一件产品；要理解这个产品，就要对存在于这个话语体制里的代表性节目内容和模式给予密切的关注。

事实上，名人的话语体制是由诸多元素来界定的。它跨越了公众与私人世界的边界，更喜欢把个人、私人或者"真实的"自我作为优先揭露的客体。❷ 我们可以准确地找出公众人物成为名人的时间点，当媒体对于公众人物的兴趣点由报道其公众形象（如他们在政治或者体育领域做出的成绩）变为调查其私人生活时，名人便产生了。荒谬的是，正是公众人物常常在公众活动中的高调，才为这一过程提供了"名人化"（celebritisation）的前提条件。与之相反，名人追求大众关注的普遍做法，通常很容易超出大众对他们起初成就的认知。于是，我们有了诸如杰拉尔多·瑞弗拉（Geraldo Rivera）一样的记者脱口秀节目，"他们靠的不是报道而是自己本身出名"；❸ 又如演员林赛·罗韩（Lindsay Lohan），媒体对她的丑闻的报道规模已经

---

❶　J. Langer. Tabloid Television：Popular Journalism and the "Other" News ［M］. London：Routledge，1998：53.

❷　C. Rojek. Celebrity ［M］. London：Reaktion，2001：11.

❸　A. C. Shepard. Celebrity journalists：It's part of Watergate's legacy：A highly paid，star – studded media elite. That's good for a handful of journalists，but is it good for journalism? ［M］//B. Levy，D. M. Bonilla. The Power of the Press. New York and Dublin：H. W. Wilson，1999：82.

和她的职业成就完全不成比例。那些长期存在的名人名声之所以能够比他们起初追逐的名声更长久，如非常成功的电影明星杰克·尼科尔森（Jack Nicholson），就是因为他们自己把出名内化在了职业生涯中。

当然，这一切并不容易。进入媒体话语表述游戏中的关于名人的言论，通常是高度矛盾甚至相互对立的：名人要么超乎寻常，要么"和我们一样"；他们要么实至名归，要么"三生有幸"；名人要么是众人敬仰与模仿的对象，要么是被人嘲笑与蔑视的源起；他们要么脚踏实地，要么是彻头彻尾的骗子。又或者如迈克尔·杰克逊（Michael Jackson），在生命临终之际，只被人们看作一个彻头彻尾的"怪人"（wacko）。名人表述要探索的领域也很复杂，一方面，我们对某些名人的痴迷是一种幻想的投射；另一方面，我们可以在日常生活中与他们相遇。盖姆森对粉丝排队去看名人走红毯的看法，以及罗杰克对于"面对面"相遇带来破坏效应的讨论（如在日常生活中，我们碰巧见到了购物或者过马路的名人），表明如果我们偶遇心目中幻想的对象之后，会对自己的日常生活产生某种影响，甚至是引发某种渴望。正如我们将在第三章看到的那样，现代社交媒体的能力大大地增强了上述情形产生的可能性，如粉丝的确可以通过推特，直接与他们喜欢的名人进行沟通和交流。

但是，在大多数关于名人的讨论中，有一点多半被人们所遗漏了。虽然我们有理由认为，在话语体制内各种媒体对于名人的表述或多或少都是相同的，但我们有必要认识到，供消费者消遣和认同的某些媒体产品可能会有明显的差异。人们对于戴安娜王妃（Princess Diana）之死的震惊之情，可能和我们对现实生活中熟人所产生的情感并无二致，并推己及人。但是，由《名人胴体》（*Celebrity Flesh*）之类的情色杂志，以及《好莱坞妓女》（*Hollywood Whores*）之类的情色网站发起的对于裸体名人的痴迷，则完全不是那么一回事。由于距离色情网站很近，只需要轻轻点击一下鼠标即可，一键之遥的裸体名人网站让人非常不舒服，很少成为讨论或问询的对象。这一领域的名人角色加入了性别化的色彩，通常还带有厌女的倾向，这些更需要被人们所关注。（第六章将有关于这一内容的讨论。）

当然，我们也有必要强调一下现在媒体制造名人的过程变得多么复杂。正如我将在第三章讲到的那样，20世纪90年代，名人已经演变成一种十分重要的商品，以至于媒体对名人内容的开发已经变成一个极度扩张的领域。今天，我们处于一个越来越高度趋同的媒体环境中，跨媒介与跨平台内容及推广已经成为常态，名人制造与交易已经成为形形色色媒体机构的一种商业策略，而不仅仅存在于推广和宣传。特别是网络和有线电视，体现出其强大的无中生有的名人制造能力，以至于根本不需要把任何个人的能力、技能或者非凡性作为吸引公众注意力的前提条件。《老大哥》节目现象从一开始就清楚地表现了这一点，同时还包括全球范围内建立在这种模式之上的各种真人秀电视节目。

这提醒我们，名人不仅是一种话语效应（discursive effect），同时也是一种商品，是经由媒体和宣传行业生产、交易和市场化的商品。在这种情况下，它的首要功能还是商业和推广。事实上，在安德鲁·维尼克（Andrew Wernick）早期的著作《文化促销》（*Promotional Culture*）中，他对"明星"这个术语给出了独特的定义："明星是指任何人，一旦他们的名字和名声已经建构到一定程度，只要通过提及、媒介呈现或者真正露面，就可以作为宣传的助推器"。❶ 在这样的定义下，根据名人在大众媒体运营、推广和宣传行业中所扮演的角色，他们被当作一种有益的工具得到定义。

如果非要下定义，那么名人指的是一种表述文体和话语效应；它也是一种推广、宣传和生产这些表述和效应的媒体行业进行交易的商品；此外，它还是一种具有社会功能、需要我们更进一步理解的文化形式。在后面的第五章、第六章中，我会逐步地涉及针对当代文化中身份是如何构建，以及个体的自我是如何被文化定义的论述。

三、图册人物、明星与名人

里奥·布劳迪（Leo Braudy）是为数不多的坚持研究当代名人文化的学者之一。在《名誉的迷乱》（*The Frenzy of Renown*，1986）一书中，布劳迪认为"名声的历史"可以追溯到罗马帝国初期，并且他提到，追求名气作为人基本组成内容，在西方社会已经有好几百年的历史了。在他看来，名声的历史为我们提供了一个角度，以审视名声对于个体意味着什么，以及在不同的时代，成功的社会定义是如何变化的。❷ 不过，他也承认，由于后文艺复兴时期个体概念在面对民主的进程时发生变化，特权或者阶级区分的君主政体和宗教体制坍塌，再加上大众通信的传播等原因，名声在现代社会中经历了一定程度的膨胀。然而，他认为这不过是程度上的差异，而非实质性的

---

❶ Andrew Wernick. Promotional Culture：Advertising, Ideology and Symbolic Expression［M］. London：Sage，1991：106.

❷ Leo Braudy. The Frenzy of Renown：Fame and its History［M］. New York and Oxford：Oxford University Press，1986：10.

不同。

近年来，我们发现大家对于名人历史的兴趣增强，通常是为了延长名人历史的时间范围。弗雷德·英格利斯（Fred Inglis，2010），❶还有西蒙·摩根（Simon Morgan，2011），❷将名人的起源定位于18世纪中期，他们坚持现在人们所熟知的关于"荣誉和声望"（honor and renown）以及"魅力和名人"（glamour and celebrity）之间的区别。❸在英格利斯看来，"城市民主的发展、城市通信媒体在200年的扩张，以及现代感受力的急剧个性化，使得名声成为一种短暂的回馈，并且将公众表示忠诚的呼声变成了对名人的追捧"。❹罗伯特·梵·科里科恩（Robert van Krieken）则选择了一条稍有不同的路线：在同样将名人的历史起源定位于18世纪中期欧洲的"宫廷社会"时，他还认为对名人现代性的强调是把名人"增强或加速"现象误认为了"名人制造"。❺也就是说，现在的名人，除了分类，在规模和强度上都和之前大相径庭。事实也确实如此，在19世纪后期，也就是早于电子媒体却又晚于全面媒体化的大众媒体时期，关于名人的作品在持续增长，这是一个很有说服力的例证，说明早期的名人运作方式和我们今天所见到的基本类似〔参见如辛

---

❶ F. Inglis. A Short History of Celebrity［M］. Princeton：Princeton University Press，2010.

❷ S. Morgan. Celebrity：Academic 'pseudo - event' or a useful concept for historians？［J］. Cultural and Social History，2011，8（1）：95 - 114.

❸ Fred Inglis. A Short History of Celebrity［M］. Princeton：Princeton University Press，2010：5.

❹ Fred Inglis. A Short History of Celebrity［M］. Princeton：Princeton University Press，2010：5.

❺ Robert van Krieken. Celebrity Society［M］. London：Routledge，2012：11.

德森的著作（Hindson，2011）❶]。

　　虽然克里斯·罗杰克也是经由漫长的历史视角去说明发生在 20 世纪的情况，但是，当他坚持名人的根本的现代性时，或许正是代表了占据主导地位的观点：他将这种情况形容为"报纸、电视、广播和电影大量流通的现象"。❷ 这种讨论也有很多正当理由，其中一些理由与新媒体技术的发展有关。例如，盖姆森就指出了摄影技术发展的重要意义。很明显，摄影技术为报纸展示事件的发展情况提供了无须借助媒体的渠道，同时也体现了个体展示的一个全新而重要的意义。由于摄影技术持续不断地运用于印刷媒体，盖姆森认为，"人脸的传播"（dissemi-nation of the face）取代了思想的传播，并为"宣传人物"（pub-licizing of people）奠定了基础。❸ 顺着这条思路，亚历山大·沃克（Alexander Walker）指出电影特写的重要性，这种最具个体特性的技术，既为大众提供了一种新的场面，又刺激起了广大观众新的渴望。❹

　　和罗杰克一样，我更倾向于一种标准化的观点——从历史上来看，名人数量的增长与大众媒体（尤其是视觉媒体）的传

————————

　　❶ C. Hindson. Mrs Langtry seems to be on the way to a fortune：The Jersey Lilyand models of late nineteenth century fame ［A］//S. Holmes，D. Negra. Inthe Limelight and Under the Microscope：Forms and Functions of Female Celebrity. New York and London：Continuum，2011.

　　❷ C. Rojek. Celebrity ［M］. London：Reaktion，2001：16.

　　❸ J. Gamson. Claims to Fame：Celebrity in Contemporary America ［M］. Berke-ley：University of California Press，1994：21.

　　❹ Alexander Walker. Stardom：The Hollywood Phenomenon ［M］. London：Mi-chael Joseph，1970：21.

播是有关联的。正如罗杰克在《名誉攻击》❶一书中详细阐述的那样，这也不断地与 20 世纪初期公共关系的出现以及宣传推广行业的发展有关。❷ 事实上，席克尔（Schickel）认为，这些行业的发展使得名人的创造成为一种不可避免的现象：

> 大约在 1895—1920 年，第一批现代名人体制逐渐步入正轨，不过一切都是即兴的、非常原始的。这个体制需要更多的事物，在相对规律的基础上，为大众提供可靠的感官补充，以及相对稳定、引人入胜并且易于模仿的一系列真实的冒险活动。而且，这些事物可以让媒体在收集和呈现人物新闻的同时，回归到相对被动的角色，而不是强迫它不断地去冒险，从而毁掉这些创造天才的声誉。❸

或许席克尔对于自己的论断确信不疑，他坚持认为"在 20 世纪早期之前，没有名人存在"。❹ 他认为在那之前，人之所以出名，是因为他们取得了成功。不过，在 1916 年 6 月 24 日，玛丽·碧克馥（Mary Pickford）和老板阿道夫·朱克（Adolph Zukor）签下第一个价值百万美元的电影合同时，一切都变了：

> 在这笔交易成为报纸头条的那一刻，报酬本身与努力

---

❶ C. Rojek. Fame Attack：The Inflation of Celebrity and its Consequences ［M］. London：Bloomsbury，2012.

❷ 第一家独立的广告宣传公司于 1900 年在美国成立。

❸ R. Schickel. Intimate Strangers：The Culture of Celebrity in America ［M］. Chicago，IL：Ivan R. Dee，1985：33 – 34.

❹ R. Schickel. Intimate Strangers：The Culture of Celebrity in America ［M］. Chicago，IL：Ivan R. Dee，1985：21.

和内在品质脱离开来，也是在那一刻，认为一个人的所做与所得应该合理关联的老一套观念变得苍白无力（在娱乐圈的上层，这是隐形的）。❶

当然，在这个关键时刻还出现了其他竞争者，大多数人认为美国电影行业最初发展的 20 年就是在这个时间节点，当时独立制片人之间的竞争非常激烈，为了让自己的产品上市，他们需要寻求各种新的策略和方法。电影史学家也喜欢引用历史上首次故意操纵宣传以吸引公众关注的明星案例。故事是这样的：1910 年，制片人卡尔·拉姆勒（Carl Laemmle）故意在圣路易斯的一家报纸上刊登了一则关于女演员弗洛伦丝·劳伦斯（Florence Lawrence）的虚假新闻，那时她被人们誉为"比沃格拉夫女孩"（the Biograph Girl）。新闻提到她不幸在一场有轨电车事故中丧生，随后，拉姆勒立即对虚假新闻进行谴责，并召开高规格的公众发布会，劳伦斯也出席，并且被一群"如释重负和据说敬慕她的观众"围得水泄不通。❷

尼尔·盖伯勒（Neal Gabler）在给报纸专栏作家沃尔特·温切尔（Walter Winchell）写的传记中提到了名人起源的另一种说法，并且将其定位在现代报纸中首次对名人私人生活进行展现的时间点上：

　　1925 年，大多数报纸的编辑不愿意刊登一些并没有什

---

❶ R. Schickel. Intimate Strangers：The Culture of Celebrity in America ［M］. Chicago, IL：Ivan R. Dee, 1985：47.

❷ R. Schickel. Intimate Strangers：The Culture of Celebrity in America ［M］. Chicago, IL：Ivan R. Dee, 1985：37.

么恶意的庆生类新闻，担心如此的做法会破坏大家的高雅品位。正在此时，温切尔却在报纸中引进了一类颇具革命性的栏目：报道谁和谁有绯闻、谁又生病或者去世、谁又捉襟见肘了、哪对夫妻有了婚外情、哪对配偶要离婚以及一大堆其他的秘密、过失和乱七八糟的东西，这些都是原来不为人知的事情。他这样做不仅打破了长久以来报道新闻的禁忌，并且在一夜之间以一己之力拓展了美国新闻业的范围。❶

盖伯勒把温切尔放置在当时的语境中展开研究，旨在支撑自己的观点。他认为这个高调的记者，"帮助开创了一种全新的名人大众文化"：

> ……仅以纽约、好莱坞和华盛顿为中心，注重个性，依靠媒体宣传，专注于转瞬即逝的事物，通过丑名获得权利。这种文化与一个日益多样化、流动和分裂的国家结合在一起，直到在许多方面成为美国的主导精神，名人意识成为我们新的共性。❷

布尔斯丁也曾指出，20世纪20年代早期，在通俗杂志的内容方面出现过一次大的转变。当《星期六晚邮报》(*The Saturday Evening Post*) 和《矿工杂志》(*Collier's*) 等大批量发行

---

❶ Neal Gabler. Walter Winchell: Gossip, Power and the Culture of Celebrity [M]. London: Picador, 1995: xii.

❷ Neal Gabler. Walter Winchell: Gossip, Power and the Culture of Celebrity [M]. London: Picador, 1995: xiii.

时，他注意到，在1901—1914年的五个抽样年中，杂志中人们感兴趣的74%的"传记主题"来源于政治、商业和专业领域。但是，自1922年以后，"超过半数的人们感兴趣的主题来源于娱乐界"。❶ 同样，马歇尔也告诉我们，在此期间，对于名人事迹的需求促生了一个针对特定兴趣的全新出版部门。他谈到，"在20世纪的第二个十年，名人本身促生了整个产业，伴随而来的是影迷杂志。首先是《电影世界》（*Moving Picture World*），紧接着是《电影故事》（*Photoplay*）、《现代电影》（*Modern Screen*）和《银幕》（*Silver Screen*），这些杂志公开地对明星和他们的生活进行宣扬"。❷

当然，像名人一样的文化流行现象一定会有很多的起源点和数不清的变化点。如果我们要描绘关于这一现象的历史轮廓，最清晰的时间点恐怕就是20世纪初期美国电影产业的时代。当时，人们融合了围绕现场演出（live theatre）和歌舞杂耍（vaudeville）发展起来的媒体代理网络流传下来的方式，并寻求一种新产品——叙事故事片——的产业化营销手段，新生的美国电影行业经历许多重大的转变，促成了"图册人物"以及后来的"明星"市场化营销。

起初，电影还没有演职人员表，而且除了影片中所扮演的角色，也不会为演员做其他身份的宣传。1910年前后，这一情

---

❶ Daniel Boorstin. The Image：A Guide to Pseudo – Events in America ［M］. New York：Atheneum，1971：59.

❷ P. D. Marshall. Celebrity and Power：Fame in Contemporary Culture ［M］. Minneapolis and London：University of Minnesota Press，1997：8.

况发生了变化，并引起人们对于这个话题广泛的、历史性的争论。❶ 不过，似乎有很多决定性因素参与其中并发挥着作用。一开始，或许是演员自己不太愿意参与广告宣传，以免玷污他们作为在现场演出的戏剧演员的名声；又或许是电影工作室担心对单个演员进行推广宣传等于赋予了他们一定程度的市场权利，最终可能导致制片人的钱白花了。还有一种可能是，工作室没有意识到，宣传这些演员的人格比宣传他们在电影叙事中倾力表演的人物个性会更卖座。德·科尔多瓦（De Cordova）在他描述"图册人物"（Picture Personalities，当时所使用的措辞）时追踪过这些问题，这种说法直到制片人把演职人员表包括进来并且赞扬某个演员的表演时才出现。德·科尔多瓦对于这种安排的描述表明，这种说法相当准确，因为这就是为了在当时的推销话语中突出演员的个性：

> 在一部电影中，人格作为电影中角色表现的效果而存在，或者更准确地说，是一系列电影中的角色表现的效果。它的主要作用归功于演员在电影角色中的各种表演。不过，虽然个性主要是影片中角色的表现效果，但即使脱离了电影的基础，这种错觉的作用依然存在。❷

由此我们可以看出，早些时候突出名人的个人或者自我人

---

❶ 参见施泰格（Staiger）和德·科尔多瓦（De Cordova，1991）关于格莱德希尔（Gledhill）的文章，以及席克尔（Schickel，1985）和德·科尔多瓦后期的作品（1990）。

❷ R. De Cordova. Picture Personalities：The Emergence of the Star System in America［M］. Urbana and Chicago：University of Illinois Press，1990：86.

格作为宣传对象，是宣传当代名人的特征。在早期，媒体的商业功能是培养大众对单个演员的兴趣，期待演员在一系列新作品中重复表演相同的银幕人物个性。因此，努力使银幕上构建的人物个性和推广话语中的人物个性相契合，就显得很重要：

　　……对于演员在银幕之外生活方式的描述，只不过是银幕之内生活的延伸罢了。演员们的真实个性（如同杂志所说的那样）先于或者引起了他们在银幕中塑造的个性，这种错觉其实行之有效。❶

　　但是图册人物这一形式并没有持续多久。德·科尔多瓦认为，到1914年，一项重要的转变在推广话语中悄然产生，这次转变把我们从图册人物时代（在这个时代，名人个性的塑造推广和银幕表演融合成一体）带到了明星时代："伴随着明星的出现，演员在电影作品之外的生活成为推广话语的重点。演员的私人生活才是了解真实的最佳场所。"❷ 根据盖姆森等的说法，这一转变经历了相当长的一段时间之后才得以完成，中间还出现了一系列小的变动。例如，盖姆森注意到，在德·科尔多瓦提到将明星形象与当前电影角色相配合的方法之后，宣传人员在较长的时间内把它作为推广策略。盖姆森想说的是，台上台下身份的融合其实是一个连续的策略使用过程，并不断调整推广策略来适应所推广的角色，因此明星的身份被塑造得高

　　❶ R. De Cordova. Picture Personalities: The Emergence of the Star System in America [M]. Urbana and Chicago: University of Illinois Press, 1990: 87 – 88.

　　❷ R. De Cordova. Picture Personalities: The Emergence of the Star System in America [M]. Urbana and Chicago: University of Illinois Press, 1990: 98.

度符合当前商业宣传工具的要求。❶ 虽然德·科尔多瓦所叙述的变化速度相当缓慢，但是其主要征兆也的确表现得越来越明显，也就是说，明星的"真实"身份与他们日积月累扮演的银幕人物逐渐脱节。

这种脱节对整个行业产生了重要影响。由于该行业允许更大的自由度和灵活性，明星的发展将个体转化成了一种可以进行市场推广和交易的商品，同时给予明星一种新的权利，这样他们就可以独立于自己经常借用的媒介，和观众建立一种新型的关系。正是因为这种转变，一个明星可以拥有自己个人和职业方面的兴趣爱好，用于推广自己，而不仅仅依靠在最新的电影作品中所扮演的角色，通过媒体进行个人宣传。对于媒体而言，它们有了新的信息来源和通过媒体建构身份的新方式。与之相反，明星的文化影响力在接下来的数年间得到了显著的加速和强化。当然，很多问题随之而来，甚至对于那些最初在快速发展过程中获利最多的人也是如此。在维护自己协助创造的明星产品的商业价值同时，工作室还要维持其自身兴趣追求的媒体的存在。在某些情况下，如"胖子"阿巴寇的丑闻（Fatty Arbuckle scandal），还有道格拉斯·费尔班克斯（Douglas Fair-banks）和玛丽·碧克馥之间纠缠不清的绯闻关系，都对整个行业的社会接受性造成了严重的问题。

随着图册人物让位于影视明星，一个新的推广、宣传与形象管理阶层进入媒体行业。马歇尔将影视明星看作个人主义意识形态的神化，他认为这种意识形态普遍存在于名人之中，也

---

❶ J. Gamson. Claims to Fame: Celebrity in Contemporary America [M]. Berkeley: University of California Press, 1994: 26 – 27.

可能是他研究的名人中最有力量的个人类别。❶ 他对影视名人的探讨主要侧重自由、独立和个人主义在构建影视明星的话语中的中心意义，以及明星与观众之间关系的独立商业意义。当然，在大多数情况下，这种独立性需要第三方的管理，也就是商业代理人，不过这个第三方是由明星自己雇用的。对于成功的影视明星而言，只要管理得当，名人就能具有一定的权利和自主权。

问题的关键在于，继理查德·戴尔之后，马歇尔也指出，这些影视明星的名声有其特定的内涵。为了宣扬他们美国梦式的生活方式，媒体竭尽全力、精心地塑造他们的成功，使得好莱坞明星"将消费文化和民主愿望结合在一起"❷。戴尔在20世纪七八十年代的著作❸以及马歇尔发表于1997年的《名人与权力》（*Celebrity and Power*）❹，本质上是致力于全面解释影视明星在西方文化中已经被人们接受为一种身份认同的公众人格，在明星身上，公众可以投资并维系某种个人兴趣，并且赋予明星一种文化或者社会价值，而不仅仅是经济价值。

当然，在电影行业之外，其他行业的名人发展也有其历史渊源。在某些情况下，这些名人所承载的文化内涵也存在明显的差异。虽然在印刷媒体和电视中，现在名人所展现出来的影

---

❶ P. D. Marshall. Celebrity and Power: Fame in Contemporary Culture ［M］. Minneapolis and London: University of Minnesota Press, 1997.

❷ P. D. Marshall. Celebrity and Power: Fame in Contemporary Culture ［M］. Minneapolis and London: University of Minnesota Press, 1997: 9.

❸ R. Dyer. Stars ［M］. London: BFI, 1979; R. Dyer. Heavenly Bodies: Film Stars and Society ［M］. London: BFI/Macmillan, 1986.

❹ P. D. Marshall. Celebrity and Power: Fame in Contemporary Culture ［M］. Minneapolis and London: University of Minnesota Press, 1997.

响力来自各行各业，如体育、流行音乐和电视，但是对于现代名人，最精心的制造并且能够根植于社会的实例当属影视明星的发展。不过在将影视明星作为典型案例进行分析时，还是存在诸多局限。维持明星的知名度（在大多数情况下和银幕上的角色相分离）和他们出演的电影之间的关系太过复杂，两者之间的差异仍表现得十分明显。电影明星，甚至是像克林特·伊斯特伍德（Clint Eastwood）一样的偶像演员，都一直在努力吸引大众关注他们作为演员的工作，在谈论他们的事业时会使用"以工作为主体"的话语。对于其他明星，如电视明星，情况却并非如此。很多年前，约翰·兰格（John Langer）曾提出过这样的观点：电影创造了明星，而电视创造了知名人士（film created stars，while television created personalities）。电影明星通过扮演人物提高自己的名望，在某些情况下，这些表演在某些方面保持了他们一直构建的公众人物身份，就像阿诺德·施瓦辛格（Arnold Schwarzenegger）一样。而在其他情况下，明星则更擅长将自己的身份完全隐藏在所扮演的公众人物身份之下，典型的例子有罗伯特·德尼罗（Robert De Niro）、凯特·布兰切特（Cate Blanchett）以及约翰尼·德普（Johnny Depp）。在电视行业中，更确切地说，类似后一种情况是不会发生的。知名人士只是简单地表演自己（也就是观众看到的样子），并且表演得越逼真，效果越好，尽管正如詹姆斯·班尼特（James Bennett）提醒我们的那样❶，这种外观上的逼真可以通过高度的专业知识和技能达到。确实如此，电视名人的一个重要特质

❶ J. Bennett. Television Personalities：Stardon and the Small Screen［M］. London and New York：Routledge，2011.

就是他们能够尽力消除他们自己和所表演人物形象之间的差距，他们也在一种不同的符号经济中运转。电影明星似乎能够通过不停地表演角色来持续不断地生成意义，而与之相反，电视名人濒临不断耗尽意义的危险，也就是说，为了表演需要，他们持续地支取他们生成的意义。

我认为兰格的区别论依然是一个大有裨益的观点（尊敬的班尼特可能不这么看），尤其是当我们平行地考虑德·科尔多瓦笔下好莱坞早期图册人物的历史时。在早期，好莱坞的推广话语旨在将银幕表演和私人形象的话语构建紧密地联系在一起。当今电视业为了推广知名人物，似乎只是重复着这一策略，而像《幸存者》（Survior）和其他的真人秀电视节目的市场营销，也不过是电视业如法炮制的最新例子而已。现在，当我们看到真人秀电视节目名人的问世彻底改变整个局面的时候，对于电影明星和电视名人的区分不再像过去那样意义重大。正如弗朗西斯·邦纳所言，兰格所提出的区分名人已经部分地失去了恰当性，"因为名人文化作为大众媒介文化的一部分，已经发展得相当庞大了"。❶ 此外，由于真人秀电视节目名人的增加及其与其他媒体平台的融合，电视作为名人文化的中心位置已经得以提升。詹姆斯·班尼特对兰格关于电视名人的说法也持批评态度：这暗示着电视行业生产了"一种劣于其他领域的名人形式"，❷ 或者说电视行业根本不可能制造"明星"——曾对这一问题进行过直接挑战的是爱丽丝·莱波特（Alice Leppert）和朱

---

❶ F. Bonner. Personality Presenters：Television's Intermediaries with Viewers［M］. Farnham：Ashgate，2011：75.

❷ F. Bonner. Personality Presenters：Television's Intermediaries with Viewers［M］. Farnham：Ashgate，2011：15.

莉·威尔逊（Julie Wilson）对《好莱坞女孩》（*The Hills'*）颇有帮助的讨论，威尔逊认为，《好莱坞女孩》中的劳伦·康拉德（Lauren Conrad）就是第一个真人秀节目"明星"。因此，班尼特的作品旨在重新思考电视行业在当前名人文化形成的背景下所具有的特殊性，以及理解电视名人制造和传播的不同方式，目前电视名人行业的真人秀电视节目制作的大量作品，也被大家所关注和研究。

在本节末尾，谈一谈名人在线（celebrity online）向名人网络（celebrity websites），如博客（blogs）、网络聊天室（chatrooms）、粉丝网站（fansites）、推特（Twitter）等社交媒体转移的内容可能比较合适。不过因为我会在第三章比较详细地探讨网络名人，还有后面的第六章，所以我会把这部分内容放到后面再谈。

四、名人文化的传播

正如我在本章开头所指出的那样，名人文化的无处不在正是当今时代的一个标志。当今，名人话语入侵各种场所：从商场里举行寻找与童星相貌相似的比赛，到重大政治活动的管理等，所有这些都表明宣传、推广和利用媒体事件的重要性。布尔斯丁指出，自富兰克林·D. 罗斯福（Franklin D. Roosevelt）就任总统以来，虚假事件已经成为美国政治舞台的一部分。许多人认为罗纳德·里根（Ronald Reagan）的选举是美国名人生产线和政治融合的开始，而巴拉克·奥巴马（Barack Obama）的选举则是更具戏剧性的事件。在英国托尼·布莱尔（Tony Blair）"新工党"的选举筹备过程中，媒体对于获取和部署信息乐此不疲，杜撰和编造报道成为大家公认的保守党在选举中连续失败的原因。其实，在 2002 年一系列的公共活动中，布莱尔就曾遭到过强烈的反对，这也是他的选举支持率崩溃的前兆。人们广泛地认为，这是对于公共关系中"大话精"政治顾问（spin doctors）把原则从政治中完全驱逐出去的已知影响力的一种回应。

在商业方面，拉凯什·库拉纳（Rakesh Khurana）记录了他所描述的"对有魅力的首席执行官（以下简称 CEO）的非理性追求"：20 世纪 80 年代，传统的管理资本主义被一举打破，一批虚张声势的（swashbuckling）CEO 主导了 90 年代的商业发展，而这一状况一直延续到现在。有些人仍然记得，职业经理人曾经为了换取他们在公司层级中的安全地位，将自己的个性放在次要的位置，在更加动荡的"新经济"（new economy）产业环境中，职业经理人越来越希望在"魅力型权威人士"——库拉纳称为"名人 CEO"——那里寻求救赎。❶ 在商业行业内，名人的发展已经成为一种商业资产，就像在娱乐行业一样，在唐纳德·特朗普（Donald Trump）和艾伦·休格（Alan Sugar）的手中，两个行业通过真人秀电视节目的神奇魔力合而为一［两者都成为真人秀游戏电视节目《飞黄腾达》（The Apprentice）中的明星，只是分别为美国版本和英国版本］。现在，各大公司的 CEO 在电视上宣传自己公司的产品，在杂志封面和报纸头条中推销自己，并雇用代笔作家（ghost writers）来创作有利于自己的自传，这些现象已经相当普遍。在自己所处的行业中，名人尤其懂得如何借此养活自己的企业。正如库拉纳所描述的那

---

❶ R. Khurana. Searching for a Corporate Saviour: The Irrational Quest for Charismatic CEOs ［M］. Princeton and Oxford: Princeton University Press, 2003: 168 – 172.

样，在当时美国 CEO 的劳动力市场中，"不论其个人的能力或者成就如何"，魅力型高管的"故事、八卦和传说"远比其他的东西流传得更广。❶ 即便是在稍显另类和呆板的计算机行业里，像比尔·盖茨（Bill Gates）以及后来出现的史蒂夫·乔布斯（Steve Jobs），也成了家喻户晓的名人。

1991 年，安德鲁·维尼克发表了对当代西方文化高度批判性诊断的著作，声称当代文化已经被宣传和推广过程所主宰。维尼克的作品从批判无处不在的广告及其潜在的意识形态入手，谴责当代商业通俗文化中普遍存在的不诚信现象。在他看来，广告宣传和商业逻辑的影响导致了文化景观中的欺诈、造假和山寨模仿。❷ 约翰·哈特利之所以会从一个迥然不同的角度来看待当代流行文化，也是因为他强烈地反对精英分子对当代流行文化的评论，不过他也承认当代流行文化中推广话语的普遍影响。他甚至为媒体的广泛宣传和推广领域的职业、功能和人员创造了一个术语——"微笑职业"（the smiling professions）。❸ 不同于维尼克，哈特利认为，宣传根本不是公众的敌人，相反，通过宣传，公众才能够应运而生。在哈特利看来，宣传已经成为当代公共文化建设的基本内容之一，而"微笑职业"则是其主要的功能：

　　在研究过程中出现了一个新的发展方向：公众已经果

---

❶ R. Khurana. Searching for a Corporate Saviour：The Irrational Quest for Charismatic CEOs［M］. Princeton and Oxford：Princeton University Press，2003：152.

❷ 虽然在某种程度上，类似于布尔斯丁 1961 年所持观点，但维尼克更多地倾向于法兰克福学派中马克思主义的观点。

❸ J. Hartley. The Politics of Pictures：The Creation of the Public in the Age of Popular Media［M］. London and New York：Routledge，1992：Chapter 5.

断地脱离了纪律严明的教育和政府权威的掌控，陷入更加温和的微笑职业者手里。微笑已经成为我们这个时代最重要的公众美德之一，是挂在那些创造、维持、指导、代表和塑造公众形象的人们口中的整齐划一的陈词滥调，是一种话语存在。❶

"我们身处这样一个市场里，多年的经验也敌不过往头上喷一喷发胶，不是知识而是外貌，不是大脑而是名声决定了胜者。"❷ 对此，哈特利并没有像维尼克那样气愤，相反，他的研究方案在于获得新闻教育工作者对这种情况更加准确的认可，因此，教育工作者也会更加懂得如何教育自己的学生处理这种问题。

哈特利的争论有助益地提醒我们，名人文化的传播不仅是传单、广告、访谈节目或者小报中惊人的新闻曝光，而且是以上种种形式累积之后产生的结果。名人文化真正有趣（也许是最令人吃惊）的方面在于，它在很大程度上已经融入我们日常生活的文化。正如理查德·戴尔所指出的那样，明星形象是指人们对于明星的话语或者文字以及这个形象在其他方面的运用情况，比如在广告、小说和流行歌曲中的运用情况。而且，名人文化是明星在成为日常生活用词一部分的过程中形成的。❸名人文化普遍具备文化渗透性，因为名人的文化意义和文化联

---

❶ J. Hartley. The Politics of Pictures：The Creation of the Public in the Age of Popular Media［M］. London and New York：Routledge，1992：121－122.

❷ J. Hartley. Popular Reality：Journalism，Modernity，Popular Culture［M］. London：Edward Arnold，1996：36.

❸ R. Dyer. Heavenly Bodies：Film Stars and Society［M］. London：BFI/Macmillan，1986：2－3.

系已经渗透我们日常生活的方方面面，并扩大了媒体行业以及他们的"微笑职业"涉及其中（或者控制）的领域范围。

里奥·布劳迪对这种新的名人文化过度现象持积极态度，认为这是人类"追求独一无二"（urge to be unique）的一种反映，他也强调并认同当代名声扩展的可能性。他对于名声与个人成就脱节的现象也没有产生多大的忧虑，认为"名声的梦想"一直与个人自由的概念是分不开的。因此，反过来说，名声越是容易获得，它就越不"值钱"，它也就越成为一种为"个体存在"提供"正当的个人理由"的方式。❶ 名人话语和大众之间紧密的意识形态关系以及（马歇尔所说的）它们与市场资本主义的合法融合，通过布劳迪的再次阐述，已经成为当代社会一种生产性和抚慰性的特征。

虽然这些重要的联系相当诱人，但是它们模糊了这样一个事实，即名人的形成在一个文化领域可能与在另一个文化领域大不相同。我已经讨论与电视名人相比，影视明星具有其特殊性。戴尔关于影视明星的论述❷也可以反映这一点，他主要讨论了个体明星的特殊意义，而不仅仅将他们作为广泛发生的文化生产过程的例子来引用。虽然马歇尔在某些方面并不完全同意戴尔的说法，但他在 1997 年的研究❸中也强调对不同种类的名人做出区分的重要性，即对主要生产名人的媒体形式以及他们出现的行业进行区分。所以，鉴于这种大规模、多因素决定

---

❶ R. Dyer. Heavenly Bodies：Film Stars and Society［M］. London：BFI/Macmillan，1986：7.

❷ Dyer，R. Stars［M］. London：BFI, 1979；Dyer，R. Heavenly Bodies：Film Stars and Society［M］. London：BFI/Macmillan, 1986.

❸ P. D. Marshall. Celebrity and Power：Fame in Contemporary Culture［M］. Minneapolis and London：University of Minnesota Press, 1997.

的过程是本书的基本主题，我们更应该重视对活跃其中的因素进行区分。

乔·莫兰（Joe Moran）关于文学名人（literary celebrity）的论述就是如何做出这种区分的一个很好的例子。莫兰认为，文学名人和其他类型的名人处于同样的结构系统中，也在报纸、电视谈话节目等行业中争夺生存空间。他还提出，文学出版业以"一套属于自己的复杂的表述系统在运行，并通过一系列媒体进行生产和流通"❶。通过对约翰·厄普代克（John Updike）、菲利普·罗斯（Philip Roth）和凯西·阿克（Kathy Acker）的作品和名声的分析研究，莫兰提出文学文本在这套名人生产系统中扮演了重要角色，因为它是表述、传达和补充早已是现成意义的一种方式。至少文学名人是通过自己的作品产生的，同时还贯穿通过其他文本形式生产其他话语。举个例子，对于萨尔曼·拉什迪（Salman Rushdie）这样的作家，需要通过阅读一整套复杂的书目才能有所了解，每本相继出现的作品都为此做出不同的贡献。因此，莫兰认为，文学名人"大多是通过文本（确确实实的文学文本）表述的领域发挥作用，就像通过文化生产和消费等物质过程发挥作用一样"❷。

从某种角度来看，文学名人的意义生成过程和电影明星的意义生成过程并没有明显差异。明星的"作品"也必然有其自我指称的潜能（self-referential potential），因为他们的每次表演都为其职业生涯故事做出了一些贡献（尽管这与"作家们"

---

❶ J. Moran. Star Authors：Literary Celebrity in America［M］. London：Pluto，2000：3－4.

❷ J. Moran. Star Authors：Literary Celebrity in America［M］. London：Pluto，2000：3.

和作品的关系不同）。莫兰可能想表达的事实是，文学粉丝可能认为自己是以兴趣爱好仰慕艺术家而非名人，因为他们希望把自己定位在文化消费中更高的层级。尽管文学节日、作家节日以及类似的一系列节日活动吸引了大量的观众，但是，文学粉丝的行为和其他类型的粉丝并没有什么两样。他们想目睹自己最喜爱的作家本人"到底是什么样子"——也许是买一件T恤衫，或者在书上得到作家的亲笔签名。与其他形式的名人一样，文学名人也会通过宣传活动、访谈节目、店内签名活动、个人见面会、报纸专栏文章、私人生活报道、八卦专栏词条、传记、广告和推广噱头以及其他形式的宣传在中学和大学树立严肃作家的形象，从而突出自己的影响力，提高知名度。

体育行业是一个相较其他具有重要差异的领域。正如大卫·贾尔斯等所指出的那样，体育明星的例子很有意思，因为体育行业是为数不多的几个"真正唯才是举的行业之一"——体育明星"需要证明他们是最出色的"。❶因此，我们可以认为他们的文化影响力实至名归，当之无愧。此外，体育明星自身的表现也毫不含糊。安德鲁斯（Andrews）和杰克逊（Jackson）表示，电影或电视中的表演者会使用"替身"（fictive identities）进行表演，而体育行业则为欣赏者提供"真实的个人参与以及无法预知结果的竞技项目"的独特场景。他们认为，体育明星创造的真实，使体育行业有别于"其他明显会通过批量生产和文化生成的行业"（如电影和电视行业）。此外，体育行业的缺点是，体育明星特别容易遭受自己表现滑坡的影响，这会导致

❶ D. Giles. Illusions of Immortality：A Psychology of Fame and Celebrity ［M］. London：Macmillan，2000：107.

公众对他们的兴趣迅速减弱，从而导致他们的商业和职业潜力下滑。❶ 最后，盖里·沃纳尔（Gary Whannell）谈到，体育明星尤其会与他们的成就性、卓越性以及超越性等话语联系在一起，通常还明确地与民族和种族的定义捆绑在一起。他们的比赛质量不仅对所在行业来说至关重要，而且在很多情况下，对其所代表的民族举足轻重，这个问题问一下迈克尔·菲尔普斯（Michael Phelps）、凯文·皮特森（Kevin Pietersen）或者大卫·贝克汉姆（David Beckham）就能知道了。

从表面来看，关于卓越的话语彻底内化在体育中，这种情况表明，体育名人不太符合我们所说的一般模式下的名人标准。不过，尽管他们引起大众关注的过程可能和其他领域的名人的影响过程不一样，但是毫无疑问，体育明星当然也会受到我们一直在研究的大众媒体"名人化"过程的影响，体育明星也需要经过大众媒体的宣传。可以这么说，大众对于很多引人瞩目的体育明星的关注点主要在于他们的私人生活，而非体育成就。确实也有很多例子，大卫·贝克汉姆就是其中之一，泰格·伍兹（Tiger Woods）也算一个，虽然他们的体育成就在衰退，但是这些体育名人依旧能够吸引大众的注意力，刊有相关报道的报纸仍有销量，也能够在网站获得不错的点击量，在推特上也受到追捧。

如果我们抛开名人的制造过程，可能就会发现，其实名人所在行业的差异性可能并没有那么重要。也许名人获得的成绩表明他们配得上他们的名誉，但这并不意味着作为个体名人能

---

❶ D. L. Andrews, S. J. Jackson. Sports Stars: The Cultural Politics of Sporting Celebrity [M]. London and New York: Routledge, 2001: 8.

够脱离名人生产的过程，也不会影响名人制造在时间进程中的运行。一旦这个过程发挥作用，它就有自己的逻辑，例如，如果皇家马德里足球队的克里斯蒂亚诺·罗纳尔多（Cristiano Ronaldo）想作为一名足球运动员从事自己的事业的话，他就必须接受这一过程。名人的影响力仅仅是在为自己不断活动于其中的文化语境做贡献，不过大卫·马歇尔也从另一个角度对此做出了分析。他在《名流与权力》一书中假设不仅不同行业以不同的方式制造名人，名人本身也会产生不同形式的意义。他谈到了名人在电影、电视和音乐行业中的运作方式，通过对汤姆·克鲁斯（Tom Cruise）、奥普拉·温弗瑞（Oprah Winfrey）和街头顽童乐队（New Kids on the Block）的研究，他对比了宣传和推广方式不同的组织和管理体系。他还认为名人所处的不同行业有着明显的符号和话语体系，它们所制造的名人不仅体系不同，而且名人所产生的意义赋予不同话语群体一定的特权。马歇尔的研究显示，电影明星主要通过个人主义（individualism）的话语进行构建，电视名人则通过"熟悉度的概念"（conceptions of familiarity）进行构建，而音乐明星则通过话语的"真实性"（authenticity）来传达他们的意义。马歇尔让我们认识到，名人的特定意义和差异性很重要，并且其价值是通过特定媒体文化中的粉丝或消费者群体来体现的。

最后，我们在这里需要清楚的是，如果不经管控，互联网的发展会在很大程度上影响公众直接参与这一过程的能力。在名人八卦网站上，有很多用户通过补充内容和提供故事进行评论和批评。很多情况下，这些网站上的评论在法律、监管甚至商业方面对网友所说的内容约束力都很小。在第三章我们会看到，互联网对大众媒体如何进行名人运营以及如何协同构建能够产生极大影响的名人身份角色，甚至创造了一个新的"微名人圈"（micro‑celebrity）。在这个圈子里，普通人也可以通过博客或者推特这样的社交媒体来创造自己的网络存在和公众角色。确实也有很多名人是通过这些社交媒体网络构建的，并且"微名人"模式本身也局限于这些网络之中。不过，通过模仿更大体制的方式，"微名人"的模式也是行得通的，而且经过时间的累积会质变为主流名人。然而，在这些情况下，当进行身份构建的通俗方法行之有效时，名人也将承担新的功能和意义，毕竟这些人以前是以观众的身份存在的。

五、名人的分类

在本书中，我用来讨论名人的方法是，把名人看作某个行业协调运作的媒介过程，并把名人看作被观众和粉丝消费的一件商品或者一个文本。这并不是处理名人现象的唯一方法，其实通过分析一系列与名人个体相关的特性，还有很多可以尝试进行名人研究的方法。因此，也产生了名人分类学（taxonomies of celebrity）——按照名人产生的意义、名人拥有的权力或者与名人公众声望相关的政治和社会因素等内容划分的体系。其中最早的一种分类是阿尔贝罗尼（Alberoni）使用的方法，它用于区别两类社会和政治精英人物（social‑political elites）。第一类名人有着"政治、经济或者宗教方面的权力"，他们的决定能够"影响当前以及未来社会的财富和方向"。第二类就是我们现在所认为的名人，这类人"在制度上的权力有限或者没有权力，但是他们的所作所为和生活方式能够引起相当大甚至是最大程度的关注兴趣"。❶ 由于这些个体对"社会成员的生活和未来期许"没有任何制度方面的影响力，因此阿尔贝罗尼称之为"没有权力的精英"（powerless elite）。马歇尔指出，这种看法低估了名人的文化权力，并且他的主张在特纳等的观点中也得到了重新阐明。不过，尼尔·盖伯勒在记述沃尔特·温切尔和美国20世纪二三十年代的媒体历史时，提出了另一种观点，他认为，"名人权力是一种关乎知名度的功能，而不是财富、血缘、才能或者社会关系"。按照盖伯勒的说法，名声本身也会构建权力，因为"20世纪30年代的社会权威已经被完全颠覆，现在的社会权威是通过媒体来构建的"。❷ 对此，如果从另一种角度来看，阿尔贝罗尼曲解和低估了名人。这也正是最近几年名人会获得如此之多关注的原因：名人在我们的日常生活中不断地赢得关注，而且，名人在构建和定义文化身份时具有潜在的意义。一般而言，分类学存在一个弱点，即它通常不够重视名人消费群体的兴趣，而是过分关注和阐述名人自身的个性。

　　詹姆斯·摩纳哥（James Monaco）则将名人分成三类。第一类是"英雄"，指那些真正做出惊世骇俗的事情从而赢得关注的人，如宇航员。根据摩纳哥的说法，"明星"属于第二类，指通过塑造比职业形象更加重要的公众人物形象而获得知名度。大致来说，如果一位电影演员自身比扮演的角色更惹人关注，那么他就是明星。摩纳哥指出，有很多政客渴望成为"明星"，

❶　F. Alberoni. The Powerless Elite：Theory and Sociological Research on the Phenomenon of stars［A］//D. McQuail. Sociology of Mass Communications：Selected Readings. Harmondsworth：Penguin，1972：72.

❷　Neal Gabler. Walter Winchell：Gossip, Power and the Culture of Celebrity ［M］. London：Picador，1995：184 – 185.

使其成为推动自己政治生涯的手段。第三类人便是"类明星"（quasar），大致对应特纳等提到的"意外走红的名人"（accidental celebrity）。这种类型的名人指的是那些一开始自己没做什么却意外成为关注焦点的人，或者是通过一个他自己都几乎无法控制的过程而意想不到地走红的人。莫尼卡·莱温斯基（Monica Lewinsky）、伦敦爆炸案的幸存者约翰·塔洛克（John Tulloch）、绑架案受害人乔安妮·利斯（Joanne Lees）以及澳大利亚灾难幸存者斯图亚特·戴弗（Stuart Diver）就是这类人。❶我们最好把"类明星"的生产理解为当代新闻媒体运营的结果，而非一种类型的名人。任何将之视为一种文化运作现象的研究，都需要关注协助其诞生的行业情况。❷

我认为，克里斯·罗杰克在他2001年出版的《名流》❸第一章中对于名人的分类才是最有意思的，当然那也是近年来接受度最为广泛的一种分类。一开始，他的体系重复了我们所熟知的一些区分名人的方式，指出了三类广义上的名人类型，这三种类型是按照名人的功绩和特质进行归类的。按照罗杰克的模式，名人可以按照血缘关系"类别"（如英国王室）、公开竞

---

❶ 莫尼卡·莱温斯基事件无须再做过多解释。大学老师约翰·塔洛克的照片成为2007年伦敦爆炸事件的指示性标志。乔安妮·利斯在澳大利亚内陆地区被一名身份不明的袭击者绑架并蒙上了眼睛，据称此人杀害了她的男友彼得·法尔科尼奥。在2001年澳大利亚和英国主流媒体上，流传着这样一个故事，一些英国小报认为可能利斯自己就是杀手，而她的故事不过是捏造的。斯图亚特·戴弗是1999年澳大利亚雪原山区滑坡的唯一幸存者，他在冰冻的情况下被活埋了数日，他的幸存曾被视为奇迹。他回避了对他悲惨经历的宣传，不过最后请了一位代理人来处理媒体对他的故事的关注。

❷ 另一个例子便是大卫·贾尔斯，他和摩纳哥比较相似，只不过摩纳哥在结构上将第一类名人类型一分为二。

❸ C. Rojek. Celebrity［M］. London：Reaktion, 2001.

技的"成绩"（如体育明星）以及媒体塑造的"属性"（如电视名人）来划分类型。在某种程度上，这种分类暗示了一种等级划分方面的进步，因此，"属性"可以看作成就的结果。然而，正如我们所看到的那样，名人的"属性"也可以在没有明显成就的前提下发生，在当今的媒体中这也是越来越常见的现象。

不过，与大多数其他分类法不同的是，罗杰克承认用三种类型模式在处理当代名人问题时存在局限性。他认为，尤其有必要指出现代媒体在聚焦名人时出现高度关注以及明显的随意性的问题，由此他创造了"小报名人"（celetoid）这个词条。"小报名人"一般享有极高的知名度，但其知名度持续的时间也特别短暂，让人难以捉摸。这一类人包括电影明星、电视名人，以及我们所说的"意外"走红的名人或"类明星"。还有一个次类型的名人是"角色名人"（celeactor），这类人是虚构故事中的人物，如阿里斯泰尔·格雷厄姆（Ali G.）或埃德娜·埃弗烈治夫人（Dame Edna Everage），他们也被公众当作"真实的"名人。这里的关键要素是，他们能清晰地表现自己的公众职业生涯轨迹（在有些情况下，"小报名人"从高知名度到真正消失在公众视野中只需要短短数周），以及在他们身上创造的利益，这也是用来推广特定媒体产品（如报纸）的一种办法。罗杰克所说的，实际上是围绕这些人物采用的媒体生产的逻辑和规律，而非某一人群的特质。

罗杰克的研究方法有一个明显特征，那就是他贡献了整整一个章节来研究如何看待名人的反面例子——行为越轨、声名狼藉以及犯罪人物，如智能炸弹客（Unabomber）。罗杰克承认，一般而言，名人可以代表主流的价值观，他也承认他所研究的声名狼藉之人确实是行为越轨的。但是他辩解道，研究重心的拓宽有助于了解此类人物的公众影响，例如，他们也可能产生粉丝、追随者以及盲从者，同时也会对"公众意识"产生影响。他用等式"名人＝公众意识"来解释他将"声名狼藉之人"纳入名人研究的原因。❶ 这是一个公平的观点，我们似乎也应该去思考一个被定罪的连环杀手是如何吸引粉丝的——因为他们确实有粉丝。不过，那些构建了传统类型名人的亲社会、亲个人主义和亲资本主义的话语，一直在告诫我们需要从另一个视角来研究臭名昭著和犯罪人物文化影响的特殊性，虽然这种影响在很多方面和名人运行的方式是一样的。所以，尽管也有一些关注此类名人的文章❷，但在名人研究过程中，这一领域还有待进一步拓展。

六、名人的社会功能

在本章开头，我把布尔斯丁对名人的批评作为一种承认的手段，用来认为名人是当代流行文化中所有微不足道、肤浅、浮华和令人遗憾的事物的缩影。当然，在报纸和杂志的评论专栏也有很多这样的例子，尤其是在名人话语传播最广的媒体行业。这其中的某些不满有着人们熟悉的源起，即精英对于通俗文化的批评，且对名人的说法尤其没有新意。而其他人则是非常详细地关注名人，以便对名人发挥的社会功能进行描述，并解释其负面功能。其中具有代表性的是将人们对名人的文化兴趣看作

---

❶ C. Rojek. Celebrity［M］. London：Reaktion，2001：8.

❷ D. Schmid. Idols of Destruction：Celebrity and the Serial Killer［A］// S. Holmes, S. Redmond. Framing Celebrity：New Directions in Celebrity Culture. London and New York：Routledge，2006.

大众幻想（mass delusion）的一种形式，席克尔把它描述为"亲密的幻觉"（the illusion of intimacy）。❶ 这种看法暗含着对大众观众体验的蔑视，并且没有为名人提供积极或者富有成效的社会功能的可能性。

此类争论通常围绕文化民粹主义（cultural populism）、小报化（tabloidisation）和民主公共领域状况的分析等内容，并长期展开批判性辩论——这些话题将会在本书后面进一步讨论。不过在此，我想说一说大家是如何解释当今名人及其文化在社会和文化功能方面发挥的积极作用的。随着时间的推移，名人在不同文化中扩大了公众的想象，这一事实至少提供了初步的证据，表明名人可能为其消费者发挥某种社会功能。

其实我们在前面就已经简练地谈到了关于名人积极作用的第一种解释，这种观点认为名人产生的准社会互动（para-social interactions）是对大多数人因由所生活的社区社会结构变化而得到的一种补偿。曾经有一段时间，"准社会"这一术语是糟糕的"真实"社会关系的代称，但是在近些年来的解释中，人们倾向于不去展示这一含义。❷ 在当代文学领域，准社会关系方面最明显的例子，当属作家对声望很高的名人的死讯做出的反应。例如，马库斯（Marcus）1991 年对猫王埃尔维斯·普里斯利（Elvis Presley）的离世❸、埃利奥特（Elliott）1999

---

❶ R. Schickel. Intimate Strangers：The Culture of Celebrity in America ［M］. Chicago, IL：Ivan R. Dee, 1985：4.

❷ 若利·詹森（1992）对该术语更早的使用进行了回顾，时间可以追溯到 20 世纪 50 年代中期。克里斯·罗杰克（2001）为该术语的当代用法提供了一个很好的例子，且用法没有那么武断。

❸ G. Marcus. Dead Elvis：A Chronicle of a Cultural Obsession ［M］. New York：Doubleday, 1991.

年对约翰·列侬（John Lennon）的去世❶以及1997年最引人注目的对戴安娜王妃之死的描写，都是世界各地的人们对他们视为"真实"情感依托的人物做出的反应，尽管人们对这些人物的了解只是通过媒体表述的形象。即使对于那些从事名人研究的人来说，也需要花一些时间才能够认识到，我们需要把这些人的表白言辞的表面价值作为更好理解这一现象的第一步。甚至在文学界，某些贡献最多的作家也认同并表达了他们自己在准社会互动中的投入，如在戴安娜王妃相关的事件上，他们将文化理论运用其中，作为一种理解该现象的方式。理查德·约翰逊（Richard Johnson）1999年写的高度个性化的文章❷就是其中的一个例子，在本书第五章也会进行讨论。同样，在第三章中我们也会看到，名人占据社交媒体的现象对某些说法构成了挑战，这些说法将粉丝与名人的关系构建为一种准社会互动关系：直接在线交流的能力似乎并不太符合这种关系的描述内容。

关于名人角色的第二种解释，集中在名人的角色是质疑和精心建构文化身份上，对于这一点可以从多重角度进行分析。第一种角度是，我们从八卦消息的来源上对名人展开讨论，认为八卦本身就是一个重要的社会过程，并通过这个过程对关系、身份、社会和文化规范进行辩论、评估、修正和分享。作为媒体内容形式的拓展，八卦将名人带入社会和个人身份的形成过程之中。这一过程确实至关重要，但是这可能会以牺牲我们生

---

❶　A. Elliott. The Mourning of John Lennon［M］. Melbourne：Melbourne University Press，1999.

❷　R. Johnson. Exemplary Differences：Mourning（and not mourning）a Princess［A］//A. D. L. Kear. Steinberg. Mourning Diana：Nation，Culture and thePerformance of Grief. London and New York：Routledge，1999.

活中看到的"真实"内容为代价，如通过直接见面，我们知道了有关朋友或其他人的"八卦"。然而，没有本质的理由能够说明，为什么替换某一类内容的一部分会造成负面影响，以及为什么社会或交际过程中的性质会因八卦消息的介入而改变。第二种角度是，将名人看作精心构建个人定义的关键场域。大多数有关名人历史的叙述都把个人主义的发展与民主的兴起关联在一起，❶ 因此，我们的建议是，名人"在文化的中心发挥作用，因为它和个人主义的概念和谐一致，而个人主义毕竟是西方文化意识形态的根基"。❷ 马歇尔将名人视为构建和维系消费资本主义、民主主义与个人主义之间的话语纽带和根本机制之一，如果马歇尔的说法是正确的，那么名人就具有至关重要的意识形态作用。

理查德·戴尔在《明星》（Stars）一书中开创性地提出，明星像"符号"一样运作，因为符号系统就内嵌于文化意义之中，有待观众去主动阅读和诠释。戴尔说，我们将名人作为文本进行解读，这些文本接受过意识形态的浸润和话语建构，所产生的意义是一种"结构化的一词多义"（structured polysemy）的产物：这意味着名人所包含的意义和效果具有多重性和有限性，在尝试构建文本时，某些意义被前景化，其他的意义被掩盖或者替换。名人不仅是一种符号学系统，在极具偶然性的权利关系领域，它还具备可见性。不过，让戴尔更感兴趣的是，

❶ 我在本章中谈到过与此相关的作家，包括摩纳哥（Monaco，1978）、罗杰克（Rojek，2001）、贾尔斯（Giles，2000）、马歇尔（Marshall，1997）和戴尔（Dyer，1979）。

❷ P. D. Marshall. Celebrity and Power：Fame in Contemporary Culture ［M］. Minneapolis and London：University of Minnesota Press，1997：X.

社会如何利用明星作为思考个人的一种手段："他们阐明了个人这个概念对所有以此为生的人们带来的希望和困难。"❶ 这个阐述过程中的矛盾已经为大家所认可：明星可能代表某些"个性化的社会类型"（individualised social types），他们会通过积极协调相互矛盾的原则来做到这一点，如解决"个人身份与社会身份、个人主义和随大流"的冲突。❷

马歇尔对戴尔的分析进行了拓展，并将其运用到媒体范围的名人研究中。马歇尔还清晰地解释了这一过程的实际运作，以及个性的构建、社会与文化身份的协商在实践中发挥的作用：

> 名人提供给观众的信息类型是围绕个人识别、社会差异和社会特性以及人格类型的普遍性而建构的产物。名人是观众在塑造社会身份时可以采用或适应的主体立场。每个名人都代表着一种复杂的观众—主体性（audience - subjectivity）形式，当这种观众—主体性被置于名人系统之中时，它为特质、差异和对立等问题提供了发挥作用的基础。因此，名人是文化中体现个体与个性规范之间的话语斗争的场所。❸

当然，提到规范性也就意味着名人在社会学上发挥着非常具体的、传统的功能。不过，马歇尔在对这一点的诠释上略有

---

❶　R. Dyer. Heavenly Bodies：Film Stars and Society［M］. London：BFI/Macmillan，1986：8.

❷　D. Chaney. Fictions of Collective Life：Public Drama in Late Modern Culture［M］. London and New York：Routledge，1993：145.

❸　P. D. Marshall. Celebrity and Power：Fame in Contemporary Culture［M］. Minneapolis and London：University of Minnesota Press，1997：65.

不同。他主张，名人商品证明了个人具有商业价值与文化价值，是资本主义的交换和价值合法化的一种强有力的表现形式。对一系列真人秀电视节目的研究，特别是关注近年来某些真人秀节目中阶级发挥作用的作品，在很大程度上推动了这一观点的发展❶，为我们理解当代媒体的政治和文化功能做出了重大贡献❷。

也有其他一些人尝试对此进行研究，但他们的观点并不像上述观点那样具有明显的政治性，这些研究试图描述被罗杰克称为名人发挥的"整合功能"（integrating function）。回到我们之前注意到的情况，最有意思的地方莫过于，罗杰克在2001年❸和2012年的著作❹中探讨了名人功能与宗教的平行关系。大多数这种类型的研究认为，虽然名人文化不是当代社会中宗教的直接替代品，但它们之间存在某种联系。在某些方面，有组织的宗教已经被名人文化中发展出来的商品化形式所替代，这一点只需稍微了解一下电视中的宗教节目就可以认识到。吉尔斯和罗杰克两人都声称，有组织的宗教的文化购买力下降所导致的缺口，至少会部分地由名人文化来填补。因此，正如罗杰克所言，"后上帝时代的名人现象（post – God celebrity）是

---

❶　H. Wood，B. Skeggs. Reality Television and Class. London：Palgrave Macmillan，2011.

❷　M. Andrejevic. Reality TV：The Work of Being Watched. Lanham，MD：Rowman and Littlefield，2004；J. Hay，L. Ouellette. Better Living Through Reality TV：Television and Post – Welfare Citizenship，Malden，MA：Blackwell，2008；B. Skeggs，H. Wood. Reacting to Reality Television：Performance，Audience and Value. London and New York：Routledge，2012.

❸　Rojek，C. Celebrity［M］. London：Reaktion，2001.

❹　Rojek，C. Fame Attack：The Inflation of Celebrity and its Consequences［M］. London：Bloomsbury，2012.

现在世俗社会进行认同与寻找归属的主要支柱之一。"❶ 在其书中关于名人和宗教的章节末尾，罗杰克总结道：

> 在一定程度上，有组织的宗教在西方已经衰落，名人文化已经成为替代的对策之一，在社会意义和团结方面，发挥着助推社会新秩序的作用。同样地，虽然一些名人扮演破坏秩序的角色，但名人文化是实现社会整合的一个重要机制。❷

这些关于名人社会功能的描述，从新的视角揭示了当前文化如何生产意义、重要性、愉悦与欲望的方式。此外，它们也为我们解释文化权力提供了一些新思路，从而了解文化权力是如何通过媒体、宣传与推广行业进行分配和运作的。

七、名人与宣传行业

名人宣传是一个创造高度可见产品（highly visible products）的行业，我们大多数人在某些时候购买这些产品，是因为它们在我们的日常生活中起着重要的作用。同时，这个行业也需要花费大量的时间来掩盖其存在的事实。宣传和推广的目的就是将"广告变成新闻"❸，也就是为某个活动、个人或者事业提供免费的社论报道。优秀的宣传人员通常是隐形的，良好的宣传策略需要将新闻登上报纸的头版头条，而不是待在八卦或娱乐

---

❶ C. Rojek. Celebrity［M］. London：Reaktion，2001：58.

❷ C. Rojek. Celebrity［M］. London：Reaktion，2001：99.

❸ G. Turner，F. Bonner，P. D. Marshall. Fame Games：The Production of Celebrity in Australia［M］. Melbourne：Cambridge University Press，2000：31.

专栏里。实现这一目标的方式多种多样，各不相同，但必然不会揭穿整个游戏赖以存在的幻象："新闻"是独立的新闻行业的产物。

实际上，现在我们应该更多地去思考的问题是，这一过程实际上是如何运作的？它们依赖什么样的行业结构和关系而存在？是一种话语、经济、政治和文化关系吗？我们在谈论名人具有社会功能，其产品可以通过符号学进行分析，以及它直接参与文化身份的协商时，并不否认名人也属于被制造的商品，其发展同样具有商业策略，其交易更是当今文化和媒体行业的基本交易形式之一。下一章将集中讨论把名人作为商品进行开发和营销的行业。

第二部分

制造名人

第二章　名人经济

名人是这样一种人，他们的名字具有引人注目、激发兴趣和创造利润的价值。[1]

一、全球化与媒介融合

概括而言，本章主要聚焦于两点：被习惯性地形容为全球化的媒体和娱乐行业，以及在信息传递系统中使用的技术与媒体和娱乐行业的融合。虽然在这里我不打算深入探究这两个问题，但我仍需要概述一下，在我们理解当代名人生产的过程中，这两点具有哪些重要性。

近年来，全球化进程受到一些有误导性的夸大其词的影响，因此有必要阐明，从现实的角度来看，它既不像许多权威人士所暗示的那样，是一种势不可挡的、普遍的力量。实际上，只要我们对这种说法稍加分析就会发现，全球化根本就不是"全球性的"。根据佩尔铁拉和特纳（Pertierra and Turner）在2013年所发表的著作中的观点[2]，就范围和影响而言，全球化最重

---

[1]　I. Rein, P. Kotler, M. Stoller. High Visibility: The Making and Marketing of Professionals into Celebrities [M]. Lincolnwood, IL: NTC Business Books, 1997: 15.

[2]　Pertierra, A. C, Turner, G. Locating Television: Zones of Consumption [M]. London and New York: Routledge, 2013.

要的意义是把北半球的西方文化连接了起来。此外，正如托比·米勒（Toby Miller）等在《全球好莱坞》（*Global Hollywood*）一书中所说的那样，全球化是一个"令人发狂的委婉术语，充满幻想和魅力等，对其需要阐述的内容却不够准确"。❶ 不管是西方保守派还是改良派，只要在经济上推行新自由主义，那么推动全球化神话的发展对于它们而言在政治上就大有裨益。全球化的特征和价值往往因政治原因而有所歪曲。因此，值得我们注意的是，某些类型的经济全球化并不是一种新奇的产物：全球化进程实际上已经经历了几个世纪，尽管称呼和名字可能有所不同，如重商主义（mercantilism）、殖民主义（colonialism）或者帝国主义（imperialism）。更具体地说，我们应当知道，某些媒体行业，如故事片（feature film）或流行音乐的制作，长期以来一直由跨国公司主导，因此已经在全球范围内运行了几十年。

不过，媒体和娱乐行业确实是审视当代全球化影响的主要场所。在全球化语境中，这些行业变得越来越重要，因为这些行业（特别是电视行业）一直处于领军地位。它们不仅引导着全球化进程，还积极参与国家或者地区媒体系统在解除管制、私营化和商业化方面的事务，这是因为有的跨国商业集团吞并了很多国家的广播与媒体组织。因此，一段时间以来，全球媒体和娱乐系统一直是由"三四十家大型跨国公司控制，其中有不到十家且大多是美资的媒体集团在雄霸全球市场"❷。最近，

---

❶ T. Miller, N. Govil, J. McMurria, R. Maxwell. Global Hollywood [M]. London: BFI, 2001: 18.

❷ E. S. Hermanand R. W. McChesney. The Global Media: The New Missionaries of Corporate Capitalism [M]. London and Washington, DC: Cassell, 1997: 1.

这个数字已经减少到七个，即卡斯特尔斯（Castells）之后赫斯蒙德霍（Hesmondhalgh）所讲的"七雄"：● 威望迪（Vivendi）、迪士尼（Disney）、康卡斯特（Comcast）、新闻集团（News Corporation）、时代华纳（Time Warner）、索尼（Sony）和贝塔斯曼（Bertelsmann）。● 在向全球市场推广之前，这些机构通常会先在一个地方开发产品，一般是在美国，并通过分摊成本来实现利润最大化。在取得成功后，这些产品也的确成了全球化的商品，虽然不像以前那样在全球占据主导地位，但好莱坞电影仍然在西方国家的商业电影市场中有着国际货币一样的作用●，并且是西方文化在其他国家进行商品化和推广的重要手段，而这也相应提升了好莱坞导演、设计师、制片人以及明星的国际知名度。

这些跨国公司利益的扩散和购买方向往往非同寻常。鲁伯特·默多克（Rupert Murdoch）的新闻集团持有的股份涉及欧洲、加拿大、美国、亚洲和英国的有线、卫星和地面电视企业；他在澳大利亚、英国和美国还有报纸和杂志业务；他坐拥 20 世纪福克斯电影和视频制作中心，这是一家国际出版集团；此外，他还拥有英格兰足球超级联赛（Premier League Football）和美国国家橄榄球联盟赛（National Football League）等主要体育项目的电视转播权。除了时代生活图书出版（Time Life Book Publishing）网络、华纳音乐（Warner Music）和美国在线（AOL）

● D. Hesmondhalgh. The Cultural Industries（third edition）［M］. London：Sage，2013：195.

● 由于兼并需要设计新商标的，因此这些公司的名字可能已经发生了很大变化。如需了解更多最新情况和关注焦点，参见赫斯蒙德霍《文化产业》第六章。

● T. Miller，N. Govil，J. McMurria，et al. Global Hollywood［M］. London：BFI，2001.

之外，时代华纳的利润来源还涉及杂志出版、华纳兄弟电影（Warner Bros.）制作和有线电视频道，如美国家庭影院（HBO），以及一些主题公园和零售企业。

这些跨国公司通过众多的媒体平台使自己单一的媒介形式多元化，并基于这一模式不断扩大自己的势力。几年前，美国在线和时代华纳之间短暂的合并就完美地证明了这一模式的成功，因为这一合并将互联网服务、印刷媒体、电视和电影制作的商业利益集中在了一起。新闻集团的历史也是如此，鲁伯特·默多克从澳大利亚的一个省会报纸出版社发家，逐步进军澳大利亚国家报纸和一些大都市的电视频道，接着买下了美国福克斯电视网络以及美国和英国的一些主流报纸。这种跨媒体和国界的扩张与多样化模式已经在业内形成一种根深蒂固的策略，因为无论是在制作行业还是它们所处的监管环境，在20世纪90年代都发生了技术与产业融合的转向。

不言而喻的是，由于媒体传输、娱乐和信息行业的融合，这一过程在过去十年里以极快的速度向前发展。但更重要的是，我们要认识到这一过程与长期单纯依靠原始内容进行媒体衍生产品售卖的做法有所不同。举例来说，传统的模式就是我们可以看到的那类东西，就好像推广一部大制作电影，如《指环王：双塔奇兵》（Lord of the Rings：The Two Towers）。这部电影的推广包括电影所依据的图书出版，电影放映结束后的DVD/CD和视频的销售，电脑游戏销售，有关电影制作过程的电视纪录片播出以及一系列人物玩偶的推销许可，等等。产业融合的结果会略有不同，因为这一过程实际上是围绕相同的内容进行不同的媒体平台推送。

这些便是西蒙妮·穆雷（Simone Murray）所说的更为激进

的"内容串流"（content streaming）❶ 可能性——为了新媒体平台重新对内容进行改造以利用。如在大众媒体广播与订阅、通信行业、音乐录制和计算机行业中，内容和技术之间的传统区别其实已经消失。举例来说，你可以在计算机、手机、平板电脑或 iPad、电视、游戏机、iPod 或 CD/DVD 播放机上选择播放音乐，而实际上，你也可以把它储存起来。所以，其实你并没有像拥有一件实体的物品那样真正拥有该音乐。这也就意味着原本拥有这些内容的人通过媒体平台，让大家尽可能多地使用这些内容，其背后是商业原因。如果相关企业在为其他平台提供内容时也能获得经济利益，那就更有理由要去利用好这种技术和传输系统的融合，并且由于涉及的额外成本很少，还能有利可图。同样值得注意的是，历史上这些行业对此类协同效应产生利益的嗅觉可谓相当敏锐。几十年来，电影、电视和流行音乐的跨国公司，特别喜欢大力推行垂直整合，即从内容、软件和硬件的生产到营销、传播、展示以及消费传输，全方位地在行业流程上由企业把控。起初，扩展新的媒体形式是为了推广已经研发出的其他媒体形式的产品，这样看来，这些做法对公司非常有意义。

而理所当然，名人就成了连接这些跨媒体过程非常有用的（也许是最好的）方式。他们成为将产品从一种形式转变为另一种形式的媒介，是内容串流传输过程中最基本的部分。从某种意义上来说，这一过程并不是前所未见。在新电影上映前，按照惯例明星会参与一轮电视谈话类节目进行产品推广。不过，

---

❶　S. Murray. Media Convergence's Third Wave：Content Streaming ［J］. Convergence：The Journal of Research into New Media Technologies，2003，9（1）：8－22.

看起来新鲜的是，名人价值作为媒体产品的品牌机制，能帮助名人在媒体形式和传输系统中灵活顺利地转换。正如内奥米·克莱恩（Naomi Klein）所说，名人作为此类交叉推广（cross-promotion）手段的价值，正是体育明星的名气与日俱增的原因之一。像迈克尔·乔丹（Michael Jordan）以及大卫·贝克汉姆这样的知名体育明星就可以通过建立自己的"个人超级品牌"（one-man superbrand）将受众吸引进新的消费体系。❶ 当然，这也不仅仅局限于体育明星，自1999年以来，《福布斯》（Forbes）杂志一直在发布一项自主研究的"福布斯100名人榜"（Celebrity 100），这一名人排行榜不仅基于名人的收入，也将他们的品牌"权利"纳入计算。2012年该排行榜的前三名分别是珍妮弗·洛佩兹（Jennifer Lopez）、奥普拉·温弗瑞（Oprah Winfrey）和贾斯汀·比伯（Justin Bieber）。

我所描述的这些条件可能更多的是促成性的而不是决定性的，但它们对名人的整体文化和经济影响力产生了深远影响。通过在主流媒体和娱乐业的跨媒体扩张，名人的价值已经成为名人商品的一种增值方式。下一节，我想谈一谈名人商品。

二、名人商品

培养名人就是为了赚钱。名人的名字和形象已经用来推广内衣、泳衣、香水、运动鞋以及很多娱乐产品，如电影、DVD、杂志、报纸、电视节目，甚至是晚间新闻。媒体企业家也希望名人能参与他们的项目，因为他们认为这能吸引到更多的观众。电影制片人将明星视为一种吸引项目投资的手段，营销人员将

---

❶ N. Klein. No Logo [M]. London：Flamingo，2001：57.

明星代言作为一种凸显和推广产品的方法，电视节目通过特邀知名嘉宾出场建立观众基础，体育推广人员通过知名运动员吸引媒体关注，借以增加门票收入。当然，名人也为相关的个人创造了收入，这主要是通过两种方式实现的。由于他们是文化工作者，所以自然有劳动所得，不过名人同时又是"财产"（property），❶换句话说，对于那些从名人商业化进程中获益的人来说，名人是金融资产（financial asset），这类获益人包括通信网络、音乐制作公司、管理者、经纪人，最后还有名人自己。名人努力使自己的公众形象往商业资产方面发展，所以原则上，他们的职业选择也会向这一目标努力。随着资产的升值、名气的传播，名人的挣钱能力也在不断提高。

因此，名人公众形象的开发也是一桩重要的生意，正如我们之前所说，通常是由第三方负责，一般是经纪人（不过在某些情况下，因劳动分工有所不同，可能会由戏剧代理商或网络公关人员担任这一角色）。在理想情况下，该第三方会对名人的商业成功长期保持关注，毕竟他们自己的收入与名人的个人和商业利益能否得到有效管理（和保护）息息相关。不过实际情况往往并非那么简单。有时，管理者或经纪人可能会强烈地希望能够最大限度地从名人商品中获得短期回报，如某位名人在一段有限的时间内变得特别"热门"时。此外，在体育和娱乐行业的某些领域，一个名人的发展前景通常不会持续很长时间（流行音乐界就是其中之一，体育运动界也算一个），因此任何人要在这些领域进行名人运营，都必须对长远前景做出判

---

❶ R. Dyer. Heavenly Bodies：Film Stars and Society［M］. London：BFI/Macmillan，1986：5.

断，从而决定采用何种运作策略。一般而言，作为第三方，无论是经纪人、管理者还是网络公关人员，他们都会考虑不只为一个名人做代理人。这样做不仅改变和分散了他们的投资，规避了商业风险，同时也反映了他们自我保护的特殊需要，因为他们无法完全控制自己的投资回报。正如我们将在第三章看到的那样，与工厂制造的产品不同的是，即使是商品化的名人，也会有自己的思想和独立的行动能力。

从名人的角度来看，他们的个人目标大概是通过名人商品销售过程中精明的分配与管理，构建一个可以长期维持下去的有前途的事业。❶ 由于名人出名的时间通常非常短暂，为此，他们需要了解如何进行自我推销，就像制造业一样，需要专家帮助他们制订营销计划、修改产品、改进体系以及建立和维护相应的消费者忠诚度的策略。❷ 在这一过程中，若要实现他们名人身份的商品化，就必定会产生一些个人成本，但最终目标仍是将名人商品进行交易，从而为个人创造收益。反过来说，在这个过程中，策略的选择也非常重要，因为这涉及行业中商品和第三方管理机构价值的增加，同时又不希望牺牲名人心目中对于个人幸福至关重要的一些方面。❸

尽管这种做法存在利益冲突，不过并没有阻碍其发展和扩张。在过去数十年间，名人营销和名人市场都在急剧扩张。这一过程的关键可能在于这些利益竞争的相互依存程度，因为当

---

❶ G. Turner, F. Bonner, P. D. Marshall. Fame Games：The Production of Celebrity in Australia［M］. Melbourne：Cambridge University Press，2000：13.

❷ J. Gamson. Claims to Fame：Celebrity in Contemporary America［M］. Berkeley：University of California Press，1994：58.

❸ 理查德·戴尔的《天体》（*Heavenly Bodies*，1986）一书为我们提供了三个明星研究案例，这些明星极力反对自身商品化，但是由于无法对自身形象的传播和界定进行管控，他们也丧失了对自己个人生活的控制。

今的名人和媒体行业结构催生了一种"扭曲的共生关系"（twisted symbiosis），**❶** 并完美地体现在媒体对狗仔行业（paparazzi industry）的有效吸收中，说明了这一行业在不断增长且日趋理性化。名人（甚至是公众）也可能会谴责这个行业是如何玩世不恭地迎合着公众了解名人私生活的兴趣，以及这种做法如何影响和侵入了名人的隐私。不过，也正是这种公众兴趣，吸引人们去看名人的下一部电影或下一次现身。反过来说，这种兴趣的表达也让人们知道了《名人，你好！》（Hello!）杂志应该准备什么样的封面照片去迎合大众，以及在征得《浮华世界》（Vanity Fair）签约作者的同意后，根据这种兴趣去准备什么样的资料——所有这些都有助于增强投入公众形象的文化资本的实力。而对于相关的杂志编辑来说，这些照片和特写能够让杂志畅销。公众对一线名人（A - list celebrities）信息的需求意味着媒体（尤其是杂志）必须不停地与名人保持联系；只要相关名人的名声达到一定程度，获取信息的价格会服从于名人提出的任何条件。**❷** 反过来说，由于名人也同样需要媒体的曝光，出于利益的考虑，他们也会尽可能地和媒体保持合作关系。因此，他们会把照片免费提供给杂志社，在宣传活动上露面，推广本年度的新电视剧，或者通过谈话节目来推广下一次的巡演，等等。

　　在类似的有合作又有竞争的利益网络中，电影制片人会与

---

❶ D. Giles. Illusions of Immortality：A Psychology of Fame and Celebrity ［M］. London：Macmillan，2000：26.

❷ 正如大卫·贾尔斯指出的那样，当涉及音乐媒体时，杂志读者的忠诚度与出版物的关系，并没有像粉丝与某个乐队或艺人的关系那样密切。因此，音乐记者与明星的关系总是不容乐观。

明星签约，让他们参与电影的宣传工作，这样做是为了最大限度地提高电影的知名度和吸引力，从而为制片公司带来收益。虽然电影方希望得到这样的结果，不过明星的个人利益却与之略有不同。通常，作为提升商业价值的一种手段，明星会推广他们的最新作品，因此可能不愿意将这种宣传与特定的表演媒介紧密地联系在一起。盖姆森认为"那些希望提高自己名人形象在市场上的吸引力的演员"可能会对"关联的产品（也就是他们当前宣传的电影）产生抗拒"。相反，他们更愿意单独宣传自己的个性。❶ 正如巴里·金（Barry King）所指出的那样，电影演员别无选择，只能以这种方式将自己商品化。对于那些没有饰演过太多角色且大众关注度不高的演员，他们获得的报酬非常之少。因此，巴里·金说："考虑到自然主义优胜劣汰的惯例运作，对角色的竞争导致大家更强调演员的独特之处，从而把重点从演员作为演员能做什么，转移到演员作为一个个人或者传记的对象，是什么样子的"❷。鉴于明星银幕之外的生活和职业选择的限制，其角色的构建可能会导致某些"自由的丧失"（loss of autonomy）。❸ 当然，如果考虑到他们在行业内市场支配力的增加，这种失去也便显得很合理了。类似的例子也可以在其他地方见到。迪娜·韦恩斯坦（Deena Weinstein）曾这样看待摇滚音乐行业，并解释了为什么人们关注的是个人而非作品："如果唱片公司能够让听众爱上这个人而非他的歌曲，

❶ J. Gamson. Claims to Fame：Celebrity in Contemporary America［M］. Berkeley：University of California Press，1994：84.

❷ B. King. Articulating stardom［M］//C. Gledhill. Stardom：Industry of Desire. London and New York：Routledge，1991：178.

❸ B. King. Articulating stardom［M］//C. Gledhill. Stardom：Industry of Desire. London and New York：Routledge，1991：180.

那么粉丝就很有可能会继续购买下一张专辑，甚至是音乐会门票、T恤、视频、书籍和海报"。❶ 乔·莫兰针对文学出版领域的变化指出，最近有关作家的宣传（如谈话节目、专题文章等）呈现出规模不断扩大的趋势，对于知名作家的投资也在不断增加，他们也是与出版商发起的项目相关的作家。苏珊·博伊尔（Susan Boyle）作为主角已经被写进了两本传记和一本自传中，大卫·哈塞尔霍夫（David Hasselhoff）被写进了两本自传中，贾斯汀·比伯被写进了五部传记和一本自传中。透过这些情况，人们就可以明白这类投资的规模和重点。将作家作为知名人士推广，是文学创作与娱乐业融合的最典型特征。❷

不过，名人行业的大多数领域可能更愿意像传统的制造业一样运作——通过工厂生产线的方式来生产标准化的产品，但名人的整个结构是建立在个性化人格的基础上的。在实际情况中，个体明星一般具有高度的可识别性，甚至有着标志性和偶像化的人物形象，而且该形象拥有特定的传播历史。随着时间的推移，名人形象还会具备一定的心理学和符号学上的深度。❸名人在寻求个人利益时会压倒性地倾向于追求这种特殊性，即大卫·马歇尔所说的名人"角色"管理或者有动机的个性展示。但是，在理想化的媒体和娱乐行业中，如果能够保证稳定地提供不那么具体的、更加常规化的以及可替代的名人商品，那么

❶ D. Weinstein. Art versus commerce：Deconstructing a（useful）romantic illusion［M］//K. Kelly, E. McDonnell. Stars Don't Stand Still in the Sky：Music and Myth. London：Routledge, 1999：65.

❷ J. Moran. Star Authors：Literary Celebrity in America［M］. London：Pluto, 2000：41.

❸ R. De Cordova. Picture Personalities：The Emergence of the Star System in America［M］. Urbana and Chicago：University of Illinois Press, 1990：9.

名人的利益就会得到更好的满足。这些商品并不像固定资产那样会增加生产成本，对于任何个人，其身份的市场价值与其他人并无太大差异。好莱坞电影公司制作经典电影的时代可能提供了实践这一原则的最佳范例，但不难发现，当今媒体的一些部门也仍在按照这一原则进行组织，以制造和生产名人。

例如，在美国、英国、澳大利亚以及其他一些地方，电视肥皂剧（television soap operas）中的某些童星享有很高的知名度，但是，我们会发现，在很多情况下，一旦他们离开了电视剧，就找不到其他的工作。他们很容易被新生事物所取代，也很快被人们遗忘掉。在对特纳等的《名利游戏》所进行的研究中，我和我的合作作者发现，一些澳大利亚肥皂剧中的明星，如《家有芳邻》（Neighbours）、《聚散离合》（Home and Away）中的明星，在这个行业已经不再发挥作用，因为一旦离开剧中的角色，他们就失去了作为演员的知名度。他们的名气建立在一个特殊的、声望较低的媒介曝光基础上，并通过大力利用跨媒体和多平台推广的产业结构来实现名人名气的最大化。就澳大利亚大多数最成功的肥皂剧青少年演员而言，委托制作这些剧集的电视网拥有唯一的全国性电视指南杂志，且大多数还拥有具有市场领导地位的女性杂志，因此肥皂剧明星也经常出现在杂志的封面中，成为该领域的一个重要人物。然而，一旦童星离开了这些平台，他们就会很轻易地被一些新面孔所取代。

让"普通人"（ordinary people）成为真人秀节目的参与者这一现象也越来越流行，并且已经成为当前固定的行业模式，这也是一些普通人能成为一次性名人（disposable celebrities）的主要原因。我们现在看到的真人秀电视明星，也是罗杰克称为"小报名人"的主要例子，因为在短短几周内，他们就能从众人皆知（几乎每晚都出现在电视屏幕以及第二天的晨报和杂志上）转为默默无闻、销声匿迹。从《老大哥》到《偶像》（*Idol*），再到游戏纪录片《极速前进》（*The Amazing Race*）等真人秀电视节目，其在设计上就是为了从形式和传播系统为电视观众提供可靠且可替换的名人。不过这些节目的参与者似乎总是源源不断，虽然每个参与者都很清楚，无论作为名人他们能够取得怎样的成就，这些成就都可能是转瞬即逝的。在这一点上，不仅节目形式的设计至关重要，而且在更多情况下，制作公司与参与者之间的合同安排也强化了这一点。就像面对肥皂剧中的青少年演员一样，这是非常困难的，因为对于单个"房友"（housemate）、选手或者参与者而言，他们很难（即使有可能）掌控好自己公众角色的发展，以维持与观众之间独立于节目之外的关系，也就是说，这种关系不是由制作公司或电视网来管理的。❶

虽然制作公司已经意识到这种情况的存在，但大部分认为这在道义上没有什么问题：在大多数情况下，相关的演员能够在较长的时间里享有名气只是幸运罢了。这让那些已经融入名人生活的代理人、经纪人和公关人员感觉有点不太舒服，因为从某种程度上而言，他们长期以来认同名人的公众人物形象，并将其作为自己的生存目标。对于这些人来说，行业和个人的利益会产生冲突，从而导致在现实中出现进退维谷的局面。比如说，在面对采访时，他们会在多大程度上鼓励年轻的电视真人秀明星透露自己的私人信息？他们知道这些信息可能会困扰

---

❶ 当然，这个情况也有例外，如《偶像》节目的选手凯莉·克拉克森，就成功地延续了自己的职业生涯。还有看似希望渺茫并且没什么才能的选手，如《美国偶像》里的孔庆翔和《老大哥》系列节目里的杰德·古迪就是重要的例证。

明星以后的职业生涯（甚至更严重的是明星的余生）。同样地，在知道这样做可能会限制所负责名人未来的职业选择时，经纪人又会在多大程度上支持名人刻意透露一些照片作为短期内提高知名度的一种方式？"名人商品"（celebrity-commodity）这个我们一直在使用的表达，本身就包含着这个行业每天都在处理的矛盾，即商业利益很有可能与名人的个人利益相冲突。

当我们观察因媒体对"意外走红的名人"的兴趣所产生的影响时，这个问题就更值得关注了。"意外走红的名人"是指处于新闻旋涡中的人物，戴安娜王妃的前管家保罗·伯勒尔就是其中一个例子。在一次法庭诉讼之后，他在短时间内成为名人商品，似乎还有人建议他尽快而且最大限度地将这种名气兑换成金钱，在伯勒尔的例子中，意味着将他手里的新闻卖给一家发行量很大的报纸（尽管先前他说过永远不会利用自己与戴安娜的关系来牟利）。那些没有赢得竞拍以兜售伯勒尔的新闻的报纸，开始肆无忌惮地攻击他和得到了新闻的报纸，而那些获得了这个故事报道权的报纸则可以通过嘲笑、损坏他的名誉、挖掘新的信息来让他难堪，并对他的故事细节提出质疑和挑战。正如随后伯勒尔家遭到袭击的事件所证明的那样，接受名人商品的身份可能会造成相当严重的个人后果，它所涉及的行为框架是一个人基本上无法控制的。在对《名利游戏》的研究中，我和弗朗西斯·邦纳、大卫·马歇尔对此类个体的媒体表征进行了研究，研究内容包括媒体对于斯图亚特·戴弗的表述，而戴弗是澳大利亚雪原地区灾难性山体滑坡的唯一幸存者。这类个人唯一能够对媒体表征进行控制的方式便是，充分参与到名人制造的行业之中：雇用经纪人，并将情况控制权交给媒体专业人士，对方会将所有报道进行彻底地商业化处理。斯图亚特·戴弗显然认为，这在道义上是一件很令人反感的事情（就好像是利用其他人的不幸来牟利），但他还是被说服了，因为这是他唯一切实可用的办法，而且行之有效。一家媒体机构的独家访问规则阻断了其他媒体机构的兴趣；其他媒体不愿意去宣传竞争对手所拥有的东西，但在这种情况下，他们也没有兴趣去攻击一个对于公众而言已经成为英雄的人物。

当然，一旦名人取得成就，就可以通过商品代言、商品推销等方式进军其他相关的子行业（sub‐industries），凭借巨大的商业潜力，个人可以形成自己的品牌。麦克唐纳（McDonald）和安德鲁斯（Andrews）在研究中指出，在佳得乐（Gatorade）与迈克尔·乔丹签约的促销活动"像乔丹一样"实行一年后，佳得乐的年收入从6.81亿美元增加到10亿美元以上。❶ 世界范围内产生了越来越多类似于迈克尔·乔丹这样的名人推广，帮助美国对全球市场进行渗透，尤其是在电影、电视和视频领域的渗透。但在体育行业，这仍属于相对较新的发展趋势。

大卫·罗（David Rowe）认为，20世纪70年代之前，体育或体育明星还没有与时髦或者时尚的说法沾上边。但是之后，体育在文化和经济地位上的转变导致将体育明星作为商品进行营销的现象日益增加。电视转播的体育形式日渐复杂，提高了这些体育项目的知名度和文化购买力。此外，体育和时尚在文化和产业方面的融合过程也相当有趣，这似乎对体育明星的角色塑造产生了特别深刻的影响。沃纳尔讲到，像运动服、运动鞋这样的功能性运动服装成为具有时尚风格的产品，是因为主

---

❶　M. G. McDonald, D. L. Andrews. Michael Jordan: Corporate sport and postmodern celebrityhood ［M］//D. L. Andrews, S. J. Jackson. Sports Stars: The Cultural Politics of Sporting Celebrity. London and New York: Routledge, 2001: 20.

流时尚行业借鉴了体育运动的风格。❶ 更值得注意的，或许是沃纳尔所说的与日俱增的"健身时尚"（fitness chic），因陡然增加的健身俱乐部和 20 世纪 90 年代开始的"运动热潮"（exercise boom）一直到现在还没有减退。❷ 借助明星效应，体育用品品牌的市场渗透程度完全可以从当下百货商店和服装店里无处不在的体育品牌中窥见一斑。曾经我们还能在主流时装店看到印有一系列商标的 T 恤在销售，而当今的市场已被设计师专门设计的名牌名称以及体育用品标志所占据，如耐克（Nike）、彪马（Puma）、阿迪达斯（Adidas）、锐步（Reebok）、匡威（Converse）等。所有这些发展都导致媒体对体育明星的外貌、个性及其运动场外的行为产生了相对较新的关注。也因此，体育人士被大肆赞扬和利用：

> 他们的努力和表现被人们细致入微地审视；他们的竞技技能所有权在市场上被大肆地买卖；为了追求更高的效率，他们的身体遭受惩罚、操控和侵扰；为了推广和销售商品与服务，他们的形象被塑造、被展示。❸

根据赖因（Rein）等❹所言，现在，体育明星可以通过各

---

❶ G. Whannel. Media Sports Stars：Masculinities and Moralities ［M］. London and New York：Routledge，2002.

❷ M. G. McDonald，D. L. Andrews. Michael Jordan：Corporate sport and postmodern celebrityhood ［M］//D. L. Andrews，S. J. Jackson. Sports Stars：The Cultural Politics of Sporting Celebrity. London and New York：Routledge，2001：129－132.

❸ G. Whannel. Media Sports Stars：Masculinities and Moralities ［M］. London and New York：Routledge，2002：113.

❹ I. Rein，P. Kotler，M. Stoller. High Visibility：The Making and Marketing of Professionals into Celebrities ［M］. Lincolnwood，IL：NTC Business Books，1997.

种产品代言——从体育用品（如运动鞋、网球拍等）到食品（如酸奶、早餐谷物等）再到时尚用品（如服装、太阳镜等），预期多赚期原年收入的三分之二。"福布斯100名人榜"中排名最高的体育明星是"老虎"伍兹（他排在第12位），因为离婚丑闻，他曾失去了价值数千万美元的代言，但即使这样，他在2012年仍获得了5000万~6000万美元的代言费。

关于名人商品，最后需要提到的一点是名人与商品消费之间的密切关系。我们已经了解了大卫·马歇尔在其书中是如何看待名人在个人主义、消费主义等意识形态方面所起的作用。德·科尔多瓦基于电影明星的历史作品，讨论了20世纪二三十年代电影明星的运作方式，并认为那是一种推广消费主义价值观念的手段。拉里·梅（Larry May）的研究认为，在意识形态上需要协调处理好"维多利亚的理念和消费者的理念"（Victorian ideals and consumer ideals）之间的紧张关系，这种关系也是将日常生活进行商品化过程的一个部分。而电影明星正好是进行这种协调的绝佳渠道。在社会权利方面，他们没有过分的特权，他们中的大部分人属于社会经济背景比较普通的阶层，其成功"很容易被归结为民主的愿望和抱负；明星通过引人注目地展示物质财富带来的成功，生动地证明了这样一个观点：获得满足感不在于工作，而在于工作之外的活动——消费和休闲"。❶ 这种情况至今还在延续，如名人在酒店的泳池边、在家里、在餐厅或者在高尔夫球场等休闲场所，推广最新的投资活动。经过他们的努力而变得合法的消费主义价值观，对于媒体

❶ R. De Cordova. Picture Personalities：The Emergence of the Star System in America ［M］. Urbana and Chicago：University of Illinois Press，1990：108.

的商业利益而言也是至关重要的。正如康博伊（Conboy）谈到新闻媒体对名人的利用时所讲的那样，"名人新闻一个吸引人的地方在于，它让作为读者的人们能够通过消费主义价值观而被关注和表达，而消费主义价值观与报纸的经济议程也有着千丝万缕的联系"。❶ 新闻中经常将名人作为消费行为的榜样以及读者推崇的对象，但也会出现模棱两可的情况。新闻报道可以将名人的商品消费方式形容为惊人的和高消费的，也可以利用名人的消费行为来构建他们的日常性（everydayness），也就是，他们和"我们大家"的相似性。

三、名人产业

在这一节中，我想从前面提到的包括管理者、经纪人和宣传人员在内的第三方的功能开始，概述一些名人产业的结构。看上去这是一种很基础的切入点，但其实它很少用于分析名人生产或者分析这一生产过程中大量运用的文本。在这种特殊情况下，由于名人产业在极力掩盖自己的活动，这种方式就相当具有破坏性。通过将推广宣传以新闻的方式呈现出来，通过口口声声告诉我们他们所说的"就是实际情况"，通过对"偷拍的照片"（candid photo）进行制作管理，等等，名人产业努力使其职业行为自然化（naturalise），或者将他们的职业行为掩藏于其他行业之下，如新闻业。所以，这一产业所做的事情不容易被区分，其重要性也不容易被评估。目前，很少有人从这个角度来探讨问题，因为人们希望以分析电影业或电视制作行业的方

---

❶ M. Conboy. The Press and Popular Culture ［M］. London：Sage，2002：150.

式来分析整个媒体行业。约书亚·盖姆森的《声名鹊起》❶、马歇尔的《名流与权力》❷ 以及赖因等的《名声大振》（*High Visibility*）❸ 可能是近期关于美国名人产业最实用的著作了，弗朗西斯·邦纳、大卫·马歇尔和我在特纳的《名利游戏》（2000年）中的文章则描述了一个范围更小、缺乏组织的行业。最近，克里斯·罗杰克的《名誉攻击》❹ 一书尤其关注名人产业发展中虚造公共关系通常发挥的基本作用，本章的这一部分将借鉴这些作品中的内容。

那我们就从赖因等所说的"名人产业结构"开始吧。应该指出的是，他们的书只涉及了美国的名人产业，并描述了名人营销技术在政治、商业、学术和宗教领域的扩张，这一情况在美国当然比在任何其他国家都要成熟。他们所讲的模式也会产生变化，我将在本章后面部分讲到这些变化，但关注美国是大有益处的，毕竟这里有着最发达的名人产业形式。不过以我的观察，对名人最为痴迷的可能还是英国媒体，但它的痴迷度主要见于小报印刷媒体（tabloid print media）行业。与其他大多数人的说法不同，赖因等将名人产业看作整个产业结构的中心，而非附属品。在他们看来，娱乐和体育行业处于名人产业的边缘，而非中心，他们认同这种观点的理由在于，众多经济领域

❶ J. Gamson. Claims to Fame：Celebrity in Contemporary America ［M］. Berkeley：University of California Press，1994.

❷ P. D. Marshall. Celebrity and Power：Fame in Contemporary Culture ［M］. Minneapolis and London：University of Minnesota Press，1997.

❸ I. Rein，P. Kotler，M. Stoller. High Visibility：The Making and Marketing of Professionals into Celebrities ［M］. Lincolnwood，IL：NTC Business Books，1997.

❹ C. Rojek. Fame Attack：The Inflation of Celebrity and its Consequences ［M］. London：Bloomsbury，2012.

普遍存在名人技术（techniques of celebrity），如营销、公共关系与宣传。

正如他们所说，名人产业是由八个"分支行业"支撑成，这些分支行业的业务活动并非只从事名人行业。赖因等认为名人产业的作用是，通过协调分支行业提供的服务来生产和推广名人。不出所料，他们提到的第一个行业便是娱乐行业，包括剧院、音乐厅、舞厅、体育竞技场和电影制片厂。他们认为，娱乐行业与通讯行业不同，后者包括报纸、杂志、广播、电视和电影。娱乐和通讯行业的业务活动也有重叠，它们都需要通过宣传行业（publicity industry）进行推广，这其中就包括宣传人员、公关公司、广告公司和营销研究公司。名人本身由代理行业（representation industry）负责包装，该行业包括代理人、私人经纪人和推销商服务。名人形象通过外观仪表行业（appearance industry）进行协调制造，该行业包括服装师、化妆师、发型师以及其他形象顾问服务。专业表演则是由教练行业（coaching industry）负责，包括音乐、舞蹈、演讲和模特教师。最后，我们要讲的是代言行业（endorsement industry），包括纪念品制造商、服装制造商以及游戏玩具制造商等，当然还有法律和商业服务行业（legal and business services industry），它们提供的服务包括法律、会计和投资建议。❶

当然，我们并不需要完全认同和接受这样的分类，但是它确实有效地划分了使名人产业系统能够顺利运转并发挥作用所

---

❶　I. Rein, P. Kotler, M. Stoller. High Visibility: The Making and Marketing of Professionals into Celebrities [M]. Lincolnwood, IL: NTC Business Books, 1997: 42–58.

需的文化中介的范围，尽管它低估了公共关系的作用。❶ 同样，它也忽略了盖姆森所说的名人系统中关键的行业元素：承认"有偿的专业代理人"（paid specialists）的作用，他们围绕在名人周围，"增加和保护名人的市场价值"。但盖姆森也指出，"相关的分支行业"为了自己的商业利益，"利用名人为自己盈利，同时建立和利用这些表演者能够引人注目的力量"。❷ 在2000年出版的《拒绝品牌》（*No Logo*）❸ 一书中，内奥米·克莱恩认为，整个商业品牌体系毫无疑问要比"代言行业"规模更大，但它主要关注的是名人形象的使用，这个体系并不完全包含在赖因等在《名声大振》一书中呈现出来的结构里。❹

因此，尽管我们必须承认，名人的无处不在影响了我们对产生名人的行业结构进行清晰描述的能力，但这样的分类为我们提供了一个不错的起点。盖姆森、特纳和赖因等都对名人行业里专业人员所做的工作及其过程进行了详细描述❺，包括代理人和经纪人两种角色的差异，以及宣传人员的职责范围，等

---

❶　C. Rojek. Fame Attack：The Inflation of Celebrity and its Consequences ［M］. London：Bloomsbury，2012.

❷　J. Gamson. Claims to Fame：Celebrity in Contemporary America ［M］. Berkeley：University of California Press，1994：61.

❸　N. Klein. No Logo ［M］. London：Flamingo，2000.

❹　对于那些更加多样化和主题模糊的活动，如名人跟踪服务（支付高额费用后，你可以获得你最喜欢的名人的行程报告），销售给普通人、明星以及山寨明星经纪人的个人形象顾问指南，以及新的职业类别，如"名人助理"，同样很难为它们找到一个合适的划分类别。

❺　J. Gamson. Claims to Fame：Celebrity in Contemporary America ［M］. Berkeley：University of California Press，1994；G. Turner，F. Bonner，P. D. Marshall. Fame Games：The Production of Celebrity in Australia ［M］. Melbourne：Cambridge University Press，2000；I. Rein，P. Kotler，M. Stoller. High Visibility：The Making and Marketing of Professionals into Celebrities ［M］. Lincolnwood，IL：NTC Business Books，1997.

等。当然，在这里没有必要对他们所做的工作进行重复描述，不过，他们所扮演角色的性质值得简要地回顾一下，尤其是代理和宣传行业中的关键人物——代理人、经纪人和宣传人员所扮演角色的性质。不同的市场有不同的情况，在这里我们主要讨论的是美国模式，而它和英国以及其他地方的模式之间的差异，也是我们论述过程中会重点谈及的内容。

媒体经纪人这一角色的起源可以追溯到很久以前，盖伯勒在 1995 年为沃尔特·温切尔写的传记中对这一点做过详细的描述。媒体经纪人大约出现在 19 世纪末期，借助印刷媒体的不断扩展而提供的免费宣传，在 20 世纪二三十年代，他们开始了自己的职业生涯。那时候，他们的角色意义在很大程度上是在八卦专栏（gossip columns）中留下痕迹，从而换取委托人支付的报酬，如温切尔的专栏。在盖伯勒看来，虽然他们为众人所鄙视，是"一群孤独和令人讨厌的人群"，但他们是"搬动大山的蚂蚁。如果没有他们，也就没有名人、八卦和大众文化，确实如此"。❶ 必须肯定的是，正是因为他们早期混迹于名人八卦和娱乐行业的宣传市场之中，20 世纪 20—50 年代娱乐行业的后续发展才有了基础。随着印刷媒体对剧院和歌舞杂耍活动报道的增加，围绕它们发展起来的行业结构不断被调整，以适应新的生产和宣传手段。由于电影和电视行业的扩大和发展需要更多的宣传和公关人员，戏剧代理人也转型进入电影行业，同时也为促销和宣传资料提供了新的重要渠道。在体育方面，正如我们所看到的，比起娱乐行业，代理人的出现得要晚得多。

---

❶ N. Gabler. Walter Winchell: Gossip, Power and the Culture of Celebrity [M]. London: Picador, 1995: 184 – 249.

"体育律师"（sports attorneys）出现在20世纪70年代，旨在依法保障球员的利益，从而让他们能够从精英体育（elite sport）中获得更公平的收入份额，尤其是那些体育明星作为个人发挥了重要作用的电视节目带来的收益。

　　一般来说，娱乐业的代理人主要是为他们的委托人寻找工作，并协助进行工作协议的谈判，提供建议，有时还给予发展指导，在某些情况下为委托人安排宣传活动。优秀的代理人拥有大量的委托人，并从委托人收入中抽取一定比例的佣金。他们大多对管理或"产品开发"不感兴趣，与某一特定客户过于密切的联系也并不真正符合他们的利益，因为他们对行业的价值是作为一个与许多可能的表演者联系的渠道，而不仅仅是代理一个委托人。因此，代理人往往与委托人的雇主——票务代理、星探等关系更为密切。当代理人急于为经纪公司寻找演员并且迫使演员做出不恰当的承诺时，就有可能导致利益冲突。在体育行业中，代理人的作用略有不同，甚至在许多方面使矛盾更加突出。他们更倾向于充当整个行业的中间人（middle man），"处理好体育明星、体育组织、赞助商、广告商和电视公司之间的经济关系"。❶ 这一点和其他领域私人经纪人所扮演的角色相似。

　　行业经理通常拥有较少的客户，但在委托人的职业发展中扮演着更重要的战略角色。他们提供的管理服务非常全面，涉及委托人生活的方方面面："包括邮件回复、资产投资、房产购买、日程安排、孩子上学甚至是园丁的雇用和女佣的解聘，

---

❶　D. Rowe. Popular Cultures：Rock Music，Sport and the Politics of Pleasure [M]. London：Sage，1995：112.

等等"。❶ 无论是在美国完成的研究成果，还是在澳大利亚的研究工作，我们都发现在某些情况下，行业经理的权力发展到一定程度时，他们的媒体形象也能和大多数名人相提并论。拥有自己创业项目的经理往往就出自这种体系，像美国的迈克尔·奥维茨（Michael Ovitz）、英国的马克斯·克利福德（Max Clifford）和澳大利亚的哈里·莫里斯·米勒（Harry M. Miller）就是这类例子。

公关是一个发展历史还不到 100 年的行业，而且它的声誉已略有污点，但情况并非一直如此。最初，公共关系的确为媒体经纪人提供了一个更加体面的名字，也为这些经纪人的职能改变提供了正当的理由：对积极宣传的需求逐渐成为整个行业的问题，而不仅仅是娱乐业的问题。如今，公共关系已经深入商业和公共生活的方方面面，包括企业与公众关系的管理，为政客塑造公共形象提供建议，为政府公共信息设计宣传活动，以及管理好大众媒体的各种论战，进而保护好他们的委托人的利益。在许多方面，公关获得了通过媒体传播真相的声誉，而导致这种现象发生的原因就在于那些遭遇困境的商界或者政界人士，往往倾向于委托公关公司来处理问题，而非直接自行介入处理。

正如罗杰克在《名誉攻击》一书中所说的那样，公共关系的发展以及这一概念的奠基人爱德华·伯奈斯（Edward Bernays）的基本理念就蕴含在名人行业之中。公共关系（Public Relations，PR）是一个通用术语，用来泛指宣传的运作、媒体

---

❶ I. Rein, P. Kotler, M. Stoller. High Visibility：The Making and Marketing of Professionals into Celebrities［M］. Lincolnwood, IL：NTC Business Books, 1997：46.

的管理和"造势"（spin）活动，实际上，很多活动很可能是由
推广人员或宣传人员负责实施的。在名人行业中，公关人员可
能会被各种机构组织所雇用，用来保护工作室、网络、制作公
司等，因为它们往往不想参与个人的日常宣传与推广。在某种
程度上，这体现了一种层级上的差异：虽然宣传是公共关系的
一个分支，但在公共关系中，很多人对宣传和推广过程中的初
级商业运作并不重视。然而，从另一个角度来看，这种行为也
表现出公关人员对名人和媒体行业的重大意义。公关人员可以
由名人自己、管理部门、专业宣传或公关公司来雇用，也可以
由与名人当前项目有关的制作单位、网络或发起者来雇用。他
们处于名人与公众之间，更准确地说，他们的工作是对名人与
公众之间的所有沟通联系进行管理。他们会撰写好新闻稿，并
且规划布局好各种安排；在晚间新闻的结尾安排拍照的机会，
并精心安排名人的个人亮相；与杂志编辑商量如何在照片和专
题文章中展示自己的委托人；对记者和电视采访者提出的问题
进行审核，并在访谈时与委托人坐在一起，确保一切按照既定
计划进行。他们还常常在推特上模仿自己的名人委托人撰写推
文并发布到官网上，同时回复粉丝的各种评论。当委托人因为
行为不当引起负面效应时，他们会和媒体打交道，希望利用与
媒体的业务关系尽可能地将负面后果最小化。公关人员的职责
便是进行管理与协调，并在必要时篡改那些需要在大众中流通
的信息以及名人形象，而这也涉及抑制他们所代理的名人的欲
望，同时挫败媒体希望满足一切的要求。成功的公关人员，其
价值在于有能力在双方交易的过程中维护好各种关系，同时处
理好各种负面消息。这是有可能实现的，因为我所描述的控制
也可以被看作一种赋能：虽然他们对实际可能发生的交易影响

重大，但他们也充当着组织交易并使这种交易能够实现的机制。但也正是因为这一原因，在下一章我们将了解到，他们的有效性也使名人有时希望绕过这些代理人，选择直接使用推特等社交媒体与粉丝进行沟通或者名人希望单方面为自己创造一个更真实的人格形象。

尽管有这样的发展，但如前所述，这个行业结构的关键是，经济上相互依赖的模式把名人及其代理（代理人、经纪人、宣传人员、公关人员）与娱乐业和娱乐新闻媒体紧密地联系在了一起。最明显的联系与企业有关——例如，我们发现《时代》（*Time*）杂志刊登了一篇关于一位演员的故事，而这位演员目前正在出演华纳兄弟公司制作的一部电影。但也有其他的一些联系，强大的社会、文化和专业网络使个人可以很容易地从行业分工的一端转变到另一端，由此，通讯记者可以成为新闻官员，新闻记者可以成为公共关系顾问。这些网络有着一套特定的交易模式，在这套模式里，头条故事会以独家专访的形式进行交易，从而明星和媒体都达到了自己的职业目标。在我看来，这些相互依存的关系被刻意地神秘化处理，从而使它们的运作过程隐形化，例如，没有人知道一位名人的新闻故事是如何登上头版头条的。这套模式涉及两类人的利益：首先是公关人员，他们更希望刊登出的内容像新闻而非广告，因为只有这样才更加具有可信度；其次是记者，他们不希望读者知道，自己名下的文章不符合新闻行业的产出规则。从道德上来看，这些职位都不是特别令人安心，但也正是这种张力使得他们彼此维持和相互制衡。伴随他们的似乎是一场无休止的权利之争。

四、宣传、新闻与权利

英国记者托比·杨（Toby Young）在 2001 年出版的书❶中描写自己 20 世纪 90 年代在美国时尚杂志《名利场》的工作经历。由于之前在英国有过一系列时尚新闻行业的工作背景，他曾和朱莉·伯奇尔（Julie Burchill）同为《现代评论》（*Modern Review*）的编辑，之后托比·杨受到《名利场》声望的吸引，申请了短期的职位，当然他也希望这个职位可以一直持续下去。这是他第一次身处名人杂志的中心，在书中他主要描写了对自己的见闻所持有的矛盾态度。托比·杨承认自己曾经为了进入精英名人的活动，被诱惑到几乎愿意做任何事情，不过他也对那些负责推动一线名人利益的公关人员所掌握的权利表示担忧：

> 时尚杂志为了获取进入名人圈子的资格而放弃言论自由，我对这种做法感到相当震惊。正是派特·金斯利（Pat Kingsley，她是一家久负盛名的经纪公司 PMK 的老板）这样的女性，以及她们的滑稽行为，才导致现在公关人员对委托人写些什么具有绝对的管控权。曾经发生过这样一件众所周知的事情，金斯利驳回了 14 位写手的请求，❷ 最后决定让一位比较听话的写手去采访汤姆·克鲁斯（Tom

---

❶　T. Young. How to Lose Friends and Alienate People ［M］. London：Little, Brown, 2001.

❷　我对这个故事持怀疑态度；盖姆森也曾引用过这个故事，但他说的是，在金斯利满意之前，他仔细地对 20 位写手进行了审查。《老友记（2002）》的报纸专题也进行了引用，但给出的数字是 14 位。

Cruise）。❶

不过他明白，这是体系使然。正如他所说，"公关人员牢牢地控制着编辑。为了让自己负责的杂志在报摊上能够畅销，编辑们需要请一线明星登上他们的杂志封面，而要做到这一点，唯一的办法就是同意公关人员的任何条件。"❷ 随着媒体行业的融合，相应的配套网络也在融合，从而对其市场支配能力产生影响。托比·杨指出，2001 年派特·金斯利的 PMK 经纪公司和其最大的竞争对手霍维恩·鲍姆·霍尔斯（Huvane Baum Halls）公司的合并，导致"几乎整个好莱坞打造的一线明星都在派特·金斯利一家公司的掌控之下"。❸ 由此可见，她的公司将拥有势不可当的市场支配力。

这是一个人们常见的抱怨：如今，新闻媒体和名人产业的宣传部门之间存在一种结构性的嵌入关系，这种关系损害了新闻媒体的独立性，削弱了新闻媒体单纯地说出自己所看到的真相的能力。正常情况下，新闻媒体只报道它想要报道的故事，以及它认为观众可能想要阅读的故事。与此同时，我们还注意到，加入媒体内容中的名人素材越来越多。我们也知道这是宣传力度不断增大导致的结果。例如，名人八卦主宰大众杂志市场，也导致了电视新闻内容的改变。赖因等提出，在我们所有

---

❶ T. Young. How to Lose Friends and Alienate People ［M］. London：Little，Brown，2001：333.

❷ T. Young. How to Lose Friends and Alienate People ［M］. London：Little，Brown，2001：110.

❸ T. Young. How to Lose Friends and Alienate People ［M］. London：Little，Brown，2001：110.

的以新闻形式发布的信息中，有 70% 来源于宣传和公共关系。❶
这种说法在各个国家都是如此一致［澳大利亚的特纳、邦纳和
马歇尔在《名利游戏》中得出了相似的数字；英国的鲍勃·富
兰克林（Bob Franklin）在《新闻娱乐化》（*Newzsak*）中也提出
了类似的看法］，当代任何关于新闻生产的讨论都是不够充分
的，因为这些讨论并没有对宣传人员和公关人员的价值进行认
真的评估。我知道记者自己常常会否认这种影响，但即便他们
否认，也仍有一堆反面的证据在他们面前飞舞。

　　另一个略有不同的抱怨是，作为服务观众、发挥信息功能
的媒体，事实上已经成为宣传和公关的俘虏。在这里，新闻并
非唯一被我们讨论的行业。例如，脱口秀节目（talk - show in-
terview）最初是作为一种"爆料手段"（means of revelation）而
出现的，现在却俨然成了另一个进行"形象控制"（image -
control）的场所。❷ 杰伊·雷诺（Jay Leno）的脱口秀节目并非
为了告诉观众为什么休·格兰特（Hugh Grant）会和洛杉矶的
一名性工作者发生失当行为，他在节目中露面，只是为了让观
众相信，他终究还算是一个"不错的家伙"。利用这种方法改
变公众形象的明星还有梅尔·吉布森（Mel Gibson）、拉塞尔·
布兰德（Russell Brand）、汤姆·克鲁斯、布兰妮·斯皮尔斯
（Britney Spears）、玛丽亚·凯莉（Mariah Carey），以及最近富
有戏剧性地失宠的环法自行车车手兰斯·阿姆斯特朗（Lance
Armstrong）。虽然阿姆斯特朗的形象不是很光彩，但他也在

---

❶　I. Rein, P. Kotler, M. Stoller. High Visibility: The Making and Marketing of
Professionals into Celebrities ［M］. Lincolnwood, IL: NTC Business Books, 1997: 286.

❷　J. Gamson. Claims to Fame: Celebrity in Contemporary America ［M］. Berke-
ley: University of California Press, 1994: 47.

2013 年接受了奥普拉（Oprah）的公开采访。甚至是那些看上去是支持大众的媒体平台，也让步于名人行业，或许正如大卫·钱尼（David Chaney）所说："这些用来接受采访、拍照、描述、解释名人的辅助性行业（supplementary industries），并不是观众与公众人物之间的沟通桥梁，而是塑造和维持名人人格的方式和手段"。❶ 这不是影响力渗透的问题，也不是不成比例的问题，这是一种对媒体模式本身的重新改造。

当然，公关人员不是只会操控他人，也会给予相当的帮助。他们尤其会和娱乐记者分享名人日常的职业生活，知道记者需要什么。他们能够对新闻故事、引用来源、照片、艺术品、背景信息、联系方式和关系机遇等提供不同的视角与看法。他们"努力挖掘、塑造，并向报道名人的媒体提供它们所需要的内容"，❷ 最后也成功地把名人的故事放入了媒体发布的新闻中。当然，记者对此也常常感到苦恼不已，一开始行事直截了当、独立客观的新闻行业，现在变成了通过非正式谈判而不断妥协。更糟糕的是，如今新闻的信息来源取决于这些非正式的专业商谈，导致可供新闻工作者处理的空间很小。但是，盖姆森所说的"相互合作"（mutual co‑optation）不仅影响参与者的道德纯洁，还导致出版业倾向于出版公关人员认可的作品，即一些"毫无价值的东西"，❸ 如闲谈类的作品，这样不会得罪交易中的各方。盖姆森曾说："没人想制造这些东西，但我们又无法

❶ D. Chaney. Fictions of Collective Life：Public Drama in Late Modern Culture［M］. London and New York：Routledge，1993：144.

❷ J. Gamson. Claims to Fame：Celebrity in Contemporary America［M］. Berkeley：University of California Press，1994：86.

❸ J. Gamson. Claims to Fame：Celebrity in Contemporary America［M］. Berkeley：University of California Press，1994：88 – 89.

摆脱。因为这些东西畅销。"❶

虽然宣传渗透新闻制作是很普遍的现象，但负责把关的人员的权利关系在不同的地方各有不同。例如，托比·杨曾对英国行业内的情况进行比较，并认为身在英国的公关人员绝对没有他们在美国所享有的影响力。当然，英国名人的供需关系也有所不同，特别是英国小报的"攻击新闻"（attack dog journalism）已经成为大多数名人及其守卫者恐惧的对象（因此当《世界新闻报》的电话窃听丑闻爆发时，引发了名人的强烈愤怒）。不过，在意识形态框架上，二者也略有差异。按照托比·杨的说法，美国记者受到了接近名人的诱惑，因此会寻求越来越接近名人世界的机会；而英国记者与名人之间的"攻击互撕"（hacks and flacks），导致二者之间"基本上呈对立的关系"。❷公关人员成了记者的"敌对方"，而那些涉及名人新闻报道的记者则被打上"向上爬"的烙印，"同事也不再信任他们"。托比·杨写道："通过某些不清不楚的方式和《名人，你好！》杂志里的那些人混在一起的行为，会被当成对新闻记者职业准则的背叛"❸。

人们猜想，那些在美国《国家询问报》（*The National Enquirer*）和《美国周刊》（*US Week*）等小报和在名人网站"TMZ"工作的人，以及像佩雷斯·希尔顿（Perez Hilton）等博主也会采取类似的观点。就像英国小报一样，他们拒绝把一

❶ J. Gamson. Claims to Fame：Celebrity in Contemporary America ［M］. Berkeley：University of California Press，1994：89.

❷ T. Young. How to Lose Friends and Alienate People ［M］. London：Little，Brown，2001：107.

❸ T. Young. How to Lose Friends and Alienate People ［M］. London：Little，Brown，2001：112.

切建立在舒适的关系规则之上，因为他们的观众更希望看到龌龊、震惊的黑料曝光，这些黑料是公关人员的噩梦，而不是像其他的名人行业领域一样，只有一些平淡乏味的消息见诸报端。通常，这些机构发布的信息大多由业余的线人提供，或者来源于互联网，而现在互联网上也有其他来源供人们了解名人八卦（有专业的、业余的以及两者混合的），并专门针对公关行业提供的信息进行反驳。这些杂志刊登的大多数图片来源于跨国狗仔队，现在他们已经成为行业商业化过程中必不可少的一部分，因为其满足了大家对新形象的需求。凭借自身的实力，狗仔队现在已经变成了一个小型的行业。❶

尽管在公众看来，狗仔队在戴安娜王妃之死中所扮演的角色证实了他们在公众心目中还是属于社会下层，但是，他们现在的运作方式越来越商业化，为名人行业提供着一些原始材料。不过，这种与媒体报道相对立的行业依然存在非正规元素的情况，在一定程度上会让狗仔队看起来与行业本身的利益背道而驰。即便如此，小报行业仍有助于进一步加强名人商品的文化知名度和关注度。还有相当一部分媒体机构凭借高度融合的行业结构，及其在跨媒体和跨平台推广上的投资，在很大程度上

---

❶ 不过，像菲尔·雷米这样传奇的狗仔也一直让明星们感到困扰，肯恩·马祖尔则为我们提供了最新的自由摄影师数据：自己的传媒公司 WireImage 旗下运营着 600 位名人摄影师。马祖尔及其员工的不同之处在于，他们利用"公司委托人的推广和宣传利益"来组织自己的活动（塞尔斯，Sales，2003）。偷拍的照片要符合推广和宣传行业的形象发展利益。金·麦克纳马拉（Kim McNamara，2011：522）曾对狗仔行业如何从服务于印刷媒体转变为独立的媒体存在进行过概述，指出狗仔通过建立代理网站，放弃传统的街头偷拍方式。此外，如 Splash 和 Big Pictures 等代理网站都有其附属站点，在这些网站上"市民狗仔"可以将他们的图片出售给代理网站（2011：523）。麦克纳马拉说："狗仔网站越来越类似于社交网络和娱乐网站的杂合体，在为观众带来新闻的同时，又在他们身上收获利益"（2011：527）。

集中于满足观众对名人某一方面兴趣的功能，这是因为观众将名人作为崇拜和想象的对象。另一个媒体部门虽然在公众中享有的知名度不高，但规模可能更大，也同样服务于公众对于名人的另一方面重要的兴趣，即观众将名人看作嘲弄、嘲笑和发泄愤懑的对象。和《名人，你好!》《名利场》一同摆在报摊上的杂志还有《人物》（*People*）、《嘉人 Now》（*Now*）、《国家询问报》以及其他《男人帮》（*FHM*）之类的国家许可发行的杂志。他们对名人行业没有一点尊重，只关注于丑闻和难堪的狗仔图片，然后在图片周围附上满是恶毒和讽刺的文字和标题。许多人的态度相当随意，因为他们与公关和宣传人员之间不存在长久的依存关系。此外，他们无须在市场上进行任何交易就能够取得足够的成功，这让托比·杨颇为震惊。确实，这类媒体的吸引力就在于其粗鄙的言语以及对刊登温和无害、平淡无奇和"毫无价值的东西"不感兴趣。它们出版的大部分内容都被认定为恶意诽谤，但这引起了一部分观众的关注，而这部分内容也是绝大多数正规媒体没有认识到的"毫无价值的东西"。

　　这些杂志能够存在就说明，尽管媒体和公关这套系统在名人形象控制方面进行了专门的投资，但这仍然无法完全保障公关宣传行业的利益。不过这也无妨，因为很多观众也不希望公关宣传行业能获得利益。名人新闻的吸引力就在于对丑陋、怪异、可悲、弄虚作假之事的报道，以及对令人不安和恶劣卑鄙行为的揭露。休·格兰特和一位性工作者在汽车后座上被抓了个现行，迈克尔·杰克逊在酒店的阳台上单手吊着他的孩子，小甜甜布兰妮·斯皮尔斯被拍到剃了个光头，泰格·伍兹承认自己有"性上瘾症"（sex addiction），而贾斯汀·比伯则在演唱会的舞台上当众呕吐。一方面，宣传人员的终极挑战目标往往是他们所宣传的人，他们必须竭尽一切可能控制住局面。另一方面，从观众的角度来看，观众的兴趣在于公关宣传人员失去控制的时刻。狗仔队不仅告诉我们，在管理自己的生活时，名人并非独具天赋，此外，他们还为我们带来了可供关注的娱乐新闻。在流行文化中，这种乐趣是名人表现自我时最根本的吸引力之一。

作为一种具有商业性的职业，名人行业必须服务于竞争型的行业利益，而作为一种文化产品，它需要满足消费者极端矛盾的要求。因此，名人行业虽然不是特别地有条理，但它是有组织的，并且大部分名人行业中发生的事情，都是依赖人的直觉。在《名人游戏》一书的研究中，大卫·马歇尔曾经采访过一家电视网络公司的高管。20世纪80年代，这位高管曾经负责保护《家有芳邻》中的明星杰森·多诺万（Jason Donovan）和凯莉·米洛（Kylie Minogue）的恋情不被公之于众。对于网络宣传人员来说，这是一项为期长达四年的艰巨任务。这么做的原因在于，大家曾坚定地认为，如果真相被公布出来，《家有芳邻》的观众数量将会受到消极的影响。从来没有任何研究验证过这一假设，但它作为事实在网络策略中实际运行了很多年。这凸显了约书亚·盖姆森提到的一个重要观点：宣传行业对媒体的管理和控制过度焦虑的原因之一，是缺乏对市场上真正成功的、观众真正想要的东西的认识。电视行业密切关注的是收视率或者电视行业的份额数（TVQ scores），而电影制片人通常会在试映前进行影片测试，宣传行业体系关注名人的制造与营销，却很少顾及观众。相反，业内普遍认为观众兴趣可以通过极高的公众知名度来体现，这也因此导致业内过分执迷于媒体报道：

［宣传］人员将观众的兴趣当作一种方向标，向行业买家发出信号，表明他们的客户拥有可靠的市场。他们绕过了观众群体，用更可控的媒体报道当作观众兴趣的替代品，借以实现上述设想……他们的工作假设媒体机构与观众兴趣紧密相连，并且反映了观众的兴趣。只要娱乐业买家一直怀有这种假设，宣传人员进行运作时，就无须更多地了解观众。❶

曾经也有过顾及观众兴趣的运营策略，但这种策略也不过是向宣传人员反馈他们自己的劳动成果罢了。宣传人员很少会对名人的市场接受能力进行观众调查，这也难怪脱口秀制作人盖姆森在采访中谈及他决定节目嘉宾阵容和节目安排的依据时承认："总的来说，我们对观众一无所知"。❷

盖里·沃纳尔还指出，尽管媒体投入了大量的时间来控制媒体的可见度，但有些时候，媒体事件仍会形成自己的影响力。在这种情况下，明星行业也会成为旁观者，因为沃纳尔所谓的"宣传旋涡"（vortex of publicity）超过了经济的生产能力：

媒体传播范围的扩大，以及信息传播速度的大幅提高，导致了"旋涡效应"（vortex effect）这一现象的出现，我将这种现象称为"旋涡性"（vortextuality）。各种媒体不断

❶ J. Gamson. Claims to Fame：Celebrity in Contemporary America ［M］. Berkeley：University of California Press，1994：111.

❷ J. Gamson. Claims to Fame：Celebrity in Contemporary America ［M］. Berkeley：University of California Press，1994：115.

地相互促进，在这个电子和数字信息交换的时代，这一切发生的速度非常之快。某些重大的超级事件（super‐events）占据了头版头条，以至于专栏作家或评论员一时间难以谈及其他事情。❶

他所谈到的例子就是戴安娜王妃之死，这一事件"在短期内将媒体议程进行挤压，在这期间其他内容要么消失，要么不得不与旋涡事件相关联"。❷

考虑到这个行业的利益冲突，人们对其运营环境的理解偏差，以及让媒体报道成为一个具有自身影响力的事件的能力，对于名人行业中的权利进行某些限制便不足为奇。有的时候，事态很难从困境中解脱出来，也无法决定往后的发展，当这种情况发生时，负责报道名人的媒体就不得不（悄悄地）和那些公关人员进行交易，当然这些媒体也很乐意为《洛杉矶时报》（Los Angeles Times）或《卫报》（The Guardian）写一篇特稿，在内容上对于媒体操纵"舆论导向"和威胁公众知情权表示遗憾。

---

❶ G. Whannel. Media Sports Stars：Masculinities and Moralities［M］. London and New York：Routledge，2002：206.

❷ G. Whannel. Media Sports Stars：Masculinities and Moralities［M］. London and New York：Routledge，2002：206.

第三章　名人的批量制造

恰如流行音乐天后凯莉·米洛（Kylie Minogue）2002年11月12日在乔·韦莉（Jo Whiley）主持的 BBC 广播节目一台（Radio 1）中谈到的：名声以前只不过是个附属产品，（而现在）名声变成了："你长大以后想做什么?""想出名。""为什么?""不为什么。"

一、普通艺人

如何才能让名人制造变得更具预测性呢？近来人们给出的答案是从源头开始尝试创造名人。尽管名人自己也在不断地探索如何控制自己的表征形式，❶ 但一些媒体制作部门已经找到了更新颖的、更行之有效的方法来控制他们制造的名人形象。

当然，这并非什么具有创新性的想法。从历史上看，媒体和娱乐行业的第一本能是进行垂直整合（vertical integration），即从头到尾全面地控制名人产品的生产、分配和销售过程。因此，在好莱坞的黄金时期有很多发现新人的故事，星探发掘出口腔护士或女服务员，为她们的未来提供出演电影的机会，结

---

❶ G. Whannel. Media Sports Stars：Masculinities and Moralities［M］. London and New York：Routledge，2002：184.

果没过几年就发现她们已经黯然失色、受到冷遇。在这些故事中，明星不过是这个贪婪、冷漠的行业里的受害者，生活的方方面面都受到行业的控制。流行音乐产业也有着自己的故事，通过这些故事可以看出，这个行业往往更重视艺人的市场吸引力而非其音乐才能。20世纪50年代和60年代初期，摇滚乐的热潮见证了很多只是因为与生俱来的美貌而在大街上被发掘出来的，有望成为歌手的年轻人，结果发现他们在录音棚里竟然连一个音都唱不出来。透过媒体和娱乐行业的历史我们可以看到，这些行业的人们常常希望能找到一些"质朴的"新人，因为只有这样的新人才值得他们去"发掘"并往明星的方向培养。当然，其背后的商业目的是从一开始就对这个人的职业生涯进行控制，并承揽其未来的服务合同，从而降低成本，艺人成功以后，实现初始投资人收益的最大化。在某些情况下，如果这些普通艺人没有特殊的才能，也不一定是件坏事，因为更重要的是，他们有没有成为"某人"的决心和信心，以及为实现这一结果做出必要的努力。从这里我们不难看出，和那些仅仅立志要出名的人打交道，比和有着精细或者具体目标的人打交道要容易得多，因为后者可能会对促使他们成功的方法和策略挑三拣四。

不过，从20世纪90年代后期开始，媒体对名人制造的感兴趣程度表现出惊人的增长。我们发现，在一些媒体部门，尤其是在商业电视行业，人们宁愿自己进行名人制造，也不愿只做名人的终端用户（the end‑user）。他们越来越多地用那些没有特殊才能和特长的"普通人"作为节目的"人才"，他们创造名人的方式完全是无中生有，忽略了我们所认可的传统准入条件（如专门的训练或者有表演经历）。参与其中的人也不一定想成为歌手、演员或者舞蹈家，相反，他们只是想上电视而已。很明显，现在这种想法相当普遍，对此感到满足的期待也相当普遍。弗朗西斯·邦纳认为，在她所研究的国家（英国和澳大利亚）中，无论是作为参与者、竞赛者，还是现场观众，人们上电视的情况比其他国家更加普遍。她关注的是她所谓的"普通电视节目"——游戏节目、娱乐资讯节目、真人秀节目，以及电视分析师眼中不那么流行但电视中最常见的日常节目形式，这让她认为，电视节目对于"普通人"的需求是多方面的，普通人出现在电视上很常见。根据邦纳的估算，英国电视行业每年有将近 25 万"普通人"出现在电视屏幕上，并有超过 2 万人得到发言的机会，这一估算数据相当详细且具有说服力。❶

鉴于这些数字所反映的普通人上电视的需求规模，许多电视节目，尤其是现实类游戏节目、人才探索节目以及纪实肥皂剧，将自身定位于满足这类需求上，这种现象不足为奇。只是在极个别的情况下，真人秀电视节目能取得商业上的成功。放眼全球，只有《老大哥》和《偶像》这类节目成了广为借鉴的例子，还有一大批真人秀节目吸引了大量国内外的观众，稳定地打造自己的名人和明星，这样的节目包括《幸存者》（*Survivor*）、《机场》（*Airport*）、《航空公司》（*Airline*）、《驾校》（*Driving School*）、《时尚大忌》（*What Not to Wear*）、《泽西海岸》（*Jersey Shore*）、《好莱坞女孩》（*The Hills*）以及《与卡戴珊一家同行》（*Keeping Up With the Kardashians*）。对于参与其中

---

❶ F. Bonner. Ordinary Television：Analyzing Popular TV ［M］. London：Sage，2003：61 – 62.

的媒体机构（制作商和网络）而言，将选手或参与对象打造为名人并非它们的主要目标，它们的目标是制定一个切实可行的节目方案，然后卖给广告商。可以肯定的是，名人是一个有利可图的副产品，但是一旦节目播出，制作商对于它的交易权限就变得相当有限（例如，为了推进每个系列节目的发展，《老大哥》的制作商必须进行一波又一波的投资，推陈出新）。不过，他们知道，成为名人在吸引参与者参与其中时发挥着首要作用。对于真人秀节目中的参与者或参赛者而言，纵使可以赢取大量的现金奖励和职业机遇，但得到名人的头衔才是他们真正想要的奖品。

这正是我在这一章第一节想要讨论的现象。在谈到像《老大哥》这样的真人秀节目时，我想说的是，这些媒体制作商在将其变成节目策略的同时还控制了名人经济。这种重塑名人的显著效果之一是，制作商抓住并遏制了名人与娱乐业之间的一些核心矛盾。最重要的是，他们遏制了（至少是暂时遏制了）一些利益冲突的发生。由于名人构建已经彻底纳入节目制作，从一开始，所有的个人目标与商业目标（名人在构建过程中的目标以及相应制作商与网络的目标）之间的潜在冲突都已经在结构上做到了相互适应。因此，这些名人尤其依赖能提高自身曝光度的节目，因为他们几乎没有其他平台可以同观众进行交流。

此外，我意识到这并非前所未有，这类模式在历史上已经频繁地显现在电影行业之中。但是，出于对价值和吸引力的需求，当今名人似乎已经完全授权那些媒体节目来制造这些模式。因此，也不难理解，会有评论家对这一过程中临时受益者的长远前景表示关切。虽然"普通人"可以利用《老大哥》成名，但通过其他任何方法他们都不太可能获得这样的名声，他们仍然受制于打造他们的体系，而且在这一体系中，他们未来的发展空间非常有限。然而，我认为明白这一点并非易事，通过审视针对《老大哥》不同版本的评论，会对其中演绎的权利关系产生截然不同的看法。与评论中隐含的政治观点不同，在本章第二部分我所讨论的东西可能看起来像是对"真人秀电视节目"中政治的颠倒：一种"自制名人"（DIY celebrity）形式的构建，它是指通过个人网站的使用，将博客和社交媒体作为建立名声和进行交易的手段。这种发展趋势不仅影响着那些希望建立自我公共形象的普通人，还进一步影响着那些希望通过与观众协商，进而改变自身形象建构方式的知名人士。

二、"真正的"名人与真人秀电视节目

正如我们所见，构建名人的话语是自相矛盾的。在人们看来，名人要么实至名归，要么完全随意：前者是对其天赋的认可，后者则是撞大运的结果。观众们会将名人个体置于一个连续体中，这个连续体的范围包括将名人看作渴望或模仿的对象，或是把他们看作被公开嘲弄的怪人。大多数情况下，名人会吸引一种形式的回应，而不是另一种回应（因此，莎拉·杰西卡·帕克可能会比杰西卡·辛普森吸引更多钦佩的目光），但也有可能从不同支持者中获得两种形式的回应，有时甚至这两种回应来自相同的支持者。我的意思是，渴望成为明星可能与打造明星背后的冷嘲热讽联系在一起。例如，我能感觉到嘎嘎小姐（Lady Gaga）的粉丝就处在有所认知但仍满心欢喜的状态。这种话语矛盾反映在名人与公众之间的矛盾关系之中，名人虽然是商业化的产物，但需要记住的是，有时大众在公开表达兴趣

的时候，似乎完全独立于这个商业过程之外。有时候，再多的宣传也无法引起公众的兴趣，而有的时候，无关乎宣传机构做什么，公众都会对特定的名人个体表达自己的想法。在商业界和公众意愿这两种力量之间存在一定的矛盾，而且，如果没有这两者发挥作用，名人就无法构建或者维持。不过，在本章第一部分，名人的任意性——建构性——与对于制造"无中生有"的关注最为相关。

在这里，电视行业正是我想专门研究的领域，但是，首先值得注意的是过去十年或者二十年内音乐行业活动所产生的意义。首先，我们从辣妹组合（Spice Girls）的成功发展开始。从一开始，辣妹组合就被看作品牌而非乐队，该组合是由制作商构思并制作打造的，带着特定的目的，她们是宣传策划的产物，而不是以草根粉丝（grassroots fan）或者表演为基础的产物。不过，在我看来，通过与当时其他预先刻意打造的乐队进行对比，我们就能够对她们的成功做出解释，真正的原因在于，乐队里的每个成员都能够自行构建令人信服的名人身份。这是流行音乐行业中对言而无信最精妙的表达，虽然这一说法很具诱惑力，但我认为对观众来说，该组合吸引人的重要原因在于，她们明确承认商品化并拒绝让这种商品化失去合法性。他们在媒体中被打上了"厚颜无耻"的形象，一部分是由媒体话语中的实用主义以及她们强烈的独立意识组合构成的，正是这样的媒体打造让她们清楚地意识到自身的被构建性。

大卫·马歇尔在 2000 年发表的著作中讨论披头士乐队（The Beatles）的成就时，也提出了类似的观点。在他看来，披头士乐队徘徊在两种性质之间，一边是真正精彩和有意义的，即超棒的（fabulous）；而另一边则是行业加工制造而成的，即编造的（fabricated）。❶ 正如马歇尔早些时候在《名流与权力》中指出的那样，构成音乐行业的成就和名人的基本话语、弄虚作假是针锋相对的。"真正的"摇滚明星是浪漫的艺术家，为了表现自我，他们的音乐能够抵制诱惑不去迎合商业品味。正如我之前所说，通过真实性话语来强调音乐人的艺术良知，这一行为是有商业上的考量的，当然，它能够拉近粉丝与艺术家的距离，不仅让粉丝了解音乐人最新的单曲或者音乐视频，还能优化音乐人长远的职业前景。即使反对商业的话语在不断地抨击顶包、票房"售罄"以及唱片公司的各种需求，唱片公司预先打造乐队却仍有着悠久的历史。门基乐队（The Monkees）可以说是历史上最耸人听闻的例子，可能因为人们普遍传说他们在录音棚里没有进行过任何演唱，而乐队中只有一个人在音乐上还有点才能，并在后期的生涯中成为音乐人，这个人就是迈克尔·内史密斯（Michael Nesmith），还有很多其他的例子，如米力瓦利合唱团（Milli Vanilli）。❷ 在披头士乐队中，列侬（Lennon）和麦卡特尼（McCartney）的歌曲创作能力，以及他们在汉堡红灯区学做生意时积累的可信度，为他们的演唱提供了真实性。他们的"外观"形象设计，包括西装、发型、幕后监管的新闻发布会、布莱恩·爱泼斯坦（Brian Epstein）像斯文加利（Svengali）一样的出场，都告诉我们，他们已经成为一种市场化的产品。马歇尔认为，披头士乐队是我们遇见的第一个

---

❶　G. Turner, F. Bonner, P. D. Marshall. Fame Games: The Production of Celebrity in Australia [M]. Melbourne: Cambridge University Press, 2000: 169.

❷　门基乐队是为电视行业而非音乐行业打造的。电视业也是另一个早期媒介，不过更明显的事实是，它也是制造明星的行业。苏格兰歌手希娜·伊斯顿曾是一部英国电视纪录片的主角，这部纪录片的目的是研究能否成功打造出一位流行歌星，不过出乎人们意料的是，这却开启了她长久的职业生涯。

在名声方面与众不同的时尚人群。他们对公众形象的公开操纵可能曾经产生过负面意义，但马歇尔提出了相反的建议——就披头士乐队的情况而言，音乐家的商品化"不再被视为某种形式的艺术实践的腐败；相反，它成为艺术过程的一部分"。❶

马歇尔同样注意到，披头士乐队成员也在积极寻求办法塑造个人形象，使自己与团体区分开来。他描述了披头士乐队成功地做到了从观众对于乐队的认可到对于个体成员身份的认可的转变，也实现了一种新的真实性的转变，这是一种"名人的大众化胜利"（democratic celebration of celebrity）。❷ 这样的事情同样影响到了辣妹组合的表征化以及成员们的自我表现。虽然在之后的个人职业生涯里，她们很难被人记住，尽管方式各不相同，但辣妹组合都证明了被娱乐产业以这种方式剥削的人是空洞的受害者这一假设是错误的。相反，她们的表现令人信服，她们的例子表明了个体睿智的思想和坚强的意志力，能够使她们在行业里玩转名利游戏，并依然胜出。在我看来，这就是她们捍卫"女生力量"（Girl Power）的具体含义。然而，"女生力量"作为一种集体宣言表现出来会更有说服力，因此，当我们看到乐队解散后成员们各自的职业生涯时，她们的影响力以及相关性都已随之消失。从长远来看，辣妹组合留给业界的教训不是如何挪用媒体的权利，更确切地说，这是一个绝无仅有的例子，展示了我们如何在不试图否认它的不真实性的情况下，成功地制造出名人，供大众消费。

---

❶ G. Turner, F. Bonner, P. D. Marshall. Fame Games: The Production of Celebrity in Australia [M]. Melbourne: Cambridge University Press, 2000: 170.

❷ G. Turner, F. Bonner, P. D. Marshall. Fame Games: The Production ofCelebrity in Australia [M]. Melbourne: Cambridge University Press, 2000: 174.

在辣妹组合之后，基本没有任何"品牌乐队"（brand-bands）能够达到同样的地位——无论是在为成员成功构建个人身份方面，为乐队树立一种文化政治方面，还是在商业成功方面，都是如此。不过，内奥米·克莱恩注意到的一些情况也是相当有道理的。她观察到，当时的组合式乐队，包括超级男孩（N'Sync）、圣女合唱团（All Saints）和一大批男生乐队都没有像20世纪90年代末的乐队一样成为一种引人瞩目的现象〔虽然她可能对男生乐队能够存在这么长的时间感到诧异，比如说，当前的名人团体——单向乐队 One Direction〕。此外，克莱恩还表示："音乐人通过建立自己的商品系列，与消费品牌展开了前所未有的激烈竞争。"她接着说道，"吹牛老爹"尚恩·约翰·库姆斯（Sean "Puffy" Combs）"利用自己作为说唱歌手和唱片制作人的名气，创办了一本杂志、几家餐厅、一个服装品牌和一系列食品"。❶ 这一趋势的结果之一——流行乐队的品牌推广——是他在早期电视真人秀选秀/改造混合节目《流行歌手》（*Popstars*）中重新转向电视进行定位。

《流行歌手》节目1999年起源于新西兰，随后转移进入澳大利亚，紧接着在2000—2001年又传到英国和美国。一开始这个节目的目的是在电视上成功地打造一个流行音乐团体，为此采取了现在为人所熟知的策略。有数百名参赛者参加面试和试镜，形成很大的影响力，其中很大一部分面试中，选手由于表现糟糕成为评委羞辱的对象，还引起了评委之间比较刻薄的"私下互撕"。一旦选出乐队成员，该节目就会进入第二阶段，从"流行歌手"的初期打理与发展开始，一路追踪到他们的第

---

❶ N. Klein. No Logo［M］. London：Flamingo，2001：50.

一张唱片发行。在我跟进的每个国家（包括新西兰、澳大利亚、英国和美国）制作的该节目里，流行歌手都会继续组建乐队、发行单曲并且成功推广。虽然某些单曲在初期非常成功（尤其是一些在英国和澳大利亚的首发单曲，会突然冲上排名榜第一），但没有一支乐队能够重复他们在初期取得的成就，甚至没有办法继续接下来的职业生涯。通常情况下，即使是那些依然组建在一起的乐队，❶ 只要失去了每周电视黄金时段的公众曝光度，他们就无法在音乐道路上继续维持观众足够的兴趣度。

正如该类型的节目大纲所示的那样，《流行歌手》这类混合型电视节目，对后续节目形式的制作产生了相当大的影响。节目的第一阶段要充分利用电视才艺比赛的两种竞争模式（也就是寻找真正人才和旨在羞辱无才选手的模式），不管是有才的还是无才的，这两种类型的选手都要有，而且相对来说，他们给观众带来了同等的乐趣。在现在各类节目中，我们都可以看到这一策略的影子，如《达人秀》《偶像》和《美国之声》等。由于这些节目鼓励观众关注比赛，挑选有可能获胜的选手（在某些节目形式中，他们还可以给自己喜欢的选手投票），所以它仿佛也是一个游戏节目。纪实肥皂剧式的故事也有助于比赛中内容的制作，通过采访选手的家族成员，节目能够为更高知名度的选手提供更多煽情的背景信息。在第二阶段，改造后的节目形式会与经典的现场直播真人秀节目糅合在一起，而《老大

---

❶ 在流行歌手澳大利亚第一季节目中，一位成功晋级的选手几乎是在被选中后就立即退出了，远远早于节目结束。制片人希望媒体仔细调查她从同事那里听到了什么传言，不过业界的传言称，她还没有准备好去签一份为期多年的大大限制她收入能力和自主权的合同。

哥》（1999 年首次出现在荷兰，英国版开始于 2000 年）则将这类节目的形式开发得更为彻底。节目内容体现的也是真实的日常生活，通过后台设置把富有魅力的世界作为背景，整个节目简直就是"酷毙了"的象征（事实上，节目也用了大量的时间去教这些选手和观众如何"装酷"）。在后来的更新迭代中，这种节目形式被广泛地运用到其他行业和名人领域，其中《寻觅超模》（*Search for a Supermodel*）就是一个例子；同样也应用到媒体对于名人的建构，如《名声学院》（*Fame Academy*）。

在有限的商业框架内，《流行歌手》为大家提供了出名与成功的机会：乐队形式是预先打造的，所以，无论你唱得有多好，最好还是身材苗条或者打扮得漂亮一些。此外，乐队也早就有了选定好的首支单曲和唱片，在这里没有"选择不同音乐"的余地。许多音乐专业人士将它视为一种非常世俗化的表达，而在马歇尔看来，它违反了艺术完整性与真实性的所有原则，这些原则对于这一行业至关重要。虽然在某种程度上，这些节目很可能融入了音乐行业的经济收益机遇之中，但至少在某种情况下，它和演员们协商签订的合同具有剥削性质。❶ 不过，对于电视网络而言，这种真人秀节目在收视率上能获得成功，更重要的是，这种让人们喜闻乐见的"茶水间闲谈式"（water cooler' success）节目的成功激起了极大的话题讨论与媒体兴趣，也创造出大量的衍生产品推广机会（spin-off promotional opportunities），如商场见面会、电视特写、音乐会演出等。对于某些特定的受众（如少女和年轻女性），《流行歌手》

---

❶　澳大利亚的情况是，首个《流行歌手》乐队魔力芭杜里的成员，已经默认了报告中谈到的内容，高达60%的总收入进入电视制作公司"屏幕时间"的腰包。

是必看的电视节目，因为这极大地填补了她们的日常生活（不过也可以明显地看到，这种新奇感会随着后续系列节目的推出而逐渐淡化）。对于名人行业来说，这体现了电视曝光度在短期效应方面的价值。

但是，对于《流行歌手》以及它的某些模仿者而言，选手赢得比赛的才能与后期的名气（虽然这种名气可能只是昙花一现）之间存在一定的联系。确实有很多迹象表明，许多选手已经在相关行业摸爬滚打多年，他们将参加这种节目当作自己实现"大力突破"的机遇。至今仍然被视为制造着假新闻的《老大哥》节目，让我们远离了这种联系。像《流行歌手》一样，《老大哥》也是一类混合型电视节目，包括游戏环节、生活环节、翻新改造环节、谈话环节以及真人秀电视纪实肥皂剧。本书的读者将会明白，这类节目形式需要一群"普通人"在某段时间内共同居住在一所房子或者公寓里，并且他们生活的每时每刻都将由摄像头进行记录。节目组每周都会提名淘汰一些同一幢房子内的房友，观众可以决定谁去谁留，最终留下的房友则可以赢得现金大奖。由于节目通常会安排每周固定的时间档进行人员淘汰，因此新的节目系列会成为娱乐版块的主要新闻。作为一个电视事件，它影响非凡，迄今为止，这类节目已经搬上了70多个国家的电视荧屏，并且衍生出诸如《名人老大哥》这样的节目，以及很多非官方性质的山寨节目，所累积的观众群体已经达到了数十亿之多。在意大利，《老大哥》第一季就获得了69%的收视率，而在美国，节目则经过一段时间后才火起

来（演员们甚至曾威胁要罢工），❶ 最终也有 52% 的收视率。❷
不同国家的节目安排差异明显，在有的国家，《老大哥》每天
都会出现在荧幕上，而在有的国家，一周只播放三四次。定期
的节目中常常增补花絮集锦，在某些国家还会播放额外的午夜
秀、"未经剪辑"或者"成人观看"集锦（很有可能是裸体、
海誓山盟等内容）。在大多数情况下，每周都会在现场观众面
前进行一次淘汰环节。鉴于相互协作的需求，与节目相关联的
网站成了《老大哥》越来越不可或缺的重要组成部分，有的网
站在《老大哥》的拍摄场地有现场拍摄的摄像机，还有聊天
室、博客、社交媒体链接、图片集、视频集锦、新闻更新、八
卦新闻与商品以及进行在线投票淘汰的设备，等等。澳大利亚
版的《老大哥》公寓位于一个主题公园内，现实生活中，这个
实际场地一直是节目制作环节以外的游览胜地。整个节目档期
都在销售广告（大多数情况下会是几个月的档期，不过"名
人"版的时间会相对较短，如在英国是一个星期），并且有非
常多的植入式广告赞助，这些广告包括招待房友时出现的必胜
客外卖披萨，甚至包括易于操作的拖把或者洗涤剂。

　　事实证明这种节目形式的宣传和推广效果非常显著：节目
可以是新闻报道、文化现象、新兴名人的起步平台或者通过短
信应用平台和社交媒体播出的比赛，并最终成为节奏较快、悬
念迭起、情节惊险而又高度刺激的电视节目或电视特别报道。
每个被淘汰的房友都会有自己的新闻环节，电视栏目和网络新

---

❶　T. Johnson – Woods. Big Bother［M］. St Lucia：University of Queensland Press，2002：1 – 2.

❷　托尼·约翰逊－伍兹在她的作品《老大哥》中讲到了世界各地一些节目早期的形式变体（如长度、投票程序等）。可以通过恩德莫的《老大哥》网站 www. big – brother. nl 访问各个国家最新的系列节目完整列表，并访问其相应的官方网站。

闻会报道他们被淘汰的新闻，他们还会做客谈话类与新闻杂志节目，电视栏目、网络以及赞助商活动也会利用他们进行推广，甚至有的房友还会成为新投资节目的主持人。在每个系列节目结束时，整个剧组会通过各类网络节目再次活跃一遍，形式包括作品回顾演出、重新聚会、内部人士爆料等。最基本的交叉推广形式包含电视网络、网站、报纸、期刊以及电台。《老大哥》的播出在任何时候都会引起一小波名人内容的井喷，这要归结于它不停地增加素材以及拥有相互连接的促销渠道，而且在本质上来说，它就是一档比较具有争议的创新节目。《老大哥》创造属于节目自己的名人，因此能吸引大众对于名人的兴趣，同时还能激发我们思考为何人们会自愿参加这类节目，以及为何人们喜欢看这类节目。新闻媒体通常会以一种虚伪圆滑的方式来处理人们的这两种冲动情绪，它们会恬不知耻地挖掘《老大哥》里名人的八卦新闻，同时又会引出大众评论意见来提醒大家注意这类节目对于"我们所了解的电视"产生的有害影响，或者表达节目对于社会有所影响的担忧。

考虑到这样的名人制造背景，《老大哥》里的房友们便是有意打造的名人的缩影。他们不过是为节目整体表现和迎合观众需求进行表演罢了，他们的演出无法反映出他们是否具备特定的专业才能。在不同国家，表演内容也有不同（在美国主要表演的是冲突剧情，在澳大利亚则倾向于发展社区剧情，在西班牙则是性倾向的剧情），不过大多数制片公司也在努力避免被发现它们偏爱那些最终目的是成为娱乐明星的人。❶ 这些努

---

❶ 这个节目有很多变体。在英国和澳大利亚，制作人更喜欢淡化节目中房友曾有的任何媒体经验，从而突出他们的平凡，进而使他们最终转变为媒体名人。不过，在某些欧洲国家，如法国，会故意让有色情行业经验的人，比如舞者、脱衣女郎甚至是妓女来参演，为的是让电视屏幕上尽可能出现一些情色活动。

力也并非能全部成功，不过总的趋势一直没有改变——选手基本上是"普通人"，没有专业的表演能力，或者不具备戏剧和媒体背景。如果不是连续几个月、一天 24 小时、一周七天待在镜头前，他们似乎只是与"普通观众"没有什么区别的替身演员。给成功晋级选手的现金奖励也不过是一种吸引人气的手段，而真正的奖励其实是有机会连续几个月出现在电视荧幕上。与在本章引语中提到的凯莉·米洛一样，这些人渴望出名，但是其中很多人不知道为何要出名。在帮助他们完成个人目标的同时，《老大哥》也帮助他们回答了这个问题。

　　为何这些选手要参与这样的节目？在大多数情况下，他们不是为了让自己的任何特殊才能得到认可，事实上，他们中的大多数也没有展示出任何才能。因此，这个问题的答案显而易见：选手们只想在电视上待足够久的时间，以求出名。《老大哥》基本能够保证这一点，或许最难的问题在于为什么这些没有特定才能的人要追求名声。布劳迪对于名声的讨论确实与众不同（至少他写的这些内容确实独特），因为他以赞许的态度看待当下名人名气不该有的一些特征。布劳迪将现代人对于名气的追求看作一种完全合理的冲动，并附带揭示了这种冲动的吸引力。首先，他指出名声带给我们的不是单纯的关注度，它带来的是一种崇尚阿谀奉承的关注度（flattering kind of visibility），在这种关注里，"所有的瑕疵都能够被抹平，所有的创伤都能够被治愈"。名气是达到完美的神奇时刻，也是修复自我以呈现完整性这一过程中的终极目标。其次，更重要的是，以我所说的那种随意的方式出名（famous in the arbitrary manner），对个人来说是特别有价值的："如果没有特定的才能或预先的深思熟虑，只是因为自己本身而出名，这意味着你已经得到了

应有的继承之物"。名声也就成了一种"个人的正当所得"。❶

　　追求此类个人价值的渴望可谓由来已久。尼克·库尔德利（Nick Couldry）称之为"幻想通过某种方式加入主流文化形态，如电视或者电影"，这和"瓦莱丽·沃克丁（Valerie Walkerdine）所总结的历史术语'登上舞台'相关"。❷ 多年来，流行文化为这种幻想提供了合法的背景支撑——从拳击场到音乐厅，从杂耍表演到电视节目，对于工人阶级来说尤其如此。事实上，库尔德利认为这种幻想的吸引力之一便是它能够使工人阶级摆脱其阶级地位，具体来说就是，它的解放能力，使个人能从其阶级地位中解放出来，人们可以摆脱工人阶级的身份，且不需要投奔中产阶级。斯基格斯（Skeggs）和伍德（Wood）也提出他们的观点，❸ 认为通过此类改版的电视节目，如真人秀电视节目，因宣扬个人行为的模式而很明显地带有中产阶级的特征，但是，工人阶级观众观看这些电视节目的实际行为表明，他们对于这些强加的价值观念是抗拒的，甚至对不符合中产阶级规范的表演模式带有挑衅性质的认同。安德鲁·罗斯（Andrew Ross）关于流行文化的讨论❹引起了大家的共鸣，他认为大多数流行文化形式是在故意挑起大家对上流社会的厌恶与谴责。不过，对于大多数节目参与者而言，库尔德利的意见也有可取

❶　Leo Braudy. The Frenzy of Renown：Fame and its History ［M］. New York and Oxford：Oxford University Press，1986：7.

❷　N. Couldry. Inside Culture：Re－Imagining the Method of Cultural Studies ［M］. London：Sage，2000：55.

❸　B. Skeggs，H. Wood. Reacting to Reality Television：Performance，Audienceand Value ［M］. London and New York：Routledge，2012.

❹　A. Ross. No Respect：Intellectuals and Popular Culture ［M］. London and New York：Routledge，1989.

之处，他认为通过在这类节目中露面而实现个人被认可的行为，为绕开常规的阶级影响创造了机会。当然，布尔迪厄（Bourdieu）其实是不屑于关注我们在这里所讨论的名人，从布尔迪厄对杰德·古迪（Jade Goody）的评论就可见一斑，但是，真人秀电视节目名人似乎在尝试构建一个新的社会阶层，这种阶层与遵循寻常路径所获得的阶级阶层不同。作为一种令人惊叹的象征资本的形式，真人秀电视节目名人开辟了一条能近乎瞬间获得成功的路线，人们成功地获得了一种"你的社交生活会被人认可也会为人熟知，能够让你从默默无闻中解脱出来"❶ 的状态。

库尔德利 2003 年出版的著作在讨论通过媒体进行"自我曝光"（self - disclosure）表演的问题时，也探索了类似的领域。然而，他对名人有相当不同的看法，因为他的观点与他所说的"媒体中心的神话"（myth of the media centre）联系在一起，也就是说，媒体"代表"整个社会中心的常识性假设。因此，接触媒体就等于开辟了进入社会中心的途径，从而在更广泛的社会意义上赋予人们力量，而不仅产生个人的名声。与过度的自恋或者对于名声的痴迷不同，库尔德利将普通人愿意在电视上暴露自己的这种做法背后的动机描述为对个人进入"中心"社会空间的追求。❷ 由此看来，它在本质上是一种有目的的政治参与。他所描述的政治参与可能与利用媒体的象征性力量而不是对名人本身进行投资有关，这是一个非常有影响力也相当实

---

❶ P. Bourdieu. In Other Words：Essays Towards a Reflexive Sociology ［M］. Oxford：Polity, 1990：196.

❷ N. Couldry. Media Rituals：A Critical Approach ［M］. London and New York：Routledge, 2003：116.

用的想法，尤其在针对吐露心声类的谈话节目（the confessional talk show）、简·沙图克（Jane Shattuc）1997 年的著作《谈话治疗》（*The Talking Cure*）❶ 以及约书亚·盖姆森1998 年的著作《变态的谈话》（*Freaks Talk Back*）❷ 时，这种观点似乎特别具有说服力。但是，对于《老大哥》节目的参与者而言，这个观点可能并没有那么大的说服力。

　　早期大多数关于《老大哥》的学术讨论，关注的并不是这些问题，而是把重点首先放在电视建构"现实"的历史中真人秀节目所拥有的地位，在那个时代背景下，这也是可以理解的。❸ 乔恩·多维（Jon Dovey）用这种方式将电视摄像机与现实之间关系的历史转变进行了互文化的处理，❹ 一旦隐藏了摄像机并且下决心不干涉摄像机记录现实，那就意味着拍摄前的事件以及"真实情景"要优先于拍摄后的再现。然而，现在摄像机捕捉到的事件"只是因为摄像机在那里才会发生"，这就意味着拍摄后的再现优先于"真实情景"。尤其是在真人秀节目中，多维认为，从改版类节目到《流行歌手》，"整个过程之所以会发生，是因为它会在电视上播出"；也就是说，这种

　　❶　J. M. Shattuc. The Talking Cure：TV Talk Shows and Women［M］. New York and London：Routledge，1997.

　　❷　J. Gamson. Freaks Talk Back：Tabloid Talk Shows and Sexual Nonconformity ［M］. Chicago：University of Chicago Press，1998.

　　❸　如 J. Roscoe. Big Brother Australia：Performing the 'real' twenty – four – seven ［J］. International Journal of Cultural Studies，2001，4（4）：473 – 488. 更多例子请参见：A. Hill. Big Brother：The real audience ［J］. Television and New Media，2002，3（3）：323 – 340；A. Hill. Restyling Factual TV：Audiences and News，Documentary and RealityGenres ［M］. London：Routledge，2007.

　　❹　J. Dovey. Freakshow：First Person Media and Factual Television ［M］. London：Pluto，2000.

"真实"的构建完全是为了制作一种再现的情境。综合考虑所有因素，我们可以得出一个极其重要却明显地经常被忽视的结论，那就是"如果没有对名气沽名钓誉的关注目光，那就没有什么值得拍摄的事件，也就没有什么现实"。❶

毫无疑问，摄像机作为构建和验证日常真实情景的手段，已经变得越来越重要。正如在体育赛场上，当粉丝看到自己的形象出现在大屏幕上时，会欢呼雀跃，庆祝他们在媒体上的存在，在媒体上传播自我形象已经成为一种合法化的手段。媒体上的照片不再需要依托后现代主义的"超现实主义手法"，而似乎已经成为日常生活中一种约定俗成的存在。根据弗朗西斯·邦纳之前的论述❷，似乎社会各个领域都对这种行为越来越期待。真人秀节目的理念是将我们的日常身份作为一种场景、实验和娱乐进行展示，不过电视节目对普通人展示自己形象的行为变得越来越贪得无厌，其目的是确保节目的邀请会吸引到越来越多的参与者。当然，节目邀请的选手也是经过精挑细选的，如《老大哥》里的选手就是从成千上万的海选申请者中挑选出来的，只是对于选拔过程和标准，我们可能并不是非常清楚。尽管如此，"电视真人秀"的出发点是为了消除电视节目与日常生活之间的距离，如今这种距离也确实在不断缩小。对于那些参加了节目、出现在节目现场，或是跑回家看看自己是否成功地出现在了最喜爱的运动比赛报道中的人来说，电视上的日常生活就是最有效和最真实的。

---

❶ J. Dovey. Freakshow：First Person Media and Factual Television［M］. London：Pluto，2000：11.

❷ F. Bonner. Ordinary Television：Analyzing Popular TV［M］. London：Sage，2003.

就《老大哥》节目而言，在节目的形式下，这些正在成长的名人（celebrities in the making）显然与特殊人物的话语脱节了，观众们看到的似乎是房友们不多不少的"日常"行为。当然，非常重要的是，我们知道这一切本身也是一种表演。❶当他们周围没有摄像头的时候，我们可能依然无法得知这些人的日常行为。但是，这类节目的吸引力之一正是这种能让我们亲眼看到的"日常生活"，甚至是室友洗澡的偷窥性吸引力——在大多数市场上，这对节目的推广非常重要，对观众的最终体验却不是那么重要❷——被讲述成故事，让我们观察这些人的生活，而不是他们扮演的角色。围绕传统名人的神奇话语，对观众要求揭露名人隐私进行了戏谑和挑衅。但是，通过《老大哥》，我们可以看到正好相反的情况：私人爆料是将这些人变成名人的开端。

《老大哥》节目的消费事实显示，这种揭露似乎已被人们广泛接受，观众已经进入直接的叙事投资与身份认同的过程之中，这样的过程并不一定表示同情，或体现出他们的认同具有积极意义。很多证据表明，许多《老大哥》的观众明确表示"不认同"节目参与者的立场（网站和社交媒体上的评论就能证明这一点）；许多报纸评论员也同样表示他们无法理解这个节目的吸引力；此外，某些阶层的观众对该节目的消费似乎与因人而异的因素相关。在澳大利亚，绝大多数节目中的房友都是年轻人，但是55岁以上的观众人数在稳步增长的现象表明，这是一个观察文化分支的绝佳机会，因这类文化对这部分观众

❶ J. Roscoe. Big Brother Australia：Performing the "real" twenty – four – seven [J]. International Journal of Cultural Studies，2001，4（4）：473 – 488.

❷ M. Hills. Fan Cultures [M]. London：Routledge，2002.

来说仍是个神秘的东西。这样看来，真人秀电视节目与现实之间的复杂关系能够占据学术界的主导叙事，也就不足为奇了。

　　笼统地来看，刺激名人制造与消费的论述，似乎已经通过这种电视形式被彻底兑现。如果名人逐渐成为一种职业选择，如果它的成功越来越被视为一种运气，如果尽量让名人出名成为电视节目采取的主要策略，而这种电视节目形式从新闻报道到《今晚娱乐》（*Entertainment Tonight*）、《传记》（*Biography*）以及《你以为你是谁？》（*Who Do You Think You Are?*）都有涉及，那么会有如此多的电视观众想要参与《老大哥》节目也就毫不奇怪了。如果当代文化中的名人意识形态——大卫·马歇尔教授的与资本主义完全同谋的意识形态——能够发挥它的作用，那么，把追求名人作为目的而不是个人活动的副产品的行为也就丝毫不会令人吃惊。公众知名度本身就是一种值得效仿和渴望的成就，也难怪会有这么多人不顾个人风险，坚定不移地要追逐公众知名度。《老大哥》这个节目所提供的正是这种渴望媒体对自己日常的认可。

三、有效掌控：数字时代的自制名人

　　"你觉得他们为什么要这样做？"柯勒律治问道，"你认为是为什么？""为了成名。""嗯，是的，当然是为了……成名"，柯勒律治说。他认为"成名就像是世俗时代里的圣杯"，这种残酷而苛刻的神性已经取代了真正的上帝，这件事在柯勒律治看来似乎是唯一一件重要的事情。这种过度的执着，举国上下的关注焦点，占据报纸90%以及杂志100%的版面，并非为了信仰，而是为了出名。"出名"，他再次喃喃道。"我希望他们喜欢"。"他们不会喜欢的"，

杰拉尔丁答道。❶

　　1996 年，通过互联网可以访问到的最臭名昭著的网站之一就是华盛顿特区的网页设计师珍妮佛·林格莉（Jennifer Ringley）的"看珍妮"（JenniCam）网站，每隔几分钟网站上便会出现珍妮卧室的新照片，时而闪过的裸露镜头帮助网站获得了媒体的关注，可以说，珍妮成了网红，她最终成功客串电视剧《谋杀诊断》（*Diagnosis Murder*），并在剧中扮演一个直播网红（webcam star）。在本书第一版出版时，我曾认真研究过受"看珍妮"启发而出现的很多"视频女主播"（cam–girls）现象。在那个时候，这类网站会播出很多视频女主播的实时影像或录播视频，当然还会有其他内容，如评论、写诗、日记、日志等。这些视频女主播会互相竞争，通过吸引订阅者和粉丝来打造一种活跃的批判性亚文化，在这里，视频女主播还可以和粉丝们讨论如何使用各种技巧与策略出名。对真实性、商业化和广告推广的讨论，在其他流行文化领域都是相似的，并且在这些领域，商业活动渗透得更彻底。而在这种批判性文化中，关于真实性、商业化和广告推广的话语，架构了对于一个想要吸引访问者到她的网站的视频女主播来说，什么都是可以接受的讨论。

　　在当时，视频是一个基于网络自己动手制造名人（DIY celebrity）的最明显例子，无论是就其发展潜力，还是与这种潜力同在的个人危害而言都是如此（例如，其中的一个问题便是，她们的网站向色情网站靠近，这是令人担心的事情之

---

❶　Ben Elton. Dead Famous［M］. London：Bantam，2001：242–243.

一)。❶ 最值得注意的是，通过这种方式打造的名人，在结构上独立于主流媒体之外。与电视或流行音乐中的同行相比，在最初，视频女主播与主流媒体行业的融合是非常有限的，她们更多的是创立自己的网站，进行内容创作，并自己设计表演。电视行业会打造电视名人，影视行业会有影视明星，视频女主播却独立于这些体制之外，这种网络空间就像是家庭作坊一样。视频直播受个人网站发展的启发而形成，并成为一种表达自我以及在公众面前展现自我的形式。对于许多观察家而言，❷ 20世纪90年代后期出现的个人网站是一种解放式媒介，将普通人从单一的媒体产品消费者角色中解放了出来。❸ 因此，当时的观众对于这种在线网络环境中具备独特能力的人非常感兴趣。

然而，现在的视频女主播就像一位知情人士告诉视频女主播研究学家特蕾莎·森福特（Theresa Senft）的那样："她们是1998年的老古董"。❹ 如果我们想考察现在网络上自制名人的潜力，就需要看看其他的问题。视频女主播过时的原因主要有三个："网络直播在文化上的饱和度远远超过早期""全球范围内宽带普及率的快速上升"以及"轻松支持文本、图像、音频和

---

❶ N. Couldry. Media Rituals：A Critical Approach ［M］. London and New York：Routledge，2003：129.

❷ C. Cheung. A home on the web：Presentations of the self on personal home pages ［M］//D. Gauntlett. Web. Studies：Rewiring Media Studies for the Digital Age. London：Arnold，2000：47.

❸ 同一时期，1999年，安德里亚斯·基茨曼对"家庭式网络直播"现象也有类似的观点，并发表了一篇很有意思的文章。

❹ T. M. Senft. Camgirls：Celebrity and Community in the Age of Social Media ［M］. New York：Peter Lang，2008：11.

视频形式的社交网络服务的快速兴起"。❶ 简单来说，视频女主播开发出来的功能已经越来越普及，网络社交媒体的广泛使用也让她们之前所做的事情变得越来越稀松平常，以至于现在她们的直播不足以进入观众的法眼。如果你的每台笔记本电脑、平板电脑和手机上都配备了摄像头，那么网络直播摄像头便不那么令人感觉好奇了！这导致的结果是，各种类型的自主制造名人的机会成倍增加，并且越来越多样化，也出现了森福特所说的"微名人"（micro – celebrity），这是一种"新型的网络表现形式，人们能够通过视频、博客以及社交网站等技术来扩大他们在网络上的影响力"。❷ 在这一部分，我想首先研究一下新兴的"微名人"制造模式，名人制造的技术在这个模式里已经被公众所使用，然后我想考察类似的能力是如何使更加传统的媒体名人获得新的方法，并控制自己公众形象的呈现与传播。

　　需要补充的是，这是一个明显地将组织本书内容的主线——生产与消费——的区别模糊化的领域，不过这样反而更有意思。事实上，正如詹姆斯·班尼特所指出的那样，"微名人"现象所证明的事实是，不仅人们成名的欲望变得"越来越普遍"，而且许多"帮助人们成名的工具也越来越为人所知"，❸ 如用于个人宣传的一些技术，像个人网站、博客和社交媒体，如脸书（Facebook）、我的空间（MySpace）和推特，等等。"微名人"通过网络来展现个人形象，从而达到自我品牌推广的目的，

---

❶　T. M. Senft. Camgirls：Celebrity and Community in the Age of Social Media［M］. New York：Peter Lang, 2008：11.

❷　T. M. Senft. Camgirls：Celebrity and Community in the Age of Social Media［M］. New York：Peter Lang, 2008：25.

❸　James Bennett. Television Personalities：Stardom and the Small Screen［M］. London and New York：Routledge, 2011：179.

"微名人需要将朋友或者追随者视为粉丝基础；以人气为目标；通过使用各种附加方法来管理粉丝基础；构建一个不被他人轻易消费的自我形象"。❶ 大卫·马歇尔认为，通过特定的方法，这种发展使生产/消费的划分更加复杂。马歇尔并不仅仅认为名人是表征的产物，他将社交媒体描述为"表现型媒体"（representational media）形式，在这里，我们遇到的自我表达不同于以前的媒体平台所体现的，因为"从本质上来看，它不完全是人与人之间的关系，也并非高度媒体化或表演化的产品"。❷ 他认为，这一事物将我们带入媒体研究的新领域。马歇尔所说的"表现型文化"（presentational culture），部分地取代了"表现型媒体"系统里的内容，❸ 在这一过程中，个人不仅可以看到自己在公众面前的表现，还可以将其看作一种富有成效的自我塑造模式，同时也抓住了这一过程中自我控制的机会。

通常，"微名人"只能在相对有限的局域化虚拟空间内运作，吸引到少数粉丝，如特定亚文化活动中的粉丝。某些名人，如知名博主佩雷斯·希尔顿（Perez Hilton），已经将最初规模较小的自制名人直播变成了一个与传统媒体名人的规模和结构相当的大型网络。这样的职业轨迹实际上最终会接受那些声称想要通过这些策略来找到替代名人制造形式的普通人，他们自己动手制造名人的规模越小，拓展空间就越大，吸引的粉丝群体也越多，成名的形式就会越像那些传统的名人制造形式，虽然

---

❶ A. Marwick, D. Boyd To see and be seen: Celebrity practice on Twitter [J]. Convergence, 2011, 17 (2): 141.

❷ P. D. Marshall. The promotion and presentation of the self: Celebrity as a marker of presentational media [J]. Celebrity Studies, 2010 (1): 35.

❸ P. D. Marshall. The promotion and presentation of the self: Celebrity as a marker of presentational media [J]. Celebrity Studies, 2010 (1): 45.

这些名人曾经说过他们是另一种不同的名人制造形式。❶

　　但是，现在网络宣传和推广方法更加便捷，至少为普通人提供了吸引公众注意的机会，并且不再需要与传统的媒体监管人员打交道。这不仅有助于"微名人"小型活动的开展，还为获得主流名声开发了新的途径。因此，我们在第二章中讨论的传统媒体和文化代理人不再彻底地控制所有渠道，不仅是潜在的名人，名人的受众也能够对现在的某些名人入口进行管控。许多音乐行业的艺人和乐队就是例子，他们的职业生涯就是通过在"我的空间"上曝光开始的，莉莉·艾伦（Lilly Allen）和北极猴子乐团（Arctic Monkeys）是我们可以在这里列举的常见例子，还有童星贾斯汀·比伯，他的职业生涯始于他妈妈在"油管"（YouTube）上发布的视频成功地获得了"病毒式的"快速传播并走红。❷ 当然，如果想要让视频在"油管"上获得"病毒式的"成功传播，可能需要像我们前面谈到的获得名声的过程一样在于偶然走运，只不过现在的权利关系略有不同：很显然，消费者扮演的角色得到了增强。这也如同马威克（Marwick）和博伊德（Boyd）所说的，公众对名人成名过程行使"控制"的权利增强了。❸

　　不过，这也把我们带入了我想要探讨的第二个领域——"微名人"自己从宣传和推广行业借鉴过来的方式，反过来又被"真正的"名人，也就是那些在主流商业媒体体系中活动的名

---

　　❶　James Bennett. Television Personalities：Stardom and the Small Screen ［M］. London and New York：Routledge，2011：181.

　　❷　C. Rojek. Fame Attack：The Inflation of Celebrity and its Consequences ［M］. London：Bloomsbury，2012：33.

　　❸　A. Marwick，D. Boyd . To see and be seen：Celebrity practice on Twitter ［J］. Convergence，2011－17（2）：155.

人所借鉴。为了加强对自己成名过程的控制，他们又把这些方式"借了回去"。鉴于媒体对名人的全面管理，控制着特定名人对其角色的表现及名人与观众之间的关系构建，现在也常见到许多名人使用社交媒体，尤其是推特，他们不仅把它当作一种与粉丝沟通的手段，也为了自己能够重新获得对公众关系的掌控。如今，学会运用社交媒体对于那些在媒体和娱乐行业工作的人来说已经变得至关重要。对于某些人来说，如汤姆·克鲁斯，推特的更新是一种对现有官方宣传策略进行无缝对接的延伸，实际上他已经承认他自己没有写推文。不过，对于推特的其他使用者而言，如玛丽亚·凯莉或者艾什顿·库奇（Ashton Kutcher），他们的推特会发布一些新鲜的东西。这是一种表面上没有代理人介入的模式，意味着他们可以和粉丝直接对话。特别是库奇，他似乎将推特看作一个私人的媒体场所，并且好像并不在乎泄露自己或者前妻黛米·摩尔（Demi Moore）的隐私（他在2009年因为发布了一张摩尔穿白色比基尼的性感曲线照片而招致骂声一片）。因此，粉丝们最重要的目标——了解名人的"真实"形象——似乎通过推特而不是其他平台才能够更容易实现。名人会阅读并回复粉丝的推文，有时候是直接回复，有时只是转发。名人之间还会互相交谈，甚至允许关注者窥视他们的对话。当然，我们看到某条由自己喜爱的名人留下的真实评论仍然可能是虚假的，因为那或许是由他的员工代写。虽然没有办法确定这一点，但这似乎并不会影响关注者的热情，事实上，调查信息的真实性和来源还会增加诠释名人表演这一游戏的乐趣。不过这不仅是关于信息的作者是谁的问题，此外，正如马威克和博伊德所注意到的那样，"对于粉丝来说，他们无法分辨什么是策略的运作、什么是偶然的结果、什么是真实的、什么是虚假的，这正是使推特变得更具娱乐性的关键之所在"❶。因此，一些高调的推客（high profile tweeters）会吸引尽可能多的粉丝，在我记录粉丝数量的时候，这些推特账号还在不断地更新涨粉，并且令我对粉丝数量有了认识：嘎嘎小姐在推特上有 1500 万粉丝，而贾斯汀·比伯则有 1400 万粉丝。据说看过英国著名媒体人斯蒂芬·弗雷（Stephen Fry）推文的人数比看过纸质版《泰晤士报》（*The Times*）、《电讯报》（*The Telegraph*）、《金融时报》（*The Financial Times*）、《卫报》和《独立报》（*The Independent*）的人数加起来还要多。❷

这一潜在市场所形成的规模，也是目前几乎所有人都想通过推特进行职业发展的重要原因之一，事实上他们想要管理好自己的公众形象，推特是至关重要的。抛去其他因素，政客们不断地发布推文，其实就是利用这种沟通渠道自有的直接性和真实性，抵消大家心中普遍存在的某些观念，即政治家与普通人相隔甚远、难以靠近和无法联系的成见；除此之外，政治家会这么做也是为了宣传政策举措与政治立场。我们还看到了记者们通过推特来强化自己的名人形象，❸ 不过这并不仅仅是为了推广他们自己的个人特色。推特管理已经成为许多新闻机构的核心业务，它们会要求自己的记者对推特账号进行维护，从而吸引读者、听众或者观众来订阅它们的新闻服务。对于记者而言，他们将推特看作一个颇具价值的新闻来源，同时也把它看作将自己的职业角色树立起公众形象的手段，并且在某些方

❶ A. Marwick，D. Boyd. To see and be seen：Celebrity practice on Twitter［J］. Convergence，2011，17（2）：153.

❷ Robertvan Krieken. Celebrity Society［M］. *London*：*Routledge*，2012：134.

❸ 非常感谢安西娅·泰勒让我注意到了这一点。

面，还能独立于他们的雇主进行发展。长期以来，由推特主导（twitter - led）的记者名人化导致了新闻个性化（personalisation）趋势的形成，这一趋势将我们从过去新闻故事没有署名也具备可信度的时代（这也体现了以往新闻的完全客观性）带到了另一个时代，在这里，记者既是广告宣传的一个部分，也是对新闻故事授权的一种形式。

在这些例子中，名人不仅使用社交媒体来控制自己的个人公众形象，而且由于没有中介干涉，他们还利用社交媒体和粉丝沟通和交流。当然，后者背后的意图可能和其他任何一种形象管理模式一样具有战略意义：一些名人显然认为推特为他们提供了自己的专用媒体渠道，通过这个渠道，他们可以塑造其他媒体对他们的评价，以及决定粉丝——这也是最重要的——对他们的信任。安西娅·泰勒（Anthea Taylor）在2013年曾经研究过"女权主义名人"娜奥米·沃尔夫（Naomi Wolf）通过对推特部署❶，将推特作为完善和推广她最新出版但评价欠佳的作品《阴道新传》（*Vagina：A New Biography*）的手段。泰勒介绍了沃尔夫如何用推特来对她的新书进行积极宣传，消除负面影响，同时只转发读者回复的积极评论，其中包括其他名人爱慕者的评价，如考特尼·洛夫（Courtney Love）。

对此还可以从其他角度进行分析，在某些名人看来，推特似乎为他们提供了绕开代理人和公关人员的机会，打破了企业形象管理的限制，他们却依旧能够获得与粉丝直接沟通的回报。虽然作为一个名人，直接并诚实地和粉丝沟通已经"冲破这一

---

❶ A. Taylor. Tweeting feminism：Naomi Wolf, celebrity and the（feminist）uses ofsocial media［A］. Paper presented to Console - ing Passions Conference. Leicester, UK, June, 2013.

体制"（bucked the system）并且影响了宣传，但这样做为他们赢得了一些有用的"街头信誉"（street‑cred）。而这是一个有风险的策略，因为它暗含的要求是，至少有一些推文的内容应该与名人更加商业化和已经确立的公众形象背道而驰，这可能会损害名人人物形象的合理性。当然，如果这些信息没有任何惊人之处，那么这样做完全没有意义。因此，脸书上大量的推文或者评论会让那些负责管理名人商品的人感到尴尬，这些商品代表的公众形象是那么脆弱，但与此同时，它能为这些人提供一个有意思的新角度来分析名人与粉丝的关系。在当今有关名人的新闻中，最常见的便是名人有承受精神压力的迹象，因为他们会发布关于自己私生活的不恰当的推文或者异乎寻常地直接评论别人的推文。一个最新的例子就是媒体对惠特尼·休斯顿（Whitney Houston）逝世新闻的报道。

这样的活动必然会拉近名人与观众之间的距离。在一篇非常有用且我在本节反复引用的关于名人实践和推特的文章中，马威克和博伊德认为社交网络媒体已经从根本上改变了名人文化：

八卦网站、粉丝网站以及博客为名人传播与创作提供了大量的新平台，让名人能够穿梭在用户生成内容与主流媒体之间。分散的媒体布局导致了传统上对"名人管理"（celebrity management）理解的转变，即从高度控制和监管的体制模式转变为表演者与知名人士积极地与粉丝进行交

流与互动的模式。❶

　　他们将随之而来的变化形容为"结构性转变"，因为"它将权利位置复杂化，同样复杂化的还有沟通途径以及媒体行业对名人商品的管理"。❷

　　当然，受这些新发展影响最大的，还是粉丝与名人之间的准社会关系（para－social relation）。通过推特或脸书，粉丝现在可以与他们最喜爱的名人公开和可见地进行交流；关于自己的问题或者评论，他们可以从名人那里收到回复。久而久之，粉丝也可以通过反复的互动吸引到一些名人。通过这个领域的互动拓展，以及现存社会关系中的关键元素，现在的社会关系看起来已不再像是在模拟传统的社会关系。当然，这远非某个领域的转变，我们所说的大部分互动，事实上可以看作将传统的营销与宣传策略重新定位到另一个传播平台上。这就是马威克和博伊德用现在的关系结构变得多么"复杂"来描述当前的形势是正确的原因。不过，粉丝和名人通过社交媒体产生直接互动的能力似乎取决于熟悉程度、爆料内容、名人的反应甚至真诚的程度。❸

　　不过正如马威克和博伊德所说的那样，"推特在某种程度上'拉近'了名人与粉丝的距离……但这并没有让两者处于平

---

❶　A. Marwick, D. Boyd. To see and be seen：Celebrity practice on Twitter［J］. Convergence, 2011, 17（2）：140.

❷　A. Marwick, Boyd d. To see and be seen：Celebrity practice on Twitter［J］. Convergence, 2011, 17（2）：142.

❸　A. Marwick, D. Boyd. To see and be seen：Celebrity practice on Twitter［J］. Convergence, 2011, 17（2）：149.

等的位置"。❶ 事实上，正如粉丝们似乎通过互动方式所满足的那样，权利差距可能已经发生变化，但它并没有完全消失。对此，罗杰克是这样看待的：

> 名人的本质是远离普通人……所有的内幕消息，偶然相遇的故事，网络聊天室里的点点滴滴和只言片语，所有这些似乎为粉丝提供了名人的隐私和名人文化的真相，但是，塑造信息和舆论的权利平衡绝大多数仍毫无疑问地掌握在名人和相关公关媒体的手中。❷

人们很容易夸大消费者/粉丝的力量日益增长的意义和程度，值得注意的是，经济、文化和政治力量的总体模式变化甚微——尽管我们现在看到的变化可能确实是结构性的。同样，对于那些敢于在网络上自己动手构建名人的人也是如此，时刻都会有人提醒他们"练习当名人"和"拥有名人地位"是截然不同的。❸ 这里涉及一个关于规模的问题，即我们是否有必要对分散在媒体景观中的自制网络红人的小众存在（a niche presence）功能做出与传统的大众媒体存在（mass‐mediated presence）功能不一样的论证。我认为，真正的问题在于网络红人，也就是我们之前谈论过的"微名人"，从本质上来看，在许多重要方面是否与大众媒体名人是一样的。

---

❶ A. Marwick, D. Boyd. To see and be seen：Celebrity practice on Twitter［J］. Convergence, 2011, 17（2）：155.

❷ C. Rojek. Celebrity［M］. London：Reaktion, 2001：124.

❸ A. Marwick, D. Boyd. To see and be seen：Celebrity practice on Twitter［J］. Convergence, 2011, 17（2）：156.

　　这是当代媒体涉足的另一个领域，在这个领域，更好的消费者接触渠道或者更好的选择方式被等同于民主化的过程，即使这是在名人生产这样一个明显的层级背景下。尽管越来越多的证据对这种等同提出了质疑，但新媒体的功能可见性（the affordances of new media）与本质上民主化赋权的提议（the proposal of an intrinsically democratising empowerment）之间的联系仍然存在，这也是我们在下一章需要讨论的问题。

第四章 名人、小报与公共领域

一、引 言

　　名人的影响力在媒体上无处不在，且对某些媒体产品的影响尤其明显。例如，在电视行业，名人成为新闻和时事节目越来越不可或缺的一部分。名人的影响是《奥普拉秀》（*Oprah*）、《帕金森秀》（*Parkinson*）和《葛拉汉姆・诺顿秀》（*Graham Norton*）等成功的网络脱口秀节目的基本构成，也越来越成为参加《杰里・斯普林格》（*Jerry Springer*）、《特丽莎》（*Trisha*）和《瑞奇・雷克》（*Ricki Lake*）等吐露心声类谈话节目的嘉宾们追求的重要目标，他们的其他目标还包括真人秀游戏混合类（game – show hybrids）节目，如《老大哥》。互联网上到处都是名人图册和视频网站，从官方网站、内容温和的网站到恶作剧、丑闻类的网站，应有尽有。在印刷媒体行业，名人新闻已经完全占据英国新闻小报，以及美国的"超市小报"（supermarket tabloids）的市场，后者包括《国家询问报》和《环球报》（*Globe*），同时还产生了名人周刊类的杂志。关于名人的内容已经成为大众市场上重塑女性杂志的根本。自 20 世纪 80 年代后期以来，在包括美国、英国、欧洲、澳大利亚和加拿大等国家和地区，这类杂志通过修改和调整内容，来应对不断下滑的发行量以及来自本地名人周刊和国际时尚月刊的竞争。除了保留

传统意义上人们对时尚、家庭指南和"美容"的兴趣,大众市场上的女性杂志也在不断地增加对"名人文化"的关注。❶

我们试图对这些发展进行文化与媒体方面的研究,以此来解读人们对名人兴趣增长过程中所蕴含的社会与政治影响。虽然这些观点的范围很广,但它们往往是围绕重大的意见分歧而组织起来的。一方面,有些人认为这种趋势是公共领域每况愈下的可悲例子,因为"严格意义上"的新闻(proper news)正在被八卦所取代,这种观点在那些希望捍卫严肃新闻行业地位的人群中尤为普遍。❷ 另一方面,还有很多人欢迎大众媒体把大家从对政府、体制和男性内容的痴迷中解放出来。❸ 持后一种看法的人认为,现在公共领域产生的"小报化"的现象,通常被人们视为为媒体接触民主化创造了一个机会,那些迄今为止仍被边缘化、无组织纪律却比较有用的意见,也就是那些"以前被称为观众的人群"❹ 的声音现在被听到了。在这一章中,我首先需要回顾一下名人构建这个领域,在传统上这个领域既被看作滩头阵地(the beachhead),即"入侵"的首要位置(the first point of "invasion"),又被认为是中心地带(the heartland),这个领域就是大众市场杂志。随后,我将探讨更为广泛的"小报化"(tabloidisation)争论,即有的人认为在当前的媒

---

❶ A. Gough – Yates. Understanding Women's Magazines: Publishing, Markets and Readerships [M]. London and New York: Routledge, 2003: 136.

❷ B. Franklin. Newszak and News Media [M]. London: Edward Arnold, 1997.

❸ J. Hartley. Uses of Television [M]. London and New York: Routledge, 1999; C. Lumby. Bad Girls: The Media, Sex and Feminism in the 90s [M]. Sydney: Allenand Unwin, 1997.

❹ J. Rosen. The people formerly known as the audience [M/OL]. Press Think: Ghost of Democracy in the Media Machine, 27 June. http: //archive. pressthink. org/ 2006/06 /27/ppl_frmr. html (last accessed 24 January 2013), 2006.

体发展过程中存在大众化发展势头，而另外一部分人则认为没
有。然后，我会将此类争论应用到名人制造的讨论中。

二、名人、大众市场杂志与小报

根据安娜·高夫－耶茨（Anna Gough－Yates）对英国市场
的描述可知，20世纪80年代末到90年代初导致大众市场女性
杂志内容变化的主要挑战，来自于名人周刊所产生的竞争。而
在其他许多市场中，虽然威胁可能没有那么直接，但最终结果
是相似的，并且即便这些行业在编辑结构中加入了更大比例的
名人内容，结果也差不多。事实上，在荷兰，这种趋势出现得
更早，"八卦杂志"（gossip magazine）发展成为一种标新立异
的类别，20世纪70年代的刊物内容已经融合了实用建议、星
座运势以及关于名人、电视明星和王室成员的文章。❶在荷兰
和世界其他地方，虽然大众市场女性杂志中可能依然存在传统
内容的组成成分，如美容提示、时尚、星座运势、建议专栏等，
不过与来自电视和好莱坞的最新八卦相比，这些内容失去了令
人惊叫的效果。此外，大众市场女性杂志也需要以更加积极、
更加具有凝聚性的方式表达自身的文化认同感，并尝试根据读
者的预期身份来构建杂志的"特征"。❷毫无疑问，这样的策略
让女性杂志得以倾向于顺应现代发展并存活下来：在澳大利亚，
它们的发行量在十年内创造了新高度。在这一时期，它也对为
年轻女孩服务的大众市场杂志的现代化发挥了作用，例如，英

---

❶ J. Hermes. Reading Women's Magazines: An Analysis of Everyday Media Use [M]. Cambridge: Polity, 1995: 119.

❷ A. Gough－Yates. Understanding Women's Magazines: Publishing, Markets and Readerships [M]. London and New York: Routledge, 2003: 20.

国和澳大利亚的知名青少年杂志《甜心》（*Sugar*，在 2011 年变为网站形式）和《洋娃娃》（*Dolly*，仍在出版），就完全依赖名人内容。然而，即使将这样的策略融入这类行业的杂志市场，也无法阻挡大众市场杂志发展出名人八卦与新闻周刊这样的新类别。

自 20 世纪 90 年代以来，名人八卦与新闻周刊类杂志占据了整个杂志市场，尽管它们的大部分内容都是关于本地的人物和事件，但在国际上也产生了很大的影响力。例如，刊登体育明星、电视明星或者欧洲王室的垃圾新闻的《名人，你好!》以及《赫拉!》（*Hola!*），就享有全球声誉。《名人，你好!》和《好的!》（*OK!*）杂志在西方国家所有的报刊点中都能见到，就好像美国低端市场的《美国周报》（*Us*）、《国家询问报》等报纸一样。在英国和美国等大型市场中，可供选择的范围非常之广。在市场底层，有各种各样的低俗画报杂志，如取名为《名人胴体》（*Celebrity Flesh*）的刊物，其内容主要是狗仔为世界各地的报刊拍摄的裸照或半身裸照，或者是拍电影时通过制作或视频抓拍而来的剧照。该类型的发展现在已经有所下滑，一方面是因为数字媒体的竞争将其推到了边缘，另一方面是因为刊物中的大部分内容已经包含在诸如英国《太阳报》（*The Sun*）等每日小报之中。在市场地位上略高于低俗画报而且在商业运营上也更加稳定的是像《星报》（*The Star*）或者《国家询问报》等具有令人震惊和轰动性消息的周刊，它们发布的东西多是新闻报道和八卦，以及名人的图片。类似的还有那些新闻价值上没有那么多丑闻的花边周刊，如澳大利亚的《人物》（*Who*）、美国的《人物周刊》（*People*）以及英国的《嘉人Now》，在这些杂志中，新闻故事偶尔会带有一丝怀疑主义的色彩，刊登照片的目的也多是将名人视为嘲笑或者羡慕的对象。在低端市场（正如我们在第二章中看到的那样），杂志的商业定位与宣传行业的利益之间差别很大，《国家询问报》这样的周刊对名人八卦的依赖程度有限，但它出版的名人八卦内容倾向于丑闻、情色，所以有可能损害涉及的对象。它的所有新闻并非都会涉及名人，有时也会进行一些重要的新闻报道，如辛普森（O. J. Simpson）案所揭露出的内容，有时甚至还会是爆炸性的新闻。然而，更重要（也许令人非常吃惊）的是，这些杂志对自己的新闻准确性引以为豪，但这显然限制了它完全并入主要媒体机构的可能。❶ 不过，通过《嘉人 Now》杂志和美国《人物周刊》可以看出，虽然它们对狗仔队的图片交易热情不减，对次要名人的丑闻也颇感兴奋，但它们的新闻内容与主流娱乐行业机构的推广需求之间确实存在一些商业结盟。

这些行业内的结盟现象在拥挤的英国名人杂志市场中心区域尤为明显，处于市场领头地位的一些杂志，如《好的!》、《热度》（Heat）和《名人，你好!》等,通过向读者发布一些名人的正面照片和八卦特写来取悦读者。《国家询问报》对于与宣传行业建立长期的联盟关系不太感兴趣，不过《名人，你好!》和《好的!》显然相反。后者几乎只报道名人，❷ 如果它们想要得到可靠的图片和故事来源，就必须与媒体行业及其宣传需求保持紧密的联系。因此，《名人，你好!》会千篇一律地

---

❶ S. E. Bird. Taking it personally：Supermarket tabloids after September 11 ［A］//B. Zelitzer, S. Allan. Journalism after September 11. London and NewYork：Routledge，2002.

❷ 和许多名人周刊一样,《名人，你好!》杂志保留了许多传统女性杂志的元素：美容提示、减肥食谱和时尚内容。

发布一些关于名人的又一次婚姻、房子、孩子，以及他们从悲剧、离婚、职业挫折中恢复过来等敏感新闻的特写——这很明显是与相关名人合作的结果。《好的!》杂志对自己宣传的名人就少了一些尊重，它在新闻中采用平民主义的风格和俏皮的语气，在呈现名人生活时，却采用了绝对友好的视角。这两个杂志都备受推崇。(《名人，你好!》尤其如此，它追求的是迷人的魅力而不是情色，和任何丑闻内容都保持一定距离，并且通过报道不为人所熟知的欧洲王室成员的活动，使刊登内容充满活力。)两本杂志都同样以一种令人好奇的、不为多数人所熟知的中产阶级视角来报道新闻，● 尽管它们都在国际上发行，但仍远离了美国的《名利场》所打造的那种时髦主义世界。

　　在英国市场，这些杂志的主要竞争对手是不那么受人尊敬的《热度》杂志。《热度》更加厚颜无耻，没有那么精于世故，而且更以新闻为导向（发布更多的八卦），而不是以名人特写为导向（阶段式的名人推广）。它没有效仿《名人，你好!》杂志的传统模式，在多个页面大篇幅地传播名人私下的形象照片；它也没有和名人行业进行过多的商业合作，但对名人的报道方式也非常积极且能够引发共鸣。它的标价较低，目标群体是年轻人，较少涉及中产阶级。❷ 它有着当代音乐杂志的外观（music‑mag look），据统计，《热度》比《好的!》和《热门明星》(*Hot Stars*)更有街头信誉。《好的!》曾经试图通过发起竞

● M. Conboy. The Press and Popular Culture ［M］. London：Sage，2002：149.

❷ 《名人，你好!》对这一方面尤其感兴趣。比起美国的其他竞争对手，它其实更受人尊敬，原因在于它将有关读者的人口统计数据这一诱人的内容提供给了广告商。其网站显示，它是唯一一本大批量发行的女性杂志（发行量调查得出的分类，不过确实有80%的读者来自女性群体），将近1/3的读者来自高端消费人口。

争活动来抢断《热度》的市场，即随同每一期发行的《好的！》杂志赠送一本类似于《热度》的，名为《热门明星》的赠品；《热门明星》也无耻地模仿过《热度》的版面设计、版式以及整体外观。

这一市场还有另一个维度通常没有被大家注意到，那就是名人的内容——八卦、图片等——已经渗透在线新闻媒体的存在中，要不然的话，这些媒体会认为自己是"高质量"新闻的阵地而非小报新闻。虽然像《卫报》这样的纸质媒体可能很少带有名人八卦、图片等内容，但同名在线媒体会带有更多这样的内容，并且摆在突出的位置上。此时，在我写作的时候，我看到了今天（2013 年 1 月 18 日）的《卫报》主页上就有威廉·霍尔·梅西（William H. Macy）、林·罗韩（Lindsay Lohan）、梅根·福克斯（Megan Fox）、杰米·福克斯（Jamie Foxx）、萨拉姐妹（indie sister act Sara）等名人的新闻特写。这种模式在其他高质量刊物中也可以看到：如澳大利亚的《费尔法克斯报》（Fairfax），它是当地最受推崇的优质报刊。这些高质量刊物在网络上的名人新闻报道比在纸媒上的要显得更加突出。这表明，高端报纸市场正在积极地采用这一广泛而有效的策略，与越来越多的纸质小报新闻以及在线名人新闻网站进行竞争，以满足那些更喜欢先在网络上看到新闻和名人八卦的人的需求。

为了充分说明我提出的观点，还需要涉及两个方面的内容。首先是以《首映》（Premiere）为代表的国际电影电视杂志，该杂志对外独家推广媒体行业的最新作品，包括访谈、评论、试映等内容。鉴于它与媒体行业的关系，这类杂志不会去挖掘丑闻或者名人令人怀疑的传闻，也不会做任何可能威胁到它推广的项目在商业上取得成功的事情。就发行量而言，这里必须要说明的是，这类杂志并非市场的主要部分，因此可以划归于杂志市场的"特殊利益"（special interests）部分。其次是在商业上更重要的杂志，我将之看作最后一个层面，那就是高端市场——国际市场（或者更准确地说，是"全球本土"［glocal］市场）的高品质光面杂志产品，❶ 包括《男人帮》、《柯梦波丹》（Cosmopolitan）和《名利场》。虽然比起电影杂志，这些时尚杂志可能会遵从更加独立的编辑策略，但认识到跨国性质的娱乐与媒体行业如何协调好自己与这些高质量国际时尚杂志的利益也很重要。前面，我们已经提到托比·杨在纽约《名利场》的工作经历❷，他对经纪人和宣传人员所享有的权利表示震惊，因为他们能决定杂志发表哪些被委托的名人的内容，他的经历似乎进一步说明了这些杂志与名人行业之间的深层关系。实际上，这种商业化的关系正在逐步加深，高质量的国际杂志（如《名利场》《时尚》和《时尚芭莎》）发布更多关于时尚、消费、艺术、风格等流行文化主题的内容，使得名人新闻与特写能够在内容中占据更为突出的位置。莎拉·杰西卡·帕克和珍妮弗·洛佩兹的新闻大多会出现在这一高端市场，她们注定要出现在《热度》杂志或《人物周刊》上——如果她们出现在《好的!》杂志上，虽然有一定的商业价值，但结果注定是平淡乏味的。鉴于名人推广对当代新闻活动的影响，强调这一事实是很有必要的，因为人们常常认为这是纸媒小报最活跃的一端。通过对大

---

❶　媒体会推介那些具体内容中带有本地特色又符合国际品牌资格的全球性媒体产品，这种方法也越来越为大家所接受。因此，众多本土版本的《男人帮》或《时尚》杂志都带有品牌特许的色彩，但实质上，各个版本刊有不同的内容。

❷　T. Young. How to Lose Friends and Alienate People ［M］. London：Little, Brown, 2001.

众市场杂志的研究，我看到的情况恰好相反，在越高端的市场，杂志和名人的商业利益越趋于一致。

当然，将所有过错归结于小报的错误看法在这种情况下也是可以理解的。英国就是一个突出的例子，很久以前，小报（俗称"红头小报"［red－tops］）就已经搭上了名人故事的顺风车来满足公众的嗜好。当然，英国的小报几乎已经明确地重新定义了它们作为新闻媒体的资格，所以才有了现在小报新闻彻底的个性化，其中占统治地位的内容是对于知名人士活动情况的报道，这些名人包括政客、政府官员、运动员、女人、名人，以及即将成名和一心想要出名的人。像《观察家报》（*The Observer*）这样的报刊会将大幅的周末彩色增刊用于报道新闻背景和生活专题，但《每日镜报》（*The Mirror*）和《每日快报》（*The Express*）则会将其用于报道名人。名人八卦会定期登上头版头条，整个行业都受到《世界新闻报》（*The News of the World*）所谓的"桃色新闻"（bonk journalism）——"谁与谁传出绯闻"——的顽固指引与影响。这种新闻模式是在故意传播情色内容，而且毫不顾及对特定人群形成的影响，名人理所当然地成为被猎获的对象。2005年发生的手机窃听丑闻令不负责任的业内态度浮出水面，但此类问题一直持续到现在，当小报黑进名人、王室成员和其他有报道价值的人物的手机挖掘报道素材时，也说明了媒体权利正在被滥用。对于这种行为引起的法律纠纷，人们已经习以为常，这种做法不仅为人所接纳，甚至还被管理层所鼓励，这也导致了《世界新闻报》在2011年突然被关停，并引发了2012年英国报刊监管方面的重大审查，这甚至可能导致未来英国监管环境的改变。

即使没有这段插曲作为导火索，各国的小报媒体，尤其是英国的小报媒体，长期以来和名人行业之间的关系也令人担忧。从道德伦理的角度来看，在这种情况下，小报媒体很容易被认为是掠夺者，它们过度热衷于最大限度地利用丑闻，并且凡事不计成本和后果。但是，如果从读者的角度来看，这些策略所带来的揭露效果明显拥有广大的受众市场，但受众对策略本身的道德容忍度似乎也是有限的（如公众对于大规模跨行业手机窃听丑闻的激烈反应）。如果是从实用的行业导向角度来看，小报的商业力量决定了它们是连通名人和公众的最快途径且难以抗拒。小报媒体如此孜孜不倦地向名人的消费者进行推销，令人们相信，小报为任何能够成功利用它们的人提供了一个千载难逢的商业机会。因此，即使受到《世界新闻报》丑闻的影响，英国的小报还能够继续以拉锯模式（see - sawing pattern）来对待名人，玩着丑闻曝光以及通过谈判获得独家报道的把戏。这种把戏一方面威胁到了小报所曝光的名人的职业生涯，另一方面又确实能为名人带来无与伦比的知名度。这也就难怪它们报道和展现名人的方式通常游离于崇拜与嘲弄之间的模糊地带。

三、"小报化"论争

本节将我们带入了所谓的媒体"小报化"的话题之中，这一话题也是大家经常谈论的名人制造的关键领域。正如我们所看到的那样，作为一种现象，"小报化"（tabloidisation）毫无疑问地体现在英国的日报版面上，❶ 而且这个术语在广义上已经可以用来指电视形式。例如，在美国，像《当前时事》（*Cur-*

---

❶　本节对于小报化的探讨大量引用了特纳 1999 年发表的专著中的内容，这些内容首先对小报化进行了讨论，而其他无法和这些内容相整合的较为复杂的内容，我会进行更加详尽的讨论。

rent Affair）这类时事节目、《警察》（*Cops*）这样的"真人秀"节目，以及《奥普拉》和《瑞奇·莱克》（*Ricki Lake*）这样的午后吐露心声类脱口秀节目都在向小报化转变。在批评家看来，小报化的过程通常需要牺牲新闻信息以追求娱乐性的效果，牺牲新闻的准确性以追求轰动性，而且运用媒体呈现策略（如隐藏的摄像头、内容重现、脱口秀嘉宾的惊奇伏笔），使报道对象掉入陷阱，为己所用。其话语构成的范围包括纯粹幽默性的或者令人感觉不自在的话语（如《瑞奇·莱克》节目中演绎出的家庭冲突），以及妄自尊大但又假装庄重的记者披露一些模棱两可的吸引"公共兴趣"的爆料（如某位政客的私生活）。然而，在现实中，小报化作为一个类别似乎在不断扩张：自身能涉及的范围，它超越了对一种特定新闻的描述，成为对媒体内容普遍琐细化（trivialisation of media content）的综合描述。在我看来，"小报化"这样一个本应用来准确描述媒体格式和内容的术语，虽然过于宽松、缺乏准确性和价值，无法作为一种概念进行分析，但是，对于一系列关于当代媒体的内容转向、制作和消费的既定言论而言，这一标签又为大家所广泛接受，通过媒体进行的名人制造可以被认为属于"小报化"的范围。因此，我在后文中会依然使用"小报化"这一术语，作为一种方便标记此类问题的方法，在传统上这些问题属于这一术语的范畴。

对于媒体评论员和所有政治权威人士而言，对"小报化"的关注只不过是一个常规的话题。习惯上，人们会认为"小报化"，在某些媒体形式中很常见，其形成基于一种广泛的文化运动，而导致这一运动成型的原因在于现代生活的日益商业化以及相应的"传统价值观念"的日渐衰亡。虽然这表明"小报化"的概念表达了保守主义对流行文化领域的一种敌意，但必须指出的是，它也引起了许多对媒体和流行文化有兴趣的专业人士的关注。例如，托德·吉特林（Todd Gitlin）对"公共事务的琐碎化、肥皂剧对公共话语的僭越、公共意志形成机制的明显失效"提出了批评。他的担忧得到了美国传播学者詹姆斯·凯里（James Carey）的回应：

> 近年来，新闻业在很大程度上已经被推销给了娱乐和信息行业，这两个行业在全球范围内推广商品，这些商品对 21 世纪的世界经济发展至关重要。但现实是不允许这种情况继续下去的……只有新闻机构逐渐脱离遏制自己的全球娱乐行业，新闻改革才有可能发生。❶

凯里在书里用愤怒的语气表示，他的批评存在道德或政治层面的考量，引起批评的动机不仅仅是对当代新闻业形式的关注，而且是在属性上已经发生转变，这是有关"小报化"批评的特征。❷

反过来也有一些观点对上述评论的道德说教本质进行了抨击，当然还批判道它们起源于精英的公共领域概念。伊恩·康奈尔（Ian Connell）对他所看到的小报新闻评论背后呈现的势利行为持严厉的批评态度，并驳斥了这类新闻把我们从更重要

---

❶ James W. Carey. American journalism on, before, and after September 11 ［A］//B. Zelitzer, S. Allan. Journalism after September 11. London and NewYork：Routledge，2002：89.

❷ 相关例子参见：J. Saltzman. Celebrity journalism, the public and Princess Diana ［A］//B. Levy, D. M. Bonilla. The Power of the Press. New York and Dublin：H. W. Wilson,1999.

的政治和社会问题上转移开的指责。实际上，他认为小报反而对新闻的个性化设计提供了一种能更加有效地展示政治重要性的方式：

> 恰恰和那些与小报媒体相关的说法相反，人们就像那些严肃认真的记者以及相关学术圈的社会学家一样，对由此引起的社会差异以及紧张关系也十分关注。这些差异和紧张关系的表征方式之一便是对于名人和特权的关注，并且更加具体可见，而非遥远抽象。❶

我们必须承认的是，许多对于"小报化"影响的担忧，都基于根深蒂固和由来已久的对于流行文化本身的敌意。文化研究具有揭露和挑战这种立场的悠久传统，约翰·哈特利（John Hartley）的《流行现实》（*Popular Reality*）对基于阶级和性别的二元论进行了反复抨击，这是由于二元论将信息与娱乐对立，将硬新闻（hard news）与软新闻（soft news）对立，将公共领域与私人生活对立，也将公共服务媒体与商业媒体对立。正如哈特利所说，将这种二元论作为媒体行业和政策制定者的"常识"由来已久，但"作为现代媒体的思想蓝图，二元论并没有让人们的态度变得不偏不倚"：

> 这样的二元对立不仅强化了对大众、银幕和商业媒体的系统性偏见，还加重了其他方面的偏见，主要包括将许

---

❶ I. Connell. Personalities in the popular media［A］//P. Dahlgren，C. Sparks. Journalism and Popular Culture. London：Sage，1992：82.

多偏见（反对派的诋毁术语）视为"女性议题"，并（无声但不可避免地）暗示严肃的政治和公共领域是男性的东西。❶

其中一个可能被称为"小报化"道德恐慌（moral panic）的关键内容便是日间常见的电视脱口秀节目，它也是与"女人的东西"最直接相关的内容。虽然有些人可能会谴责脱口秀节目所导致的美国"奥普拉化"（Oprahfication），❷ 但也有一些人会赞扬日常脱口秀节目是新的公共领域或者是公共领域的对立面。❸ 这些都是"高度依赖社会话题和普通公民的参与而广受欢迎的节目"，没有将政治从公共领域剥离开来。❹ 普通公民得以进入公众争论的方式对于这些电视脱口秀节目来说正是至关重要的，因为这些公民至今都没有真正享有接触电视观众的权利，并且他们的声音一直处于沉默或者被忽视的状态。所以，简·沙图克（Jane Shattuc）说此类电视节目正在挑战某些权利结构：

　　这些节目不仅促成了观众和演员的对话，还消除了观众与舞台之间的距离。它们所依赖的不是专业知识或者资

---

❶　J. Hartley. Popular Reality：Journalism, Modernity, Popular Culture ［M］. London：Edward Arnold, 1996：27.

❷　J. M. Shattuc. The Talking Cure：TV Talk Shows and Women ［M］. New York and London：Routledge, 1997：86.

❸　J. M. Shattuc. The Talking Cure：TV Talk Shows and Women ［M］. New York and London：Routledge, 1997：93.

❹　J. M. Shattuc. The Talking Cure：TV Talk Shows and Women ［M］. New York and London：Routledge, 1997：86.

产阶级的教育力量。它们将常识和日常经验作为检验真理的依据。它们将公众和私人之间的区别模糊化。❶

不过，沙图克没有对这种娱乐形式做出更多的解释性说明。最后，她也承认，这些节目本质上来讲既非进步性的也非倒退性的。盖姆森同样也强调他所提出的"曝光的悖论"（parado-xes of visibility）正在这些节目中上演：它们通过"广告推销的手段来实现大众化，通过谎言来编织真理，通过畸形秀来实现常态化（normalization through freak show）"❷。在他看来，以他作为嘉宾出场倡议同性恋权利的亲身经历来看，他认为这些节目只有两种选择，"要么是操作性演出，要么是大众性论坛"❸；这两者人们都会经历。然而，由于它们能对市政会议进行运作复制，可以说它们又提供了一种含蓄的民主参与模式，❹ 这也是沙图克用来解释政治和人类活动的模式。盖姆森或许不会同意这样的观点，不过这值得进行深入研究。正如盖姆森所说，"如果你真的看过几个小时的脱口秀节目，你就会懂得它们所说的民主就像在《价格公道》（*The Price is Right*）节目中谈数学一样"。❺ 这种当代媒体"含蓄的民主"功能，正是本书后面

---

❶ J. M. Shattuc. The Talking Cure：TV Talk Shows and Women［M］. New York and London：Routledge，1997：93.

❷ J. Gamson. Freaks Talk Back：Tabloid Talk Shows and Sexual Nonconformity ［M］. Chicago：University of Chicago Press，1998：19.

❸ J. Gamson. Freaks Talk Back：Tabloid Talk Shows and Sexual Nonconformity ［M］. Chicago：University of Chicago Press，1998：19.

❹ J. Gamson. Freaks Talk Back：Tabloid Talk Shows and Sexual Nonconformity ［M］. Chicago：University of Chicago Press，1998：94.

❺ J. Gamson. Freaks Talk Back：Tabloid Talk Shows and Sexual Nonconformity ［M］. Chicago：University of Chicago Press，1998：17.

需要谈论的内容，它与媒体对名人的构建更直接地关联在一起。

四、"大众化娱乐"

正如我们在前文所看到的，某些人认为，成名机会的多样与增加，体现了现代社会中媒体根本性的自由发展。普通人在媒体中出现，如《老大哥》节目中的选手以及直播网站的网红，可以看作自由的一种新形式。里奥·布劳迪直接将现代名人与传统名人的出名或者曝光形式进行对比：

> 对"真正"名声的旧式标准的渴望反映出大家对这个神秘世界怀有若有所失和怀旧之情，在这个世界里，公众对成功的支持非常重要。但是这个社会确实存在这样的事情，即某些社会群体拥有吹响光荣之曲的特权，其他的视觉和言论传播工具也掌握在少数人手中。❶

他认为，旧的阶级和特权模式已经失去权势，取而代之的是新型的媒体民主，在这样的民主模式里，普通人拥有了更多的在媒体前进行表现的机会。

此外，现在的名人消费者也在文化关注度的生产环节发挥重要作用。按照查尔斯·李德贝特（Charles Leadbetter）的说法，在某种程度上，戴安娜王妃是"由她的消费者创造的"，也就是说，"她的所有者是消费她的形象的人，包括《名人，

---

❶ Leo Braudy. The Frenzy of Renown: Fame and its History [M]. New York and Oxford: Oxford University Press, 1986: 585.

你好!》杂志的读者、媒体以及戴安娜本人"。❶ 这样的形象利用并不像早期"真实"名声神话所假定的那样毫无缺陷。盖里·沃纳尔认为，"这些引人注目的名人的公众形象似乎正在（为自己的受众）提供一些公共交流的模式，在这些模式中，道德与政治定位都可以进行预先演练"。❷

此类观点最成熟的版本可以在约翰·哈特利的书中找到，其最开始出现在他 1999 年的著作《电视的用途》（*Uses of Television*）中，而在他最近的作品集《数字文化的用途》（*The Uses of Digital Literacy*，2009）中对此也有所涉及。在《电视的用途》中，哈特利对大众媒体明显地表现出乐观的态度，因为这类媒体越来越通过"跨现代的教学"（transmodern teaching）来强调文化身份的建构行为，它们是"在一个规模和差异空前的虚拟社区里，使用'本土式话语'（domestic discourses），将'公民'模式和基于文化和身份的知识，教授给众多没有这方面知识的'外行'受众"。❸

这种教学实践大体上以提供娱乐作为前提，但这并不妨碍它的生产能力。只要果断地打破公共广播中根据里思（Reithian）模式确立的家长式媒体政体，在新型的异质商业媒体领域（heterogeneous commercial media sphere）进行"自己动手打造公民身份"（DIY citizenship）才具备可能性，也就是通过刺激媒体消费的运作方式来构建文化身份。由于不再局限于有限

---

❶ C. Leadbetter. Living on Thin Air：The New Economy［M］. Harmondsworth：Penguin，2000：25.

❷ G. Whannel. Media Sports Stars：Masculinities and Moralities［M］. London and New York：Routledge，2002：214.

❸ J. Hartley. Uses of Television［M］. London and New York：Routledge，1999：41.

的大众媒体内容，能自己动手打造的公民有了多重选择，可以提供自己构建的身份。哈特利将这一过程称为"符号学式的自我决定"（semiotic self‑determination），他原则性地拒绝精英主义的假设，因为这些假设可能会将美学或者道德价值划分给特定的媒体形式或者内容类型。基于这种观点，他认为这是一个"民主娱乐"（democratainment）的世界，在这个世界里，媒体消费中的选择和选择过程被认为在结构上复制了民主社会中自由公民所能获得的选择和选择过程。人们恰恰在被其他媒体评论员嘲笑的小报形式中——如电视脱口秀节目、时尚杂志和郊区居民的符号化家具（semiotic furniture of suburbia）——找到了体现这种可能性的证据，当然它是以其特有的但令人愉快的反常形式存在。❶

　　在媒体和文化研究中，人们已经广泛接受，当代媒体中更加分散的生产和分配的可能性——当然不仅仅通过数字媒体等新技术——确实意味着更有可能实现在媒体公共领域达成"不同的、渐趋平等的媒介公共领域的愿景"，❷ 这一愿景看起来比十年前更有可能实现。这一观点与布劳迪早期（1986）关于名人的激增以及作为内在民主化力量的名望与成就脱节的叙述❸相一致。同样，这一观点与我们之前提到的对电视脱口秀节目进行辩护的人们的观点一致，他们认为这些媒体形式将之前边

　　❶ 普通人能够成为名人或许只是通过这种符号自觉达成目标的缩影，不过这一过程需要通过接近生产过程以及消费人群才能完成。

　　❷ N. Couldry. Media Rituals：A Critical Approach ［M］. London and New York：Routledge，2003：140.

　　❸ L. Braudy. The Frenzy of Renown：Fame and its History ［M］. New York and Oxford：Oxford University Press，1986.

缘化的新声音带到了公众领域。● 克里斯·罗杰克认为，反过来，这种新的观点分歧导致了人们"对以前未被承认或者被压抑的生活方式、信仰和生命形式表现出一种认可和欢迎"。● 因此，这里需要表明的重要论点是，那些处于争议中的媒体形式，远没有对"自由民主构成所谓的不被人们意识到的威胁"●，且反而是一种民主化的力量。从某种角度来看，这一点几乎是不言而喻的，通过真人秀电视节目选出来的名人，以其平凡为大家所熟知，他们构建的人物形象也自然会比那些通过社会、经济、宗教或文化阶层制造出来的名人更加具备民主的意义。

然而，弗朗西斯·邦纳认为，这些人的"平凡"程度是有限的，同样，我们所看到的真人秀电视节目在传播程度上也是有限的，尤其是当它作为民主化进程的一个部分时。即使是电视节目，在呈现普通人的形象时也一定存在层级的划分。邦纳指出，在某些情况下，娱乐节目、真人秀等节目的选手也带有特殊性：电视节目希望寻找那些能够"在电视上展现个性"的选手，因而有些选手的平凡性"比其他人的会更加有用"。● 和其他许多作家一样●，邦纳告诉我们，这样的节目表演利用某

● C. Lumby. Bad Girls：The Media，Sex and Feminism in the 90s ［M］. Sydney：Allenand Unwin，1997；G. - J. Masciarotte. 'C'mon girl：Oprah Winfrey and the discourse of femininetalk ［J］. Genders，1991，（11）：81 - 110.

● C. Rojek. Fame Attack：The Inflation of Celebrity and its Consequences ［M］. London：Bloomsbury，2012：191.

● R. Schickel. Intimate Strangers：The Culture of Celebrity in America ［M］. Chicago，IL：Ivan R. Dee，1985：311.

● G. Turner，F. Bonner and P. D. Marshall. Fame Games：The Production of Celebrity in Australia ［M］. Melbourne：Cambridge University Press，2000：53.

● 如：N. Couldry. Media Rituals：A Critical Approach ［M］. London and New York：Routledge，2003.

种挑选过程打造一种带有刺激性的、特殊的平凡性供大家观赏，掩盖和否认这一过程也符合电视节目的利益。继罗伯特·斯塔姆（Robert Stam）之后，邦纳也认为，在这一过程中，电视的目的是"利用内在需求来迎合观众"，其具体体现在通过电视节目表现某种平凡性。但事实上，"在电视里看上去平凡的人"是"更好看一些、口才更好一些、也更幸运一些的人"，❶ 他们和我们这些远离电视节目的"普通人"其实并不一样。

电视节目对"平凡"的建构本身就是一个值得研究的范畴。尼克·库尔德利在《流行歌手》的研究中采用以下观点：

> 传统上，这些节目选手的平凡性具有双重意义：首先，他们的"平凡性"证实了节目展示内容的"真实性"（我们这里假设，由于不断地出镜，他们早期预备的表演策略已经消耗殆尽）；其次，"平凡"也是选手们竞相逃离的身份，他们希望被归入另一个在仪式上截然不同的类别，也就是名人……（这是一个）特别的、高于普通世界的类别。❷

库尔德利认为，在实际情况中存在两类人，即通过媒体可见的人"媒体人"（media people）和"普通人"（ordinary people），而且这两类人之间存在层级之分。名人的巨大价值在于，它能让"普通人"转变成"媒体人"，这可以被认为是一项成

❶ G. Turner, F. Bonner, P. D. Marshall. Fame Games: The Production of Celebrity in Australia [M]. Melbourne: Cambridge University Press, 2000: 97.

❷ N. Couldry. Media Rituals: A Critical Approach [M]. London and New York: Routledge, 2003: 107.

就，或者用库尔德利的话来说，是一项盛大的仪式，只会强化区分"媒体人"与"普通人"的层级结构：

> 因此，不管是在《老大哥》还是其他节目中，媒体在仪式上肯定一个人转变为名人之后的重要性，实际上是进一步确立了对"媒体人"和"普通人"的划分。像媒体事件之类的高度仪式化的过程，似乎肯定了媒体机构所勾画的世界图景中存在这种重要性，而事实上，这个图景却比任何其他事物都要执着于它背后的层级结构。❶

这些论点表明，普通人的媒体存在——这是一种不可否认的持续增长的存在，并且现在已经牢牢地根植于电视节目的编排程序之中——不能只考虑表面价值。

也有些人坚持认为，我们不能仅仅因为社会、性别和种族身份被包含在更大的意识形态框架之内，就把媒体中社会、性别和种族身份的激增看作一种民主化的力量。多维（Dovey）认为被展示的异常行为，如我们在日常脱口秀节目中可能会见到的那些行为，"事实上，通过评头论足的听众对演讲者个人病态行为的评判，起到了强化社会规范的作用"。❷ 康博伊则认为，小报媒体的行为特点一般是"闭门造车"（close down into reaction），而不是"开放论争"（open up into contestation）。❸

---

❶　N. Couldry. Media Rituals：A Critical Approach［M］. London and New York：Routledge，2003：143.

❷　J. Dovey. Confession and the unbearable lightness of factual television［J］. Media International Australia Incorporating Culture and Policy，2002，104：13.

❸　M. Conboy. The Press and Popular Culture［M］. London：Sage，2002：149.

可以这么说，这种过程在过去数十年里明显呈现弱化的趋势，此外，哈特利注意到，这种趋势构成的证据足以令人信服，证明这种控制与包含机制不再像过去那么顽固。

在讨论哈特利的《电视的用途》时，库尔德利给我的印象是，他对民主娱乐论点的局限性进行了生动的批评。他对哈特利观点的公正性表示认同，认为当代媒体"以一种分散却常带有讽刺性的形式"维持着一个公共空间，在这个空间里，"无论是公共的还是私人的话语都可以公开地进行协商，而不是被官方控制"。❶ 经过妥协退让，这一观点至少对目前媒体结构所释放的政治倾向进行了较为公平合理的描述，同时对小报化论点的多个方面进行了一番有力的反驳。然而，库尔德利也向哈特利提出了一个根本性的问题，进而将争论重新引向媒体本身所代表的经济，而不是去讨论个性定制的消费者（DIY consumer）的有效性问题。库尔德利说，哈特利从来没有谈到过"象征性权利在媒体机构中的大规模集中"对民主命题产生的"潜在意义"：

> 这对于我们理解电视的社会"用途"会产生怎样的影响呢？如果我们不去考虑媒体不公平的象征体现，例如，受欢迎的脱口秀节目在这种体系中区分对待其观众和参与者，除非我们依赖市场自由主义的陈词滥调，否则无法了解当代媒体的实际影响，无论它是正面的还是负面的。❷

---

❶ N. Couldry. Media Rituals：A Critical Approach［M］. London and New York：Routledge，2003：18.

❷ N. Couldry. Media Rituals：A Critical Approach［M］. London and New York：Routledge，2003：18.

　　当然，在文化研究中这是一个常见的争论，如何代理及其做出什么决定之类的问题会循环不断地出现。这也让我想起另一场熟悉的争论，即文化研究与政治经济学之间的争论，因为它认为，对消费过程的研究首先必须考虑到生产条件，这些条件决定了在实际问题中首先应提供给人们的选择是什么。

　　这些问题在过去的十年里一直存在相当大的争议，随着我们更多地了解这些新媒体形式发挥作用的过程以及它们带来的后果，我们对大众娱乐思想的热情也在逐渐减弱，正是因为这其中暗含（虽无法证明）扩大媒体的渠道和从选择的限制中解放"普通"公民这二者之间的联系，所以需要通过民主原则的方法来实现。❶ 在特纳 2010 年的《普通人与媒介：民众化转向》（*Ordinary People and the Media：The Demotic Turn*）❷ 一书中，我也较为详细地提到了这个问题。在过去 10 年左右的时间里，我们见证了媒体向女性以及更广泛的阶级群体开放，持有这种观点的人当然是正确的。但是，更确切地说，这是一种更加民众化（demotic）而非民主化（democratic）的发展。我们可以看到，民众参与的机会在不断扩大，但是这和民主政治并没有必然的联系，正如我之前所指出的那样，"博客的泛滥不仅是靠进步的或者自由的政治态度的驱动，它也同样最大限度地容纳了极端主义"。媒体"对它们的真人秀和游戏节目选手的兴趣

---

❶　N. Couldry. T. Markham. Celebrity culture and public connection：Bridgeor chasm？［J］. International Journal of Cultural Studies，2007，10（4）：403 - 422.

❷　G. Turner. Ordinary People and the Media：The Demotic Turn［M］. London：Sage，2010.

在帮助他们圆梦的同时，至少也具有剥削性"。❶ 甚至没有人尝试从结构层面对这种联系进行合理化的辩论，并且这种联系也只不过是一种假设而已。或者更确切地说，这里存在一定程度上的理论偏差（theoretical slippage），消费者在自由市场进行选择的过程中，有关符号学的自我决定理论变成了更明确的政治自我决定思想。多样性无论出现在什么地方，在本质上必定是民主的。我们需要提醒自己注意的是，至少在媒体中，消费者在选择上的多样性是由价格机制而不是权利体系决定的。

五、民众化转向

到目前为止，我一直在强调名人的影响在整个媒体中无处不在，而且在许多媒体行业内，也出现名人生产激增的现象。在一定程度上，这就是一个涉及市场策略与电视行业、纸质媒体、互联网融合的问题，媒体通过名人制造、推广与宣传，以某种形式将市场机会掌握在自己手中。然而，节目流通的渠道、形式和受"名人化"（celebrification）影响人数的增长，表明一种竞争性的叙述话语：名人传播的机会超越了一种又一种精英模式，进入普通大众的期望之中。随着媒体领域的机会不断增多，媒体生产的新场所在不断扩展，非传统的媒体内容传递系统（non‑traditional systems of delivery）也在不断地巩固加强，从有线电视变成了推特，这些内容我们在前一章已经谈到过。❷ 新场所的不断扩展和媒体内容传递系统的不断巩固这两种趋势

❶ G. Turner. Ordinary People and the Media：The Demotic Turn ［M］. London：Sage，2010：1.

❷ P. D. Marshall. The promotiom and presentation of the self：Celebrity as a marker of presentational media ［J］. Celebrity Studies，2010，1（1）：35‑48.

都在鼓励人们，对当前主要媒体形式的所有权集中（concentration of ownership）可能产生的变化，有必要保持乐观态度。正如我们所见的那样，自己动手打造名人的技术如雨后春笋般涌现，似乎是为了服务个性化需求的消费群体（DIY consumer citizens）。因此，文化研究者提出，越来越多的自决权力现在掌握在媒体消费者的手中，这不足为奇。鉴于此，民主政治的可能性被解读为"民众转向"（demotic turn）。

在我看来，"民众转向"的趋势是确定无疑的，媒体用来呈现"平凡性"的话语每天都在向"普通人"的生活体验靠拢。普通人从未像现在这样在媒体中得到如此高的曝光度，他们的言论也从未像现在这样被忠实、尊重和准确地复制。● 谈话类和吐露心声类电视节目每天下午都会为观众带来普通艺人令人激情澎湃的原生态表演，而游戏类节目也不惜花费数百万重金来复制这一节目形式。媒体中普通人物的成分也被极大地开发，不同的阶层、不同的性别、不同的民族，甚至带有不同的性取向的人物被呈现给观众。与此同时，现在可供普通人消费、吸收和使用的媒体素材范围之广，可谓今非昔比。但是在我看来，这种普通群体数量的爆炸式增长，至少在某种程度上来看就如库尔德利所指出的那样，正在把普通人的表现转变为一种媒体仪式。这一信息透露出的问题并非必然就是我所认为的那些积极的衍生产品，如媒体的开放性、可及性、多样性以及对边缘化的公众媒体表现权的承认。更确切地说，媒体挖掘普通人物的动力，似乎在于媒体是否有能力为了自己的发展，

● N. Couldry. Media Rituals：A Critical Approach ［M］. London and New York：Routledge，2003：102.

产出取之不尽、隐藏动机的（和娱乐性的）多样性。如果这一判断能够被证明，那么"民主娱乐"这一新词中的"民主"就是"娱乐"的偶然产物，并且也是最不可信的组成部分。值得我们注意的是，无论名人现象如何扩展，它仍然是一种层级化且带有排他性的现象。然而，在当代历史背景下，否认它的排他性符合操纵着这一等级制度的人群的利益，也许现在我们在"民众化"转向中看到的是，通过媒体，名人产业更有能力做到这一点。

可以这么说，对于个体名人而言，归根结底，他们能得到的机会还是比较多的。普通人只能靠运气在《老大哥》、《真实生活》（*Real Life*）或者网络肥皂剧中露面，并且这种可能性也有其自由的维度。❶ 但是，我们也需要根据具体的情况，来分析实际发生了什么事情。❷ 在对澳大利亚名人的研究中，我和弗朗西斯·邦纳、大卫·马歇尔发现，如果一个名人的成就与某种训练、表演背景等内容联系得越少——事实上，这种联系越随意——相关的名人就越无力应对不可避免的真相，即他们的名声其实与自己没有太大的关系，甚至可能一夜之间消失殆尽。一般而言，《老大哥》里的房友不会在公众视野中规划自己的职业生涯；《家有芳邻》里的青年明星长大后一般会离开这个行业，因为除了英国地区性的圣诞节话剧等节目之外，他

---

❶ M. Andrejevic. Reality TV：The Work of Being Watched［M］. Lanham, MD：Rowman and Littlefield, 2004；Lumby, C. Doing it for themselves? Teenage girls, sexuality and fame［A］//S. Redmond, S. Holmes. Stardom and Celebrity：A Reader. London：Sage, 2006.

❷ 如：K. Allen. Girls imagining careers in the limelight：Social class, gender and fantasies of 'success'［A］//S. Holmes, D. Negra. In the Limelight and Under the Microscope：Forms and Functions of Female Celebrity. New York and London：Continuum, 2011.

们再也找不到报酬还说得过去的角色。在这种情况下，我们认为，主要的问题在于代表这些名人的促销人员和宣传人员的责任感有多大，毕竟在名人商品有一定价值时，他们代表了名人并销售名人的商品身份。其中许多相关人士都同意这一观点，并表达了对名人的发现、利用和处置这一恶性循环的担忧，毕竟在名人行业中，这些是他们利用个体明星的基本方式。

这种恶性循环产生的原因就在于大型国际传媒集团对于利润的追逐，虽然在媒体表现和消费上出现了民众化转向，但传媒集团依旧控制着具有象征意义的经济（symbolic economy）。尽管网络上的自制名人不断增长，数字制作技术在各类媒体形式中不断被使用，但与以往一样，它们最终还是被掌握在同样一批人的手里。将互联网看作一种另类的反公共领域（an alternative，counter - public sphere）可能很诱人——在许多方面，互联网中繁杂的内容会支持这种观点，但它仍然是一个由白人、中产阶级和美国男性主导的体系，并且越来越深入地与传媒集团中的主要企业结构相融合。

如果说有什么新奇的发现，那就是随着媒体内容的不断变化，我们似乎正在见证一种全新的身份建构过程。我认为，在这些全新的文化身份制造模式中，名人扮演着越来越重要的角色。与此相关的是大卫·马歇尔在 2010 年的书中提出的观点：我们现在已经进入一种"表现型文化"（presentational culture），公众自我形象的生产或者呈现已经成为大家热情参与的焦点，尤其是在年轻人这个群体中，在社交媒体或者马歇尔称为"表现型媒体"（presentational media）上更是如此。❶ 名人为这种自我形象的制造提供了典型的模式。随着这种方法越来越普及，名人本身的意义也开始从精英和神奇的状态向接近常态的合理期望的状态转变。当然，名人消费早已成为 21 世纪日常生活的一部分，所以现在它成为年轻人生活规划中的一部分也就不足为奇。❷ 理解这种转变是非常重要的。

大多数情况下，我个人对流行文化转变所产生的较为乐观和平民化的阐述表示同情，当人们看到有人提出较为保守的观点时，就会开始怀疑它可能服务的利益。但是，我们需要认识到的是，我们很容易夸大新媒体系统的民主趋势和形式。真人秀电视节目已经展示了媒体表演的一些有趣的瞬间，无论"日常生活"中的精彩场面是如何被制作出来的，都能形成一档引人入胜的节目。但是，为了迎合新媒体的发展需求，前面提到的行业利用和处置的循环过程似乎正处于急剧加速的状态。这意味着该过程的商品化程度正在加深，而不是政治解放程度正在增强。马歇尔在《名流与权力》❸（1997）中也进行过详细的说明：利益首先服务于资本，并且到目前为止，这一趋向也没有发生任何改变。

也就是说，人们很容易滑入道德与政治批判的立场中，这种道德与政治批判不仅针对名人形式以及它赋予媒体文化身份的人为性（artificiality），而且针对承载了相关产品的媒体形式。

---

❶ P. D. Marshall. The promotion and presentation of the self：Celebrity as a marker of presentational media ［J］. Celebrity Studies，2010，1（1）：35.

❷ S. Hopkins. Girl Heroes：The New Force in Popular Culture ［M］. Sydney：Pluto，2002.

❸ P. D. Marshall. Celebrity and Power：Fame in Contemporary Culture ［M］. Minneapolis and London：University of Minnesota Press，1997.

我完全同意这些做法大大低估了媒体形式与产品的复杂性，同时也低估了它们可能包含的各种文化与社会功能。此外，它还会把我们的注意力从现代名人现象这一更重要和更有趣的话题中转移开来。当然，吸引我的注意力的既不是脱口秀或者名人杂志中见到的细枝末节，也不是名人生产中异常丰富的媒体形式。确切地说，吸引我关注的应该是名人在我们构建文化身份的过程中，扮演着越来越重要的角色。到目前为止，我们在第二部分分析了名人的制造。之后，我们进入第三部分，探讨消费名人方面的问题，我想把讨论的重点转向名人的社会和文化功能。

第三部分

消费名人

第五章　名人的文化功能

有时（名人）是背景音乐，是我们设置墙纸的一部分，有时他们赫然出现，承载更多的意义。有时我们将他们看作生命的存在和道德的代表。通常我们会觉得他们令人向往、令人羡慕。在某些情况下，他们也会唤起我们的情绪波动，如喜欢、气愤或者厌倦之情，这是身为血肉之躯都会有的情感。此外，还有某种光环围绕着他们。在某些仪式化的场合，他们还作为英雄、领导者、替罪羊以及神奇人物在大家的心目中占据一席之地，为大家所崇敬、嫉妒、爱慕或厌恶：他们至关重要。❶

一、"草根"名人

这一部分旨在回答一个问题：名人的文化功能是什么？这个问题其实已经存在很长一段时间而无人理会，不过随着1997年威尔士王妃戴安娜的逝世，全世界公众的反应使这个问题重新进入人们的视野，并且更被人被重视。在戴安娜去世之前，人们或许可以将20世纪90年代明星内容的激增、名人八卦大

---

❶　T. Gitlin. Media Unlimited: How the Torrent of Images and Sounds Overwhelms Our Lives [M]. New York: Metropolitan Books, 2001: 132.

众市场的到来，甚至戴安娜所享受的特殊的名人形式，视为相对短暂的文化转变。然而，那些本来会这么做的人，在突然面对这位未曾谋面女性的离世时，表达出了真实的哀伤，因为他们认识她，认为她就是日常生活中的一部分。从这一点来看，像戴安娜这样的人物所发挥的明确的文化功能，似乎迫切需要我们进行认真研究。

通过多种平台在全球进行媒体传播的后果之一便是，当代媒体知名度在规模上可能虚高。有线电视和地面电视之间的激烈竞争表明，高档次的新闻报道是整个行业的重中之重。❶ 于是，美国有线电视新闻网（CNN）会对某个突发新闻连续数小时进行直播报道，从而和福克斯新闻（FOX）、英国广播公司世界频道（BBC World）以及半岛电视台（Al‑Jazeera，它刚刚起步）展开竞争，正因如此，互联网上的各个新闻网站得以持续直播从目击者和相关人士手机中获得的视频材料。当然，大众文化中一直存在"触发点"（flashpoints），即某个特定的事件或者人物完全主宰了媒体的报道份额，吸引了"全球公众的过度关注"。❷ 戴安娜逝世就是这样触发点，并且是最极端的案例之一。正如我们在《名利游戏》中所说的那样，这种情况"基本上是无法控制的，就像新闻、讣告、身份政治、娱乐、谬见、神话以及八卦一样"。❸ 媒体存在的规模表明了当时全球媒体能

---

❶ 戴安娜去世的时候，我在澳大利亚，这意味着免费广播网络只需转换成来自 CNN 和 BBC 世界要闻等全球有线电视网络的实况转播，然后连续播放几个小时，不加广告干扰。

❷ G. Turner, F. Bonner, P. D. Marshall. Fame Games: The Production of Celebrity in Australia [M]. Melbourne: Cambridge University Press, 2000: 4.

❸ G. Turner, F. Bonner, P. D. Marshall. Fame Games: The Production of Celebrity in Australia [M]. Melbourne: Cambridge University Press, 2000: 4.

力的增强，但更重要的是，它也展示了大众媒介名人和流行文化消费者之间的力量对比。虽然戴安娜和公众之间的关系确实是经过策划制造、舆论引导并处于极为显著的操纵控制之下，但她的死亡为人们带来的感受迫使这种关系摆脱了控制，从而变成一种明确和"真实"的情感。从这个角度来看，"现代观众仅仅是通过媒体表现来维系与某个人物的关系，但是这个人物是他们生活的一部分"，这种关系"历历在目，非常生动，而且非常明显"。❶

当然，大众对公众人物进行跨国性哀悼的情形在戴安娜王妃事件之前并非没有先例。我们可以联想到约翰·费茨杰拉德·肯尼迪（John F. Kennedy）的葬礼，以及全球的人们对音乐家约翰·列侬（John Lennon）死讯的反应。安东尼·艾略特（Anthony Elliott）曾经描述过民众听闻约翰·列侬死讯之后的反应，他有意提醒人们这一事件背后"全球哀悼"的规模之大：

> 1980 年 12 月 14 日星期日（约翰·列侬遇刺 6 天后），估计有 10 多万人聚集在纽约中央公园，一起为约翰·列侬默哀。世界上其他地区的人们也发起了同样的活动。在英国利物浦莱姆街的圣乔治大厅外，有 3 万多人聚集在一起祈祷，同唱《给和平一个机会》（"*Give Peace a Chance*"）。在美国各个城市，人们为纪念列侬做出的贡献举行了守夜活动。在加拿大多伦多，35000 多人聚集在雪地里参加了

---

❶　G. Turner, F. Bonner, P. D. Marshall. Fame Games: The Production of Celebrity in Australia [M]. Melbourne: Cambridge University Press, 2000: 4.

烛光守夜活动。在巴黎、汉堡、马德里、布鲁塞尔、伦敦、墨尔本等城市，成千上万的人驻足为列侬默哀。这样的公众悲情以前从未发生过。在媒体报道方面，美国有线电视新闻网和英国广播公司世界频道没有进行报道，《时代周刊》、《新闻周刊》和《星期日泰晤士报》（*Sunday Times*）则专注于报道他的死讯，也有电视节目和广播节目推出了特别报道，列侬的最新专辑《双重幻想》（*Double Fantasy*）重回排行榜榜首，8 周后依然排名第八，甚至 18 个月后仍然位于排行榜前一百。❶

如果将肯尼迪和列侬归为一类，那么戴安娜应该被归为另一类，这么分类的原因可能是，戴安娜并不是那么重要。无论从哪个角度分析，肯尼迪之死都是一次重要的政治事件，而约翰·列侬则是有史以来最著名和最成功的音乐家之一。也许性别因素在这里也发挥了重要作用，但是无论出于什么原因，人们可能已经忘记，在戴安娜去世之前，戴安娜是因为她不同寻常的曝光度、童话般婚姻的失败以及美丽的外表而出名。公众对她死讯的回应不同于肯尼迪和列侬。

在前一章，我用到了"民众化转向"这个术语来形容消费者在媒体内容选择上的扩大化，一般来说，它指的是"普通人"参与当代媒体的机会在扩大。民众对戴安娜死讯的反应也体现了一些民众化的因素：人们对戴安娜之死的反应揭示了与这样一位名人有关的草根模式的存在（grassroots existence of

---

❶ A. Elliott. The Mourning of John Lennon［M］. Melbourne：Melbourne University Press，1999：143.

modes），而它还没有进入大多数文化批评的视野。这种情况是一直存在的，就像我在前面讨论名人制造时提到的悖论：当整个行业都致力于打造名人时，公众仍然完全有能力表达自己的想法，就好像名人制造行业根本就不存在一样。吉尔伯特·罗德曼（Gilbert Rodman）对这一具体情况进行了详细分析，他提到了人们对猫王埃尔维斯·普里斯利崇拜的普遍性和长久性，这种现象在埃尔维斯去世后几十年依然存在：

> 明星的身份和地位并不是一种纯粹的商业现象，由追逐利益的媒体集团"从上至下"（from above）强加于人，它是一种"从下至上"（from below）基于社会的现象，在这一现象中，普通民众会对特定的媒体人物进行情感投资……埃尔维斯的偶像文化传播程度已经超出了大企业的力量控制范围：当今，对埃尔维斯公众形象最有控制权的人群，是他在全球数以百万计的粉丝。❶

如此说来，"从下至上"的名人现象其实是一种消费模式，并且具有巨大的影响力。正如我们之前在社交媒体的讨论中所说的那样，它的影响力确实越来越大。

此类论点很重视名人与消费名人形象以及相关故事的消费者之间的关系。但是，在戴安娜去世之后，我们可以很明显地在很多报纸和舆论中看到，并非所有人的看法都是如此。例如，理查德·席克尔在 2000 年为戴安娜撰写的《亲密的陌生人》

---

❶ G. B. Rodman. Elvis After Elvis: The Posthumous Career of a Living Legend [M]. London and New York: Routledge, 1996: 12 – 13.

（*Intimate Strangers*）一书修订版后记中，谈到了人们与戴安娜、列侬或者肯尼迪之间可能存在一种"幻想的亲近感"（illusion of intimacy）。这表明，戴安娜和公众之间"世俗化的亲近关系"只存在于旁观者的思想中。那些负责形象操纵的人（戴安娜和她的守护者）都知道，"这些亲近关系从来就没有真正存在过"。❶ 不过，并非每个人都会直接地说明这一点，在当代，尽管名人与消费者之间的关系已经非常普遍，但在一定程度上，人们其实不太愿意将名人与消费者之间的关系看作现代社会关系中的正常组成部分。即便是那些对这种关系很感兴趣并且详细研究的人，如约书亚·盖姆森或者托比·杨，也发现这种奇怪的关系从根本上来看（盖姆森的例子只触及了基本层面），其实它缺乏一种尊重的态度。他们的书中都有一段令人惊讶的自白：由于他们自认为相对成熟，所以对自己迷上了名人感到震惊，他们被卷入一段几乎与更好的自己背道而驰的关系之中。就像盖姆森曾经哀叹的那样，"这些人在我的生活中做了什么？……我是一个出身名门望族的博士生啊！"❷

我推断，之所以会形成这些反应，可能是因为人们相信，名人与消费者之间的关系是通过媒体构建的，因此从根本上来讲，这种关系并不真实，而只是某个真实东西的替代品。这一观点在将消费的相关关系描述为准社会互动（para – social）关系的传统解释中得到反映。而关于名人与公众之间的准社会互动关系概念，正是我在下一节想要讨论的内容。

---

❶ R. Schickel. Intimate Strangers：The Culture of Celebrity in America ［M］. Chicago，IL：Ivan R. Dee，2000：303.

❷ J. Gamson. Claims to Fame：Celebrity in Contemporary America ［M］. Berkeley：University of California Press，1994：4.

二、准社会互动关系

试想一下那些狂热粉丝的特殊技能。他们与名人或者演员之间构建虚拟的准社会关系，名人和演员履行友人的角色，或者是作为投射和评估使人际互动关系具有意义的图式模式的空间。❶

将粉丝、消费者和名人之间的互动引申为准社会关系，这一做法其实已经由来已久。在讨论到这种方法时，若利·詹森（Joli Jenson）提到了何顿（Horton）和沃尔（Wohl）早在1956年发表的著作，其中将粉丝的行为看作一种替代关系（surrogate relationship），"这种关系在拙劣地模仿正常的人际关系"。詹森认为，这种病态的构建使粉丝与名人的关系是一种不正常的关系，并且在粉丝心中埋下执迷不悟地追求更加直接关系的种子。❷此外，在这种结构框架下，准社会互动行为可能会被人利用为替代其他社会参与行为的方式，同样也可能导致粉丝的反常行为：

席克尔等人暗示，作为一个粉丝，就是试图通过感知名人的生活来间接地生活，努力和名人的生活产生共鸣。人们通常认为粉丝行为是一种长期的尝试与努力，目的是

---

❶　T. Miller, N. Govil, J. McMurria and R. Maxwell. Global Hollywood [M]. London: BFI, 2001: 174 – 175.

❷　J. Jenson. Fandom as pathology: The consequences of characterization [M] // L. Lewis. The Adoring Audience: Fan Culture and Popular Media. London and New York: Routledge, 1992: 16 – 17.

弥补个人在自制力、社群感、身份、权力以及认可方面的缺失。❶

这种行为通常会导致心理问题或者强迫症，因为席克尔认为，和粉丝相连接的名人事实上只是一个谎言罢了，"名人就像一个专门为粉丝打造的生物，诞生于流言之中，突破了无数禁止逾越的条条框框的限制"。❷ 如此看来，席克尔对这种社交关系缺乏信心，也就不足为奇。不过，他并不是唯一一个看到日常形式的名人消费（也就是我们可能会沉迷于自己喜欢的事物的那种消费）和对个别名人的变态迷恋之间在规模上存在差异的人，后者的迷恋导致了跟踪甚至暗杀行为的出现。罗杰克谈到，"隔绝孤独的人很容易陷入何顿和沃尔所说的粉丝与名人的'极端准社会状态（extreme para‑sociability）之中'"。结果便是，这些人们"幻想与名人保持这种亲密状态并获得支持的心理"将会"继续影响"他们基本的人际关系，这种妄想的关系还会导致"精神状态的不健康以及对名人痴迷的病态化"。❸ 詹森在文中质疑的正是这种观点。

罗杰克在《名誉攻击》一书中的观点具有明确的目标，那就是要对名人的社会影响持一种不偏不倚的客观态度，这也激发了他研究准社会关系的动力和方法（他用一整章的内容专门

---

❶ J. Jenson. Fandom as pathology：The consequences of characterization［M］// L. Lewis. The Adoring Audience：Fan Culture and Popular Media. Londonand New York：Routledge，1992：17.

❷ R. Schickel. Intimate Strangers：The Culture of Celebrity in America（Revised Edition）［M］. Chicago，IL：Ivan R. Dee，2000：303.

❸ C. Rojek. Fame Attack：The Inflation of Celebrity and its Consequences［M］. London：Bloomsbury，2012：125.

讨论这个问题）。不过，他也承认，与当前媒体环境对粉丝或者名人消费的贬义描述相比，这种方法确实略有不同。例如，艾略特将粉丝身份的建构看作"一个建构自我和丰富自我的过程"。❶ 贾尔斯研究的或许没有那么深刻，不过他对准社会关系的解读也许比詹森的那些批评更加积极一些。贾尔斯拥有行为科学的教育背景，而准社会关系这一观点恰好起源于行为科学。他采用常规的准社会关系一词的惯用法，认为准社会互动是"真实关系"的替代，这一观点可以在色情作品的使用情况中得到明确的证据。❷ 但是，当谈到这一术语是否适用于名人消费时，他对此持保留意见。他还谈到，如果用同样的术语来描述我们在自己与"真实"人物之间构建的关系，以及我们在想象中与电影中的人物角色之间可能构建的关系，是错误的。虽然名人相对而言比较难以接近，但他们也是普通的生物，"和他们建立互动关系也还是有可能的"，❸ 并且与他们建立互动关系的愿望也不是一种缺乏理性的要求。此外，"准社会互动"这个术语并没有准确地传达出听众所钟爱的关系本质，例如，听众可能从来没有见过名人广播员，却会每天进行交谈（有时候是这样）；再则，如第三章中所讲的那样，在粉丝关注和参与偶像推特内容时，"准社会互动"这一术语也不包括那种粉丝希望发展的关系。最后，贾尔斯认为，我们所谓的准社会关系在更多情况下是家庭和社区关系在缩小维度到一定程度之后

---

❶ A. Elliott. The Mourning of John Lennon［M］. Melbourne：Melbourne University Press，1999：139.

❷ D. Giles. Illusions of Immortality：A Psychology of Fame and Celebrity［M］. London：Macmillan，2000：65.

❸ D. Giles. Illusions of Immortality：A Psychology of Fame and Celebrity［M］. London：Macmillan，2000：129.

的结果：

> 针对准社会互动的研究显示，许多人把看电视当作一
> 种对抗孤独的方式；随着独居趋势的不断增长（尤其是在
> 年轻人中），以及社会的进一步分裂，准社会关系的使用
> 和满足可能变得越来越重要。❶

罗杰克也曾在他的第一本有关名人的著作中谈到了类似的
观点，他承认准社会互动指的是一种"次级亲密关系"（second
order intimacy）的形式，也就是说，"亲密关系是通过大众媒体
而非亲身经历和亲自见面来构建的"，这在我们的日常生活中
也成为越来越常见的现象。但他也谈到，"在当前的社会中，有
多达50%的人承受着潜在的隔绝与孤独感，而准社会互动不过
是寻求认同与归属感的一个重要方面罢了"。罗杰克继续讲到，
为了应对这种需求，名人"尤其能够给予强大的归属感、认同
感及其相应的意义"。❷ 他还指出，在当代世界中，这种名人在
社交和实际生活中的遥不可及（用来衡量次级亲密性的重要方
面），可以很大程度上通过接触的数量——高度个人化的接触
数量——得到弥补，而这种接触可以通过大众媒介来获取。20
世纪50年代，相关研究对人们与媒体人物的关系所作的假设很
容易就会被修正，因为现在媒体所扮演的角色已经截然不同。

罗杰克在2012年出版的著作中对这一假设的修正做出进一

---

❶ D. Giles. Illusions of Immortality：A Psychology of Fame and Celebrity ［M］.
London：Macmillan，2000：148.

❷ C. Rojek. Fame Attack：The Inflation of Celebrity and its Consequences ［M］.
London：Bloomsbury，2012：52.

步的贡献。虽然他的确讲到了"极端的准社会性"（extreme para – sociability）行为的潜在破坏性，但也对其他不那么极端的"准社会性"行为表达出一些担忧，其中之一便是他所说的名人引发的"准社交对话"（para – social conversations）如何作为一种人生规划的形式进行运作，提供"免费的建议帮助人们进行梳洗打扮、形象管理、自我推销甚至是修正社会、政治、文化和环境方面的价值观"。❶他认为，这种建议"已经延伸到了普通人的生活之中，成为一种资源，以帮助个体更好地呈现自己的作用、能力和才干"：

> 因此，明星影响力其实为指导受众的生活方式提供了文化资本，并且直接被应用到了日常生活之中。准社会关系在文化中举足轻重，它不仅是自我理想化和英雄崇拜的载体，实际上还应用于加强个性表征、改善生活技能以及扩大社会影响力。❷

有趣的是，名人所拥有的积极文化影响力也有消极的一面：

> 对一些孤单、脆弱的明星来说，准社会互动的和那些孤单、脆弱的普通人一样危险。因为公众像一面镜子一样，能够让明星看到观众的崇拜和媒体的欢呼，照应出一个无法触及的自我存在，这种映像如同海市蜃楼。那些一直忽

❶ C. Rojek. Fame Attack：The Inflation of Celebrity and its Consequences ［M］. London：Bloomsbury，2012：139.

❷ C. Rojek. Fame Attack：The Inflation of Celebrity and its Consequences ［M］. London：Bloomsbury，2012：139.

　　视民众的意见或者沉溺于孤芳自赏的明星似乎行走在悬崖的边缘。❶

　　关于名人放任自己相信这种"海市蜃楼"的幻想，并产生夸张自恋的特权感这一情况，罗杰克在这里引用了坎耶·维斯特（Kanye West）和梅尔·吉布森（Mel Gibson）作为反面例子。维斯特曾在 2009 年不光彩地对歌手泰勒·斯威夫特（Taylor Swift）获得 MTV 奖进行干涉；梅尔·吉布森在 2010 年对奥克莎娜·格里戈里耶娃（Oksana Grigorievan）进行过电话威胁。

　　最后，从精神的层面而非社会的层面去考虑这些关系，对我们来说至关重要。约翰·弗劳提出，"与现代的明星体系联系起来的明星崇拜形式，完全演变成了一种严格的宗教秩序"。❷圣坛、纪念、追随者们的定期聚会甚至是目睹名人的"轮回再生"，这里有一整套的东西围绕着死去的猫王、戴安娜和吉姆·莫里森，而这些都是宗教活动的标志。弗劳称，人们之所以没有对此进行仔细的研究，唯一的原因在于，文化研究往往忽视宗教的经验，因此不足以从方法论的角度对该问题进行有效的分析。这实际上否认了一个事实，即宗教情绪已经"迁移到了许多奇怪并且常人意想不到的地方，不管是新世纪的小玩意儿、漫画电影，还是对逝去名人的狂热崇拜"。❸ 正如在第一章中所指出的那样，罗杰克在他的两本有关名人研究的

---

　　❶　C. Rojek. Fame Attack：The Inflation of Celebrity and its Consequences［M］. London：Bloomsbury，2012：141.

　　❷　J. Frow. Is Elvis a god? Cult, culture, questions of method［J］. International Journal of Cultural Studies，1998：1（2）：201.

　　❸　J. Frow. Is Elvis a god? Cult, culture, questions of method［J］. International Journal of Cultural Studies，1998：1（2）：207－208.

著作中花了大量的时间，将名人作为一种宗教实践进行处理。

因此，尽管"准社会"一词在强调面对面的社会关系与媒体关系的区别时能够发挥作用，但是，如果要想将该词用作描述这种社会关系的质量和文化功能的一种手段，那么它的作用则相当有限。大多数有关名人消费的最新证据表明，在社会的、文化的，甚至宗教的方面，人们更多地将名人消费看作一种基本功能，而不是一种补偿性的次级实践（second‐order practice）。当然，这似乎也是我们应该从对戴安娜的追思行为中需要学到的经验。

三、王室名人

正如克里斯·罗杰克在讨论名人的分类学时所指出的那样，王室名人是少有的几种由血缘来决定的名人模式之一，罗杰克将其称为"先天名人"（ascribed celebrity）。王室名人的显赫地位通过继承得到，伴随而来的还有人们（普遍）对于他们的自然的尊重与崇敬，这主要得益于他们在国家体制中的结构性角色。正如罗杰克所说，个体可以通过自身的行为来增减自己被赋予的身份地位，但是王室名人被赋予的名人基础是命中注定的。❶ 因此，和很多娱乐圈、媒体界以及体育行业的名人相比，他们免受很多曲折变化的影响。在娱乐圈，受时尚潮流和品味变化的影响，名人的职业生涯甚至可能会被完全毁掉，而王室名人的持续性影响则或多或少会有一定的保障。他们在公众视野中时进时出，在公共生活中或多或少地扮演着积极角色，但是他们在以后的生活中都将一直保持着相同的皇家身份地位。

---

❶　C. Rojek. Celebrity［M］. London：Reaktion, 2001：17.

当然，这种特权的存在与过去几个世纪的民主政治格格不入，所以若要解决这一矛盾，还有大量的具体工作需要完成。因此，王室名人也会在诸如《名人，你好!》这样的大众市场杂志中寻求存在感，他们也和其他名人一样需要宣传，需要参与公共关系，这里也会涉及政党政治或者电影产业。要想在一个民主化的国度公开地维护一个精英化的世袭制度，就需要进行适当的管理，而将其个体成员当作名人来消费则是必须采用的策略之一。近年来，在英国，这种公共关系模式刻意强调王室的平凡性和日常可知性（knowable‑ness），从而否认王室的层级结构，确保其存在的合理性。

这或许表明，英国公众不过是某种公共关系骗局的目标，而事实似乎恰恰相反。迈克尔·毕力格（Michael Billig）1992年的著作《论王室》（*Talking of the Royal Family*）❶曾广受好评，从他的描述中可以看出，无论是接触到的过度宣传还是读到的王室故事，书中的受访者在消费过程中都没有受到欺骗或误导。因此，毕力格反而认为，公众不过是将王室作为一种娱乐盛事来欣赏，这是一种特殊的公众生活形式，能够给人们带来乐趣。正如大卫·钱尼所指出的那样，人们似乎能够明白，王室"威严"的建立以及展示都经过了刻意的安排。和毕力格一样，钱尼也认为，正因为公众对这一事实有所理解，才使得展示本身"更加真实，而非虚假"。❷毕力格的著作具有相当重要的价值，它为研究英国王室公众意义的特殊性提供了来源，

---

❶ M. Billig. Talking of the Royal Family［M］. London and New York：Routledge，1992.

❷ D. Chaney. The mediated monarchy［A］//D. Morley，K. Robins. British Cultural Studies：Geography，Nationality and Identity. Oxford：Oxford University Press，2001：215.

并且对英国王室如何彻底地融入采访者的日常生活进行了展示。家庭与公众、平凡与非凡的对立统一在这类家庭式的对话中频繁上演，对于王室家庭活动的观察，也一如既往地变成了伦理道德与日常生活实践之间的对话。正因如此，钱尼也谈到，可以把英国王室看作"一面镜子，在这面镜子里，英伦风格、日常的性别以及家庭身份相互交织在一起"。❶

尽管如此，要实现这一过程还需要克服很多困难，不过，王室总是自然而然地扮演非常重要的角色，并且它所扮演的角色是所有名人形式中最具独特性的一种。❷ 和影视明星或者电视名人不同，王室名人无法获得成名合法化的形式。例如，对于王室名人而言，在他们的故事中没有关于名人挖掘的表述，没有关于"魔法"天赋的召唤，也没有所谓的"明星潜质"来解释他们为何一夜成名。王室名人的成功缺乏合法化的神话。而正在此时，戴安娜出现了，她的"成名秘诀"耐人寻味："她出身平民，❸ 而她的成名是王室成功神话中的一个奇怪的变体"。她与王室格格不入，因而在大多数王室成员看来，她没

---

❶　D. Chaney. The mediated monarchy［A］//D. Morley, K. Robins. British Cultural Studies: Geography, Nationality and Identity. Oxford: Oxford University Press, 2001: 208.

❷　N. Couldry. Everyday royal celebrity［A］//D. Morley, K. Robins. British Cultural Studies: Geography, Nationality and Identity. Oxford: Oxford University Press, 2001: 223.

❸　当然，重要的是记住她的出身不是真的。她是一个贵族，一个伯爵的女儿，有资格称自己为戴安娜夫人。弗朗西丝·邦纳在她评论中告诉我，重要的是要认识到，她被作为一个平民进行身份建构是很多话语表征的结果——特别是过度强调她的工作（她是幼儿园的一个助手），她就像普通人一样和别人合住一个公寓。

有尽到"王室成员的职责"。❶

王室家族所特有的名人身份，既保证了戴安娜不同寻常的成名事迹——以摩登王妃的形象，为英国王室输入新鲜血液，并作为"平民主义"的象征❷——也保证了她能够主动地融入英国民众的日常生活。与此同时，也正是由于她和其他王室成员之间存在明显的差异，从而创造出了自己特有的风格，让她能够在主流名人话语的交际网络中占有一席之地。戴安娜成了沟通皇家主流和娱乐圈名人的一道桥梁，因为与其他大多数的王室成员不同，她拥有的东西并非与生俱来，她可以通过一个关于被发现、依靠好运之类的故事来获得理解，就像人们在理解好莱坞明星的出道和成名那样。关于她的故事并不会结束，而是像好莱坞的故事一样，贯穿她的整个人生。正如好莱坞过气的明星是被行业中毫无节制的逐利性所摧毁，且这个行业对明星本身特有的品质并不感兴趣一样，戴安娜的故事也因为王室的利益而被利用和中伤。正是因为戴安娜被王室这些传统的条条框框所束缚的消息被披露了出去，王室对她抵制传统的做法越来越无法容忍，才使得她的知名度得到明显的提升。与此同时，这也对王室制度的合理性构成了破坏，也将戴安娜的"平民"出身演变成了具有英雄主义的特征。这也就不难理解为什么在生前她会成为人们议论英国政体的焦点，在死后她又成为人们反对君主制的焦点。

❶ N. Couldry. Everyday royal celebrity [A] //D. Morley, K. Robins. British Cultural Studies: Geography, Nationality and Identity. Oxford: Oxford University Press, 2001: 230.

❷ N. Couldry. Everyday royal celebrity [A] //D. Morley, K. Robins. British Cultural Studies: Geography, Nationality and Identity. Oxford: Oxford University Press, 2001: 225.

戴安娜，并非王室中一个简单的时代悲剧与错误，也并非一个错位的悲剧式大众名人，她的成名得益于一系列与王室传统名人不可分割的错综复杂的关系（对于整个国家而言，她早已成为不可分割的一部分），她是动用平民主义话语和虚构"平凡性"塑造出来的名人。在当时的英国文化氛围中，占据话语主导权的是普通大众而非精英阶层，而其他王室成员可能从来都没有机会参与过竞争来赢得公众的关注与兴趣，由于王室成员没有意识到自己的问题，公众似乎也对此不依不饶。

四、哀悼戴安娜

如果说人们对于戴安娜的悼念行为过于偏激，那么，这种行为的特征取决于两件大事。第一⋯⋯便是她的死亡——不可逆转、已成事实。第二⋯⋯便是戴安娜作为一个名人，对其他人的身份有效性发挥重要作用。❶

公众对威尔士王妃戴安娜的哀悼行为广受思考、分析和讨论，很多研究者都被公众表达情感的方式所震惊，因为在大多数人的记忆中，这些方式可谓前所未有。对于另外的一些研究者来说，他们会感到震惊是因为他们认为公众太容易上当受骗了，在他们看来，这种虚伪不堪的情感流露只不过是媒体精心编排的产物。有些人觉得，正是戴安娜特殊的名人身份引起了人们的兴趣与喜爱；而另一些人认为，正是这种名人身份令人感到不可思议，似乎任何人都应该对她有所回应，仿佛她就是

---

❶ R. Johnson. Exemplary differences：Mourning（and not mourning）a princess ［A］//A. Kear, D. L. Steinberg. Mourning Diana：Nation, Culture and thePerformance of Grief. London and New York：Routledge, 1999：23.

现实中的"真实人物"。许多学者对这种现象感到极其不安和困惑，他们发现自己很难与这些哀悼者产生共鸣，也很难理解哀悼者的悲伤，他们将这些现象看作某种奇怪的集体幻想症。而其他人，比如比阿特丽克斯·坎贝尔（Beatrix Campbell）在1998年出版的著作❶中，就利用这个机会解释了为什么这种现象不只是一个媒体事件，就其本身而言，它很可能被看作一次政治事件。

在文化研究中，这种困惑是可以被认识到的。对于过去被称为文化民粹主义的内容，人们的立场莫衷一是❷，而且对于如何解读名人的文化政治，人们也未达成一致意见，公共议程似乎和小报媒体的宣传策略是一致的，所以人们对此产生怀疑也可以理解。此外，文化研究也并没有对此做出明显的回应。尽管如此，学者还是将自己的精力投入了讨论之中。戴安娜于1997年8月去世，在当年年底，澳大利亚 Re：Public 出版社集团 [包括伊恩·昂（Ien Ang）、海伦·格蕾丝（Helen Grace）、露丝·巴肯（Ruth Barcan）、伊莱恩·拉利（Elaine Lally）以及贾斯汀·劳埃德（Justine Lloyd）等作者在内] 曾出版过一本名为《全球的戴安娜：文化研究与全球追悼》（*Planet Diana*：*Cultural Studies and Global Mourning*）的合集，该书旨在通过文化研究的视角分析戴安娜之死造成的理解危机。《银幕》（*Screen*）杂志的看点或许不在于参与大众文化热点话题的讨论，但它也专门为这场论争发行了一期特刊（1998年第39卷第1期，后来又陆续出了几期内容）。《银幕》里的文章合集也体现

---

❶　B. Campbell. Diana，Princess of Wales：How Sexual Politics Shook theMonarchy [M]. London：Women's Press，1998.

❷　J. McGuigan. Cultural Populism [M]. London：Routledge，1992.

了诸多投稿人对事件本质产生的严重分歧。同样有趣的是，编辑安妮特·库恩（Annette Kuhn）在序言中坦诚道，她对于在这项工作任务中供稿人提供戴安娜事件时的写作不当行为感到担忧。库恩谈到，她的投稿者"意识到要将自己的写作技能运用到这样一种具有非凡文化分量的现象中，是一项极大的挑战"。情况更加复杂的是，《银幕》中的特别论争不仅是一部现象分析类的作品，也是"经典意义上的哀悼行为"。❶

　　在诸多学术争论中存在这样一个至关重要的基本观点，即戴安娜这样的公众人物本身已经受到媒体的大量报道和呈现，因此，公众对戴安娜之死的反应不可避免地会妥协于媒体报道，但好像这样一种反应本来就是不合法理的。另一个相反的观点也很重要，且被那些投身于研究理解流行文化意义和乐趣（虽然这种做法令人感觉很不舒服）的学者们所接受，他们认为那些对戴安娜之死如此情绪化的人，不能被简单地理解为受到媒体操纵和愚化的结果。首先，除了这里所涉及的理论思考之外，由于这样的行为涉及的人群广泛，因此，会产生这种反应也不难理解。悼念者不仅包括社会各阶层人士（至少从参加戴安娜伦敦葬礼事件的人群中可以反映出这样的情况），还包括大量被边缘化或者处于少数地位的人群（如同性恋、有色人种等）。我们很难指望这些群体会对媒体的信息加以批判地吸收，或者在接受大众媒体对待权威的态度时会多加思索。

　　奇怪的是，关于本次事件的真实性与媒介性质之间的讨论，折射出媒体和文化研究在某些方面的失败，即它们未能正确理

---

　　❶　A. Kuhn. Preface to Special Debate：Flowers and tears – The death of Diana, Princess of Wales［J］. Screen, 1998：39（1）：67.

解媒体在想象中的社区——当然这里指整个国家——面对公共事件时所扮演的角色。当然，在这个例子中，它们也未能理解全球观众为什么会不约而同地对戴安娜之死做出反应。在《银幕》杂志相关的争论中，卡琳·贝克尔的贡献在于，她让人们注意到这种想法是多么天真，即人们想当然地认为有媒体就有现实，我们可以轻而易举地将两者区分为表象和现实；而且，如果其中一个是完全真实的，那么另一个必然就是不真实的。很明显，就媒体事件而言，有必要进一步说明的是，可能除了媒体提供的现实之外，并没有其他的现实存在。诸如戴安娜葬礼这样的媒体事件，它之所以"真实"，就是因为它只是一个媒体事件。正如贝克尔所说，在这种情况下，"在事件之外，媒体没有任何其他的立足空间，它仅仅是进行记录，就像理想化的记者们所持的立场一样"：

> 在这种情况下，媒体不仅是围绕戴安娜去世这一非凡事件不可或缺的组成部分，实际上还构成了戴安娜葬礼文化的一个表现部分，把它演绎成一种对集体追悼仪式的反应。❶

这是对于理想主义者有关媒体公共职能设想的一种行之有效的纠正，不过贝克尔的观点还有助于重申私自处理这类活动的重要性。她强调，这样的活动并非性质独特，只是规模庞大。她还描述了一个实际存在的例子，这比轻率地接受媒体之言或者相信更加糟糕的群体歇斯底里更具说服力：

---

❶ K. Becker. The Diana Debate: Ritual [J]. Screen, 1998: 39 (3): 292.

　　戴安娜之死以及举行葬礼之前的各种事件，与其说是人们观看和"消费"的事件，不如说是人们通过媒体以及其他私人或公共形式的文献记录与纪念内容参与的行为。……我认为媒体的角色，不是一些貌似真实的公众情感和事件参与的挪用者，而是作为合作者和共同缔造者，不可分割地与"公众反应"联系在一起，共同编织在当代生活中与仪式的形成和实施过程准确关联的现象和意义。❶

　　如果这个说法听起来有点乐观的话，其实还有其他的说法也认同媒体在日常生活建构过程中发挥的作用，不过那些说法并不一定认可媒体和公众在意义建构上是"合作者"。麦奎根（McGuigan）认为媒体和公众之间存在某种形式的伙伴关系，即贝克尔所提到的表现和意义的交易，他将戴安娜事件描述为一个"公众进行有效的情感交流和对生活行为展开争论的"场所。❷ 戴安娜是一个引人注目的例子，处于大家关注的中心，说明大众媒体通过利用名人和丑闻，实际上可能"推动或者扭曲公众对生活行为的思考"。❸ 尽管麦奎根对于媒体、舆论专家和公关人员的专业工作了如指掌，但他也指出，这一切并不仅仅局限于明星制造过程。如果说戴安娜和哀悼者之间的情感联系受到媒体的操纵，那么，在任何一个可以想象的社区（imag-

---

❶　K. Becker. The Diana Debate：Ritual［J］. Screen, 1998：39（3）：289.

❷　J. McGuigan. British identity and "The People's Princess"［J］. The Sociological Review, 2000（48）：11.

❸　J. McGuigan. British identity and "The People's Princess"［J］. The Sociological Review, 2000（48）：16.

ined community）之中，任何一个国家之中，各种关系都是如此。对比哈特利 1996 年在《大众现实》（*Popular Reality*）中的论述❶，麦奎根并不是将媒体完全看作公众的对立角色，他指出，我们需要媒体把想象的社区（或者如哈特利所说的公众）变成现实："在现代社会中，尤其是在短时间内，唯一能够构造想象的社区的方法，（便是）利用媒体、报刊以及最重要的电视的瞬时性（instantaneity）"。❷我们生活在一个由大众媒体关系组成的世界里，这些关系改变了我们日常生活的性质和组成部分。然而，同样值得注意的是，许多评论家反对媒体共谋论的论调，他们指出，人们对戴安娜之死的反应并非媒体精心策划的结果，而是媒体像其他普通人一样，在应对和解释这种突发事件时茫然不知所措，乱了阵脚。

最令人印象深刻的当属理查德·约翰逊（Richard Johnson）1999 年的著作❸，在书中他试图去理解这一事件，并对自己情绪反应的强烈程度进行解读。和其他许多作者一样，约翰逊承认他既对全球性的哀悼场面感到困惑，也对他所看到的人群的情绪表达感到同情。在一篇非常私人的随笔中，约翰逊通过审视自己的反应来解释所发生的事情，尤其是在他的妻子去世之后，这一切又与自己的悲伤经历紧密相连。他通过自我反思来证明两者之死是如何与自己的生活密切地关联在一起，这些都

---

❶ J. Hartley. Popular Reality：Journalism, Modernity, Popular Culture ［M］. London：Edward Arnold, 1996.

❷ J. McGuigan. British identity and "The People's Princess"［J］. The Sociological Review, 2000（48）：13.

❸ R. Johnson. Exemplary differences：Mourning（and not mourning）a princess ［A］//A. Kear, D. L. Steinberg. Mourning Diana：Nation, Culture and thePerformance of Grief. London and New York：Routledge, 1999.

清楚地证明了普通人对戴安娜之死的反应就如同对自己日常生活中不可或缺的人去世之时做出的反应一样。

在一开始约翰逊就承认，他"被戴安娜之死和其他哀悼者的行为所震撼"，也被自己为之落泪的行为"所震惊"，他一度怀疑可能是在妻子去世之后，自己太容易伤感落泪。不过他也意识到，妻子去世与戴安娜之死这两种情况存在"趋同现象"（convergencies），这两种情况所引发的感情之间存在重要的移情效应（transference）。因此，他对"哀悼戴安娜"能够产生共鸣，尤其是哀悼行为所激发出来的格外的悲伤之情，他也指出，与自己的许多同事相比，他有着更多的共鸣。❶ 然而，这并非源于某种智力上的差异，也不是某种情绪主义的表现形式。虽然他完全明白这种悲伤的短暂性，以及戴安娜作为公众人物被进行"大规模媒体化"的本质，但他仍很中肯地讲到，这种情况并不会在理论上产生重大的影响；不过这种经历是真实存在的：

> 但是，有些评论对"当面"哀悼和"媒介化"哀悼进行某种原则上的区分，对此，我是无法苟同的，这就像是将"自己好朋友的离去和某个虚无缥缈的媒体人物的逝去"进行对比。❷

至于媒体化的哀悼为什么会"虚无缥缈"、不够真实，

---

❶　R. Johnson. Exemplary differences：Mourning（and not mourning）a princess［A］//A. Kear, D. L. Steinberg. Mourning Diana：Nation, Culture and the Performance of Grief. London and New York：Routledge, 1999：18.

❷　E. Wilson. The unbearable lightness of Diana［J］. New Left Review, 1997, 226：136.

这就无从得知了。对于许多戴安娜的哀悼者来说，他们中的某些人确实见过戴安娜，哀悼的"真实性"已经足以在他们的日常生活中产生重大影响，并且引起大家的重点讨论。同样，戴安娜的名气，甚至是她的特权，本身不会影响人们在她身上投入的真实情感。❶

关于该话题，其他学者则认为，由于抒发悲情的对象是一个受大众欢迎的名人，这必然会使人们的情感价值大打折扣。约翰逊所证明的是，我们对受大众欢迎的名人的感情是如何融入他称之为"认同工作机制"（identity work）之中的。

因此，令人感到有趣的不是媒体对于戴安娜所产生的媒体内容，也不是伴随她的一举一动的流行表征，而是她被广泛叠加进入公众资源，进而生产意义、乐趣以及身份。对于公众而言，她在话语上的"可获得性"（availability）进一步加深了这一点。约翰逊说，她本身就具备可获得性，这种可获得性体现在她不仅有光鲜亮丽的形象，还是英国人民认同感转变的代表人物。她象征一种承认社会中边缘化人群或无家可归者存在意义的认可机制，一个不断承载"认同与非认同游戏"的客体，也是进行情感转移的客体，"这些情感与戴安娜本身的生死并无关联，却与其公众的一切生活息息相关"。❷ 约翰逊认为，正是因为这种可获得性才使得人们将戴安娜"看作一种可以投资

---

❶　R. Johnson. Exemplary differences：Mourning（and not mourning）a princess［A］//A. Kear，D. L. Steinberg. Mourning Diana：Nation，Culture and thePerformance of Grief. London and New York：Routledge，1999：18.

❷　R. Johnson. Exemplary differences：Mourning（and not mourning）a princess［A］//A. Kear，D. L. Steinberg. Mourning Diana：Nation，Culture and the Performance of Grief. London and New York：Routledge，1999：24－33.

的乐趣、身份与认知的代表",❶ 导致人们对于她的追思如此强烈：

> 她对传统的（王室）典型职能重新进行了有力的定义，并且对他人（尤其是那些遭受重大压迫和不幸的人群）的生活现实表现出某种认可，这让她得到了很多人的爱戴和欢迎，尤其广受那些生活中经历过悲伤和处于社会下层的人群的喜爱。无论是面对面，还是通过媒体传达的普通大众对她的广泛认同，都为一场充满激情的政治悼念奠定了基础。即使在她死后，戴安娜也给那些经历丧亲之痛的人群留下了哀悼的机会。评论家错误地将这次哀悼定性为编造的、感情用事的行为，而实际上，这是一种公众和个人用来表达悲伤和失却的典型方式。戴安娜社会关系的亲密性和广泛性（既有面对面直接的，也有通过媒体间接的）的不断放大，就如同现代国际媒体本身在不断扩张一样。❷

在本章大部分内容中，我之所以一直以戴安娜为例，是因为我认为她所发挥的作用是非常典型的——不仅对本书，对所有像我一样研究流行文化运作方式的人而言也是如此。在我看来，这好像是一个富有标志性的时刻，在这种时刻，人们在许

---

❶　R. Johnson. Exemplary differences：Mourning（and not mourning）a princess [A] //A. Kear, D. L. Steinberg. Mourning Diana：Nation, Culture and the Performance of Grief. London and New York：Routledge, 1999：36.

❷　R. Johnson. Exemplary differences：Mourning（and not mourning）a princess [A] //A. Kear, D. L. Steinberg. Mourning Diana：Nation, Culture and the Performance of Grief. London and New York：Routledge, 1999：37.

多领域已经乐于接受准社会关系，因为它是更加直接的关系的一种替代，在实际情况中已经完全被看作社会关系发挥作用。尽管当时人们已经对名人文化的研究表现出越来越浓厚的兴趣，但我们之中很少有人能够预测出戴安娜去世后这些社会关系表现出来的特征。因此，人们对戴安娜的去世以及对此悼念的反应具有共同特征，那便是大家惊讶地发现，在新闻刚发布出来的那一刻，名人的文化功能会显得如此突出。正如约翰逊所说，将这一现象看作媒体干预是不准确的，最初让人感到震惊的只是她的死讯，后来才是她去世的过程。对于戴安娜去世的深刻思考，对于她个人生活的回顾与评价，这些都是事后才发生的，目的只在于匆匆忙忙地追赶大众的情绪。戴安娜作为一介名人，又号称"人民的王妃"，成了一个非常有说服力的范本，说明在我们的生活中，大众媒体化的公众人物在当今扮演的角色没有得到人们的准确理解和合理评价。

然而，我并不想把它理想化，因为在我看来，这个过程至少有一部分是通过我们对名人作为商品的期望来运作的。我意识到，全球范围内对于戴安娜的哀悼与我们作为消费者对于名人商品的期望有很大关系，我们的期望依赖于所最喜爱的商品的可靠供应，我们完全期望这样一个人物能继续在我们的生活中发挥自己所分配给它的角色作用。沿用毕力格的观点，对戴安娜生活的持续讨论确实是一种商品行为，作为一种公共娱乐的方式提供给公众，同时人们开始审视麦奎根所说的"生活行为"的场所。❶ 有关戴安娜这个名人的叙事突然结束，以及它

---

❶ J. McGuigan. British identity and "The People's Princess"［J］. The Sociological Review, 2000, 1（48）: 111.

的爆发性和无法预料的特征，令人们感到极为震惊，而我们再也无法以同样的方式获得她的消息了。如果理查德·约翰逊的观点是正确的，那么这似乎确实是"身份工作机制"的原材料，而"身份工作机制"是约翰逊所概述的文化功能的基础，也就是通过文化消费构建身份的工作机制的基础。

五、文化身份建构

正如我们所见，在过去 10 年左右的时间里，许多关于媒体职能转变的讨论都注意到，媒体的信息职能已经被娱乐职能所取代。当然，并不是每个人都赞同这个观点，因此结论也就见仁见智。而对这一情形持悲观态度的人认为，这种转变使公共领域日益贫乏，持乐观态度的人则认为，与过去相比，媒体现在只是服务于不同的目的罢了。在服务这些不同目的的过程中，媒体能够发挥的最重要作用是个体、社区和国家的文化身份建构。正如我们在前一章中看到的那样，甚至那些被指责为造成公共领域贫乏的根本原因的娱乐节目，例如吐露心声类脱口秀节目，也因为积极参与身份建构被人们所讨论。因此，随着媒体在身份建构中发挥越来越积极的作用，随着我们的消费实践越来越多地反映出对身份表达的特殊选择，随着名人成为媒体内容中越来越常见的组成部分，名人成为新闻和娱乐媒体参与文化身份建构的主要场所之一，毫不奇怪。

约翰逊强调，在与戴安娜事件形成联系的这一过程中，会涉及"身份认同和不认同"之间的持续博弈（identification and dis-identification）。这不是指简单地给自己找一个可以效仿的榜样（或者相反），而显然是更加偶然和复杂的事情。此外，虽然约翰逊使用"身份工作机制"这一心理学术语来描述观众利用大众媒介化名人的形式，但仍有必要强调大众的名人消费乐趣的重要性。身份建构的乐趣至少和工作的乐趣一样重要，通过文化消费的实践，发现、想象和抛弃身份是可行的，这也是文化消费的巨大价值。网上许多的用户生成内容，包括混搭、模仿等，都可以通过这种方式加以理解。同样，当一本女性杂志向读者提供如何"明星化"她们的衣橱的建议时，这种做法既可能产生一种有趣而富有想象力的文化消费形式，也可能毫无疑问地支持了资本利益。

正如我们在第一章中所看到的那样，大卫·马歇尔明确阐述了文化身份的建构、个人主义和消费资本主义之间的话语和意识形态的联系，❶ 旨在论证这种联系的持续再生产体现了名人发挥压倒性的政治功能。同意这种论断有助于我们把名人消费放在一个不那么结构性的层面上考虑，把它看作一种高度偶然性和协商性的社会实践（contingent and negotiated social practice）。在这个层面上，名人是通过自主选择身份的相对（显然）自由来发挥作用的，这种相对自由激发了乐观主义。当然，不是只有乐观主义者才会相信这一点，尽管这样做需要一些选择和偶然性，但它保留了不只是一种沾沾自喜的政治的可能性。因此，克里斯汀·格莱德希尔（Christine Gledhill）可以从与马歇尔截然不同的视角解读"明星"的政治功能，格莱德希尔说，"明星的身份展现了个人生活的力量和物质上的成功"，因此，明星"涉及对于个人主义、消费主义和社会刻板印象（social stereotyping）的批判"；明星不是将消费资本主义

❶ P. D. Marshall. Celebrity and Power: Fame in Contemporary Culture［M］. Minneapolis and London: University of Minnesota Press, 1997.

自然化，而是"成为文化政治的对象"。❶ 对名人的恰当描述需要承认这两种可能性，同时也要一如既往地认识到，围绕这种文化政治的一个更大的框架决定了结构的效应。

当然，人们早已承认相互竞争的政治可能性之间的辩证法的重要性。理查德·戴尔在 1979 年❷和 1986 年❸的书中对明星所发挥的社会和文化功能的分析具有开创性，其中不仅保留了它们的相关性，且对一般意义上的名人文化功能进行了最有用和最简洁的分析。在《天体》（*Heavenly Bodies*）一书中，他提出了一个迄今为止依然是最为基础的观点："明星们表达了当代社会中人的意义，也就是说，他们表达了我们对人，对'个体'的特殊看法"。然而，他接着强调说，明星虽然完成了这项任务，但他们"做得如此复杂、如此多样——他们并不是简单地肯定个人主义"。相反，"他们清晰地阐述了我们每个人赖以生存的个体这个概念所代表的希望和困难"。❹ 互相竞争的政治和这种做法的双重可能性反映在任何特定明星的"表演、形象和表征"的复杂性和多样性上。事实上，由于表征领域符号学的丰富性，观众需要一个潜在的原则来统一可以附加到明星身上的丰富意义。正如戴尔所指出的那样，使一系列的表征得以连贯的是信念，这种信念——在生产时被强化，在消费过程

❶ C. Gledhill. Stardom：Industry of Desire ［A］. London and New York：Routledge，1991：xiv.

❷ R. Dyer. Stars ［M］. London：BFI.（Revised edition 1998，Stars：New Edition（withPaul McDonald），London：BFI.），1979.

❸ R. Dyer. Heavenly Bodies：Film Stars and Society ［M］. London：BFI/Macmillan，1986.

❹ R. Dyer. Heavenly Bodies：Film Stars and Society ［M］. London：BFI/Macmillan，1986：8.

中又被重申——的基础是一个"不可简化的核心"（irreducible core），❶ 即明星作为人的"真实身份"（true identity）。

德·科尔多瓦为这一信念提供了一个有趣的侧面。就电影明星制度的发展和20世纪早期精神分析学派的发展在时间上的重合而言，她敏锐地认为这是一种文化病理学的形式：

> （明星体系和精神分析）都以身份（甚至人格）作为对象：两者都依赖于表面和深度的模型，在表面现象背后寻找真实的身份；两者都从私人的、家庭的身份中寻找真相，而且都认为真相的核心是性。毫无疑问，重要的是，这两种思考身份问题的体系应该是或多或少地在同时发展，并且有许多共同关注的点，特别是如果我们承认在本世纪（20世纪）它们一起……完全主导了人们对于身份的思考。❷

文化身份和名人似乎有着共同的历史，甚至可能来自共同的源头。戴尔暗示，我们的兴趣与我们理解当前社会生产模式经验的需求直接相关：

> 我们之所以对明星着迷，是因为他们在某种特定的社会生产（资本主义）中，通过某种方式让一个人体验到他的存在，通过其特定的公共和私人领域的生活组织理解自己

---

❶ R. Dyer. Heavenly Bodies：Film Stars and Society［M］. London：BFI/Macmillan，1986：10.

❷ R. De Cordova. Picture Personalities：The Emergence of the Star System in America［M］. Urbana and Chicago：University of Illinois Press，1990：144.

的经历。我们喜爱明星，因为他们代表了我们所认为的那种体验，或者这种体验的美好。明星代表了当代社会中典型的行为、情感和思维方式，这些方式是由社会、文化和历史构建的。❶

然而，我们仍然需要更多地了解这种迷恋所表达的欲望的本质，这把我们带进了一个在现有文献中并没有被有效地研究的领域，我把这个问题留到另一个场合再做论述。

现在，我想把论点从广义的个人身份文化建构转移到一些更加具体的问题上。在整个20世纪90年代，文化研究越来越注重个人或者社区文化身份的建构，而忽略了之前对于表征和意识形态运作方式的关注。因此，名人和国家身份之间的关系——这个问题对于戴尔写出《明星》和《天体》两部著作具有重要意义——使人们在某种程度上对它的关注度有所减弱。在许多关于戴安娜王妃的讨论中，人们关注的焦点是她的全球知名度，而不是她与英国国家身份概念之间对话的特殊性。然而，约翰逊在后者上花了相当多的时间，旨在指出戴安娜与传统的英国特质之间复杂的修正主义（revisionist）关系是多么重要。正如他所描述的那样，"戴安娜版的英国"是与体制对立的：主张平民主义，致力于文化差异的重要性，承认人民是"公民"而不是英国王室的臣民。❷ 这样的建构意味着在

---

❶ R. Dyer. Heavenly Bodies: Film Stars and Society [M]. London: BFI/Macmillan, 1986: 17.

❷ R. Johnson. Exemplary differences: Mourning (and not mourning) a princess [A] //A. Kear, D. L. Steinberg. Mourning Diana: Nation, Culture and the Performance of Grief. London and New York: Routledge, 1999: 35 – 36.

某种程度上可能会产生让人误解的团结，但需要指出的是，她在英国和其他地方的名气，至少在一定程度上是建立在她挑战自满的英国国家身份的基础上的。

全球性的媒体名人反映了如今全球、国家和地方之间更加复杂的话语联系。然而，对有一类名人，我们不可避免地需要考虑他们与国家身份之间的关系。体育名人的塑造在很大程度上仍然是通过他们与国家身份的联系而进行的，他们经常正式地代表国家（如以国家队的形式参赛），而且他们的职业生涯取决于他们的表现是否出色。在大多数情况下，这种表现指的是他们的体育表现质量，但其他方面的表现也很重要，如赛场上的体育精神，赛后在酒吧庆祝时的行为，与公众共享飞机时的行为等。作为自己国家的或者其参与的体育项目的形象"大使"，行为得当的准则更加严格地制约着体育明星。例如，行为规范对英国足球队知名球员的适用要比对好莱坞电影明星的适用程度严格得多，因此，英国足球运动员韦恩·鲁尼（Wayne Rooney）想要从他的球迷和比赛管理人员那里得到的宽容程度要低于莱昂纳多·迪卡普里奥（Leonardo DiCaprio）想要从他的粉丝和行业那里得到的宽容度。此外，媒体可能会采取比球迷或者行业更加挑剔和道德规范要求更高的立场。

一般来说，与消费名人相关的身份建构过程不会涉及任何诸如扮演榜样之类的事情，但在体育明星的例子中，强调这一点是非常合理的。也许是因为19世纪末体育竞赛作为展示男性英雄主义的理想场所而形成的要有崇高理想的遗风，使得体育明星时刻牢记他们作为粉丝榜样的责任，这是很常见的事情。其他行业的名人可能无须这样做，例如，我们不会向奥兹·奥斯本（Ozzy Osbourne）或小罗伯特·唐尼（Robert Downey Jnr）

提出这样的要求。但应该承认，对体育明星发挥这一功能的期望似乎更多地基于体育管理者和体育媒体的态度，而不是体育迷的态度。当然，正如沃纳尔在《媒体体育明星》（*Media Sports Stars*）中所言："几乎没有令人信服的证据表明，公众眼中年轻的观众与明星之间的关系，就像'榜样'这个概念所暗示的那样简单。"❶ 我们也没有任何理由认为，与其他粉丝相比，体育迷对于媒体建构体育名人形象的性质知之甚少。尽管如此，一旦一个体育明星被认为"让球迷失望了"，或者在很多情况下，让国家失望了❷，那么面对他们的将是媒体的彻底谴责，并且在他们踏上赛场时，还可能遭到人们的奚落。体育明星作为模范人物的表现确实影响着他们对于职业的管理，也影响着围绕和刺激名人消费的话语。因此，体育明星是否真的起到了榜样作用并不重要，重要的是，他们在媒体和公共话语中通常被当作榜样的典型进行谈论，而且他们在这方面的表现能力是公众甚至国家都关切的事情。❸

这加重了体育名人的困境，因为体育正是植根于"公平竞争的道德结构，它起源于科林斯式的高尚的体育道德情操，以及独立于政治领域的争端，体育更加呼吁体育明星注重道德"。❹ 体育明星的职业生涯尤其容易受到盖里·沃纳尔在描述

---

❶ G. Whannel. Media Sports Stars：Masculinities and Moralities［M］. London and New York：Routledge，2002：7.

❷ 举例来说，根据沃纳尔对英国足球运动员保罗·加斯科因职业生涯的描述说明，加斯科因的主要过错不是让他的妻子、孩子或自己失望，而是让他的国家失望。

❸ G. Whannel. Media Sports Stars：Masculinities and Moralities［M］. London and New York：Routledge，2002：7.

❹ G. Whannel. Media Sports Stars：Masculinities and Moralities［M］. London and New York：Routledge，2002：7.

英国足球运动员保罗·加斯科因的职业生涯时所提到的"庆祝、越界、惩罚和救赎"这种大众媒体循环的影响。在大众媒体的循环圈外，小报的爆料、狗仔队的偷拍以及对感到委屈的朋友、配偶或者队友的采访、道德评论文章、悔过自白，甚至是政客的评论，被作为一种娱乐提供给公众，而体育明星或多或少地成了束手无策的参与者。当然，这些循环圈内的内容不是随意的，沃纳尔的著作探讨了社会对道德、社会行为和男子气概的焦虑，是如何通过表述和讨论体育明星的行为和表现来呈现的。与娱乐行业的同行不同，体育明星，尤其是男性体育明星，❶ 被要求具体地体现出当今社会中的英雄主义。体育明星努力满足这种诉求，有助于满足媒体对体育赛事的盛况进行细致报道的渴望。关注男性运动员如何表现，在促进麦奎根之前所说的"大众对生活行为的思考"方面发挥了作用。具有讽刺意味的是，由于过度关注道德和小报编辑的个人偏好，这种大众思考的发生在很大程度上与违反公认的行为规范有关，而不是与对规范的确认或者体育明星的表现有关。通常，会让体育明星遭受批评的在于他们在私生活上的不检点（如泰格·伍兹），而不是他们作为运动员的表现（尽管兰斯·阿姆斯特朗以涉及公众生活又牵扯私人生活的方式让人们感到失望）。

虽然体育明星具有这些特殊性，但大众对于体育英雄的消费方式在很多方面其实是在重复电影明星、电视名人和其他来自媒

---

❶ 沃纳尔在书的前言中指出，"这不是因为男性对于体育运动更感兴趣而女性对此不怎么喜爱，而是因为体育运动仍然明显地与男子气概的产生紧密相关。"（Whannel，2002：ix）这种情况使女性要取得男性那样备受瞩目的运动水平更是难上加难。当这些女性代表一个边缘化的群体——如澳大利亚本土运动员凯茜·弗里曼——时，那么她们所带来的身份工作机制就具有挑战性和实质性，这个问题本身值得仔细分析。（Hartley，2008）

体和娱乐行业的名人的消费模式。渴望真实——直击人格的核心，致力于发现"他们到底是什么样的"——对于体育迷和电影迷来说都是最基本的事情。体育迷在消费选择上也同样受制造体育明星的行业支配。事实上，根本在于沃纳尔所说的"生产性消费和消费性生产的悖论"（the paradox of productive consumption and consumptive production）这一悖论表示了我们既是自己快乐的生产者，也是消费者，但我们无法控制快乐的供应。或者就像沃纳尔详细阐述的那样："足球迷、音乐爱好者和其他狂热分子与他们所热爱的对象之间存在一种紧张而愉快的关系，同时他们也认识到，这种对象已经被商品化、被异化，变得遥不可及"。❶

　　我在接下来的章节中要讨论的是这种消费在不同语境下的运作方式，以及名人在文化功能之外发挥的复杂功能。我在本章研究的问题主要是名人消费的一种特别的生产形式——名人促成的"身份工作机制"。正如我们所看到的那样，名人极有可能在获得嘲笑和怨恨的同时也获得羡慕，所以还有其他一些处理方式，这些方式中的一部分我将在第六章讨论。然而，由于本章的大部分内容将名人的文化功能定位在媒体表征的消费背景中，因此在结束本章之前，有必要提出这个过程中存在的另一个问题。媒体表征形式融入我们日常生活的方式之一便是通过闲谈或者八卦（至少当话题涉及女性的时候，它通常被称为八卦；但是当涉及男性的时候，它就只是闲谈而已）。八卦是分享社会判断和处理社会行为的一种方式，无论是针对我们直接认识的人，还是针对仅仅通过媒体呈现而认识

❶　G. Whannel. Media Sports Stars: Masculinities and Moralities［M］. London and New York: Routledge, 2002: 201.

的人，情况都是如此。八卦也是社会和文化身份形成过程中的一种基本方式。

研究表明，谈论名人不是为了将他们的地位提升或使之理想化，让他们成为楷模。在八卦对象上，人们既会选择那些被认为是英雄的人物，也可能选择那些被嘲笑或者被怨恨的人。然而，重要的是，八卦似乎起到了同化和正常化的作用（assimilating and normalising function），提供了一种将名人及其故事融入日常生活的方式。乔克·赫尔墨斯（Joke Hermes）有关媒体观众的研究让她观察到受访者"对于名人生活细节的兴趣，与其他事情相比，似乎在于一种将名人带入普通人生活的方式，想象他们是普通大众大家庭中的一员"。● 赫尔墨斯接着表示，这就是西方社会的社会存在运作模式："将媒体人物视为真实的存在，并将其视为我们日常文化和情感体验的一部分，这是媒体文本产生意义的重要组成部分"。● 人们很容易低估这种意义生产的重要性，因此认为它根本不会发生。在戴安娜王妃的例子中，对这一过程中媒体操纵的关注妨碍了公众对于牵涉其中的中心关系文化功能的认识。在下一章，我想更多地谈谈八卦以及其他的一些名人消费模式。

● 罗杰克提供了这个模式的另一个版本：名人文化是动员抽象欲望的最重要的机制之一，因为它将欲望体现在有生命的物体上，使欲望人性化。

● J. Hermes. Media figures in identity construction［A］//P. Alasuutari. Rethinking the Media Audience: The New Agenda. London: Sage, 1999: 71.

第六章 消费名人

或许我们不喜欢千篇一律的名人，又或许我们根本就不喜欢任何名人，但正是因为这样一群名人存在，我们可以与之产生分歧和争执，如此就有可能构成一种归属感。通过赞美（或者嘲笑）名人，我们有可能超越我们认同的特定文化而找到不同的归属感。❶

一、名人观看者

第五章所要进行的分析之一，是找到一种方式来解释而不是否定公众对戴安娜王妃的喜爱。这种关注的结果必然会使人们将重点放在对名人的生产性消费（the productive consumption of celebrity），特别是名人在公众的身份形成过程中的参与方式。这必定是名人文化功能的一个主要方面，虽然戴安娜王妃的例子为研究这个方面提供了一隅之地，但它不是唯一的例子。名人并非总是以生产性或者进步性的方式被消费，正如我在本书中多次提到的，作为一种话语、一种商品、一种奇观，名人的突出特征是矛盾、含糊和暧昧（contradictions, ambiguities and

---

❶ M. Wark. Celebrities, Culture and Cyberspace: The Light on the Hill in a Post-modern World [M]. Sydney: Pluto, 1999: 33.

ambivalences）。从参加作家的各种节日到访问互联网上的名人色情网站，消费名人的形式和场所多种多样，各种形式和场所的参与模式可能会有很大的差异。如果对某个特定名人投入太多的情感，就可能会产生前一章中理查德·约翰逊所概述的那种紧张和反思性的体验，而其他形式的投入可能看起来完全是表面的，几乎可以随意发生。一旦我们开始谈论细节，可以很明显地发现，名人消费的高度个性化需要注意语境化。粉丝、读者和观众拥有最对自己胃口的名人个性和属性，他们会对此保持兴趣——他们也有坚持这么做的理由。❶ 重要的是要认识到，认为名人消费可以只通过一套原则来解释、只服务于一套政治或者只通过一种方式来运作，是对现行文化过程的误解。❷

在本章中，我想讨论更加广泛的消费实践，通过这些消费实践，名人的文化功能得以发挥。第一个变化在于，消费者对名人行业的反应明显体现了媒体素养的不同水平。可以这么说，有些人似乎容易轻信他们看到、听到或读到的"真相"，而另外一些人似乎非常了解行业的运行流程，因此知道其所见、所闻的被构建性。然而，所有的证据都表明，为了愉快地追求名人消费，人们不必一定要相信自己读到的关于名人的内容是真

---

❶ 赫尔墨斯对八卦杂志的女性读者的讨论，带给了大家一个非常有用的提醒。她的受访者坚持认为，相对而言，她们与这些杂志的接触不重要。尽管媒体和文化研究的批评家们可能认为自己知道很多，因此将女性的这种消费行为归结为政治意义（这样的例子有很多），但我认为值得注意的是赫尔墨斯的建议，即我们应该认真对待这些女性对自身经历的诚实评价。正如她所说的那样，我们需要接受这样一种可能性，即"媒体的运作并非总是有意义的"（Hermes，1995：15）。

❷ G. Turner, F. Bonner, P. D. Marshall. Fame Games: The Production of Celebrity in Australia [M]. Melbourne: Cambridge University Press, 2000: 178.

实的。

这将我们引向更基本的第二组变化，这些变化与消费者和商品之间关系的转变有关。约书亚·盖姆森发展了一种类型学，它描绘了观众对名人消费的参与程度和特征，他与"观看名人的观众"一起完成了对重点关注群体的研究，❶ 这项研究也是他的《声名鹊起》（*Claims to Fame*）一书中的一个部分。起初，他感兴趣的是名人的制造是否会因"隐形"而有所不同，以及宣传行业的运作知识是否会对名人观察者的参与度产生影响。他还测试了观众对名人故事"真实"程度的看法，以及这些看法是否对消费名人的内在乐趣产生重要影响。盖姆森根据重点关注群体的讨论结果将观众分为五种"观众类型"，第一种是"传统型"（the traditional）观众，这类观众认为名人文本（在他们使用媒体时遇到的有关名人的表述）是通过新闻媒体自然产生的现实的名人故事，而不是通过促销或宣传策略生产的，他们对名人制造过程的认识程度很低。正如盖姆森所说，这类观众对"名人故事的生产一无所知，只是被动地面对着名人故事，在它的思想和影响面前无能为力"。❷ 盖姆森将这一类型的观众与名人的互动描述为"模仿、幻想和认同"。❸

第二种观众类型是"二级传统型"（second – order tradition-

---

❶ 这是一个 3～8 人的小组，由中产阶级阶层的名人观者组成。盖姆森研究了这些人"大概一致但是随意关注的名人和经常阅读或者观看的精英型出版物或者项目（观看各种脱口秀节目一周一次或者更多，例如，每日一次或多次阅读一本娱乐杂志）"（Gamson，1994：145）。

❷ J. Gamson. Claims to Fame：Celebrity in Contemporary America ［M］. Berkeley：University of California Press，1994：147.

❸ J. Gamson. Claims to Fame：Celebrity in Contemporary America ［M］. Berkeley：University of California Press，1994：146.

al）观众，这类观众与传统型观众相比，多了一些诠释的能力，他们对于名人的解读可以被定义为现实主义：

> 名人"真实生活"的"内幕"以及见到名人"真实的本人"的机会可能会被用于了解真相和优点，剔除冒名顶替的人。[这些]观众看到的是一种更加复杂的叙事，其中宣传机制发挥了一定作用，但不会妨碍观众（对名人的）高度尊重。❶

这种类型的观众相信"名人实至名归"（deserving celebrity），也相信自己能够通过解读媒体对于名人的表述来辨别"真实性"。根据盖姆森的说法，他们也参与了对于媒体人物的模仿、幻想和认同，只是以一种更加协商的方式。

第三种观众类型的特点是，他们把媒体对于名人的表述或多或少地解读为虚构的、人为编造的故事，并需要进行一些评价和阐释。这些"后现代主义"的观众类型（postmodernist audience type）"了解名人制造，并致力于寻找证据和细节，拒绝或者不相信那些'自然崛起的'名人的故事，❷ 并认为它们是幼稚和虚假的"。后现代主义类型的观众并没有徘徊不前、原地踏步，而是对名人生产中的"技巧以及技巧本身"产生了积极的兴趣。❸

---

❶ J. Gamson. Claims to Fame：Celebrity in Contemporary America ［M］. Berkeley：University of California Press，1994：147.

❷ 盖姆森用这个词来表达名人的成名是"自然的"，是有机的结果，而不是专业的或行业制造的过程。

❸ J. Gamson. Claims to Fame：Celebrity in Contemporary America ［M］. Berkeley：University of California Press，1994：147.

　　第四种类型和第五种类型分别为"游戏玩家：八卦者"类型（Game player：gossiper）和"游戏玩家：侦探"（Game player：detective）类型的观众。这两类观众认为有关名人的故事内容是半虚构的，但他们不关心故事的来源，也不关心故事是否揭露了有关名人的"真相"，他们对于名人故事制造的认识程度为"中等至高等"。❶ 这些观众与众不同的地方在于，他们利用名人的材料作为娱乐、实验的对象，以及自己文化活动的素材。盖姆森说，尽管他们作为消费者的行为看起来像是粉丝，但是他们不会把名人作为一个系统进行投资："他们参与其中可能只是基于快乐，这种快乐避开了名人（实至名归的）成名问题，甚至利用了这些虚构的故事及其生产过程中形成的模棱两可性"。❷ 对于"侦探"类的观众而言，名人生产是一个巨大的话语游乐场；而对于"八卦者"类的观众来说，名人生产则是一个丰富的社会资源。正如盖姆森所说，这些观众"不是把名人当作模仿的榜样或者幻想的对象，而是把名人当作可以利用的机会"。❸

　　盖姆森的研究表明，名人系统之所以能够生存下来，正是因为它能够支持如此广泛的消费模式，而有趣的是，研究还偶然注意到了这些模式之间是相互支持的。根据盖姆森提供的证据，那些最相信名人表述的真实性的人，也是对名人制造过程了解最少的人；相反，那些对名人制造过程了解最多的人，对

---

❶　J. Gamson. Claims to Fame：Celebrity in Contemporary America［M］. Berke-ley：University of California Press，1994：146.

❷　J. Gamson. Claims to Fame：Celebrity in Contemporary America［M］. Berke-ley：University of California Press，1994：147.

❸　J. Gamson. Claims to Fame：Celebrity in Contemporary America［M］. Berke-ley：University of California Press，1994：147.

于确定名人本人的真实性这件事并不感兴趣。

这种分类非常有用，因为它为我们提供了关于互动模式和消费实践的描述，然而我也认为，当代的消费实践不一定完全符合盖姆森所概括的范畴。事实上，任何一个消费者都有可能在与名人打交道的过程中，时不时扮演这些观众类型中的不同角色。而且，名人的当代普遍性（contemporary pervasiveness）和文化流动性（cultural mobility）表明，观众采用的消费策略已经变得越来越成熟，也越来越灵活。关于这方面的证据，我将引用目前主导产业发展的媒体形式，诸如已经播放了 17 季的《单身汉》（*The Bachelor*）电视真人秀娱乐节目，正是在这个节目里，被构建和真实的模式相结合的形式为观众创造了游戏的"游乐场"。如果观众对这些方式下的各种协商谈判不感兴趣，那么他们就会错过游戏的许多乐趣。

因此，有人可能会认为，盖姆森所说的"游戏玩家"类型的观众是目前主流媒体形式中占据主导地位的观众类型，安妮特·希尔（Annette Hill）对《老大哥》的讨论暗中支持了这一观点。她描述了一种观察模式，这种模式表明，相当微妙和高度偶然的阐释和认同策略在发挥作用。她认为，观众把《老大哥》作为"游戏文档"（gamedoc，也就是一种游戏节目和纪录片的混合）看待，同时还追求希尔认为的那种名人消费素材的典型目标——区分人为制造的内容和真实的内容，试图发现参赛者"真真切切是什么样子"（盖姆森对于"传统型"观众划分的角色）：

在我看来，观众观看纪实电视节目的策略是已经超前了好几步。如果《老大哥》节目的部分吸引力是寻找与自我有关的真实时刻，那么观众对节目的表演和现实相混合的节目模式已经做出了反应，这种混合已经成为许多纪实娱乐节目的特征。"游戏"就是在引人入胜的场面或表演环境中寻找"真相"。❶

正如我所说，这是一种复杂的解读活动，我认为它是当代媒体消费的典型方式，这正是我们期望在八卦杂志中发现的东西，它也构成了马威克和博伊德❷强调的人们在使用推特时享受的主要乐趣之一。事实上，这是粉丝的行为，而不是普通消费者的行为，它反映了粉丝的消费模式已经从"狂热崇拜"变为主流模式，由数字化时代产生的个性化和交互性水平的提高已经成为消费过程的常规组成，在这个数字化的过程中，粉丝通过自己对于网络名人形象建构做出贡献而日益进入希尔斯所谓的名人"商品－文本"（commodity－text）之中。❸

也许这是为了使人们认识到名人消费的游戏性赋予一点特权——这种倾向在盖姆森和赫尔墨斯的著作中都有提及。不过，在这种情况下，这种游戏性的趋势确实具有策略性的意义，它有助于凸显我们所说的伴随名人消费而来的情感投资缺乏——抵消人们认同自己最喜欢的名人的那些媒体的惶恐不安，

---

❶ A. Hill. Big Brother：The real audience［J］. Television and New Media，2002，3（3）：337.

❷ A. Marwick，D. Boyd. To see and be seen：Celebrity practice on Twitter［J］. Convergence，2011，17（2）：139－158.

❸ M. Hills. Fan Cultures［M］. London：Routledge，2002：177.

这种不安会达到干扰他们日常生活和个人关系的程度。❶ 一个有关名人的更具新闻价值的学术研究由麦克卡森（McCutcheon）等在 2002 年❷和 2004 年❸完成，他们的研究称这种现象为"名人崇拜"（celebrity worship）——这个短语描述的是一种对名人谄媚的消费模式，这似乎是一种占主导地位的或者甚至是唯一的消费模式，目的是引起社会对其引发的病态的关注。仅仅用这些术语来描述名人功能，会遗漏掉大量可能由名人消费带来的乐趣。马克·安德烈耶维奇（Mark Andrejevic）在讨论知名网站"指谪电视"（Television Without Pity. com）上的粉丝参与现象时捕捉到了这种参与的矛盾本质。网站以其"讽刺挖苦"（snarkastic）的方式处理人们最喜欢的电视节目，经常会产生"讽刺挖苦和野蛮有趣地分享选中节目"的效果。尽管如此，网站仍被认为是一个"将热情和批评结合在一起"的标志，因为它"同时设置有两种完全不同类型的论坛：一种是为确实喜欢欣赏节目的严肃粉丝准备的论坛，另一种是为那些重点关注

---

❶ 为了反驳这一点，我们来看一看盖姆森对站在奥斯卡红地毯旁边的人群经历的描述。他强调整个过程有些玩世不恭，大众对于名人的兴趣千差万别。根据他的描述，观众对于明星的热衷与他们痴迷社交活动一样"可见的名人观看活动集中在集体体验上：观看者通过观察、识别和分类名人的'活动'交换少量信息，或者通过他们在这一奇观中共同的体验和角色来相互联系"（Gamson，1994：132）。最主要的隐喻就好像一项体育运动的参与者："他们的座位安排借用体育运动看台的安排方式，露天看台可以俯瞰名人到达的'场地'。人群的行为也在模仿体育赛事，他们吵吵闹闹——大声呼叫朋友，大声开玩笑，到处转来转去，随便和陌生人闲聊两句，或者集体发出抱怨之声。"（Gamson，1994：134）

❷ L. McCutcheon, R. Lange, J. Houran. Conceptualization and measurement of celebrity worship [J]. British Journal of Psychology, 2002, 93（1）: 67 - 87.

❸ L. McCutcheon, J. Maltby, J. Houran, D. Ashe. Celebrity Worshippers: Inside the Minds of Stargazers [M]. Baltimore, MD: Publish America, 2004.

节目观看者对所播放节目进行嘲讽的人们提供的论坛"。❶ 尖酸刻薄的讽刺、戏仿和嘲笑和愤世嫉俗的乐趣让这个网站变得极具吸引力，整个名人博客圈就好像被它"撒上胡椒一样"而异常活跃。

此外，与这种模式同时出现的，还有一些更有创意、更有趣的用户生成内容的游戏形式，把名人作为创作喜剧的素材。例如，基努·里维斯（Keanu Reeves）2011 年在英国广播公司早餐电视节目上接受采访时表示，《悲伤的基努米米》（*Sad Keanu meme*）的发行完全是"愉快的、单纯的乐趣"（good clean fun）。❷ 狗仔队拍到的基努·里维斯坐在纽约公园的长椅上，神情忧郁地吃着三明治，这张照片被人为处理成各种各样的图片：他的这个形象坐在米特·罗姆尼（Mitt Romney）的肩膀上，坐在克林特·伊斯特伍德（Clint Eastwood）在共和党大会演讲时说到的"空椅子"里，或者闷闷不乐地陪伴着一群玩过山车以寻求刺激的人们。基努形象的挪用与"名人崇拜"没有多大关系，但与这个形象的易获得性和可接近性以及它所承载的用来创造喜剧和娱乐的意义有关。

因此，这种倾向有助于反驳若利·詹森对于理查德·席克尔的消费病理化（见第五章）的批评，即它不应该仅被视为一种文化平民主义的观点。大量证据表明，对一些人来说，"玩乐"是对他们与名人产生联系的主导模式的准确描述。在某种程度上，盖姆森关注的是一群将整件事视为游戏的名人观看者。

---

❶ M. Andrejevic. Watching television without pity：The productivity of onlinefans [J]. Television and New Media，2008，9（1）：31.

❷ 感谢 2012 年 12 月克里斯·摩尔在迪肯大学名人研究大会的论文《我是互联网上的大人物：Reddit. com 和重塑名人》引起了我对于这个问题的注意。

他指出，真理与现实、真实性与非真实性的问题，并不是需要解决的问题，而是作为游戏的领域。他说，当代名人八卦的各种形式使这一点成为可能："名人八卦拥有令人愉悦的自由"，"恰恰建立在不受事实左右的自由之上"。❶ 这种素材的吸引力不在于它是否真实，而在于它促进了社会交换：

> 在几乎所有的社交场合，名人就像是几乎所有人都认识的邻居，他们的"信息"比你的朋友和同事的信息更容易被发现和分享。更重要的是，讨论名人的八卦比讨论熟人的八卦更自由，更像游戏：不会影响什么，也无须承担什么责任。❷

盖姆森对于这一问题的讨论，从对名人的观看者进行分类以便理解和区分他们不同的参与模式，转移到关注这些参与实践，其中最突出的内容是关于明星的八卦，在下一节，我想更详细地讨论一下名人八卦的社会功能。

二、八卦：大家庭、情景剧、报复

> 名人可以随意使用。流言昂贵无价。
>
> （报头上的座右铭，哦，不，他们没有！名人八卦网站。）

---

❶ J. Gamson. Claims to Fame：Celebrity in Contemporary America［M］. Berkeley：University of California Press，1994：177.

❷ J. Gamson. Claims to Fame：Celebrity in Contemporary America［M］. Berkeley：University of California Press，1994：176.

在本书中，我已经注意到八卦的社会功能——它在形成社交网络、评估行为、建立社区规范等方面发挥作用。之前我讨论了所交换的明显的"准社会"性质，在这一节，我将进一步探讨八卦作为一种消费实践的作用。我的出发点是林恩·斯皮格尔（Lynn Spigel）对于我所关注的相关现象的讨论。20 世纪 50 年代，电视家庭情景喜剧出现在美国城市家庭的日常生活中，林恩·斯皮格尔 2001 年出版的《欢迎来到梦想之家》（*Welcome to the Dreamhouse*）一书考察了美国电视观众和电视名人之间关系的早期发展，并将这种关系定位在战后的郊区。斯皮格尔把重点放在早期的家庭电视情景喜剧上，其中很多是从广播节目的形式转移到电视节目的形式，如《奥齐和哈里特的冒险》（*The Adventures of Ozzie and Harriet*）、《我爱露西》（*I Love Lucy*）、《乔治·伯恩斯和格雷西·艾伦秀》（*The George Burns and Gracie Allen Show*）等。斯皮格尔认为这些电视节目有助于模糊"电子空间和真实空间"之间的界限，电视上的家庭通常被描述为"真实的家庭，且只是碰巧生活在电视里"。❶ 她指出，这个理论适用于电视上的家庭，它们像尼尔逊（Nelsons）和鲍尔－阿纳兹（Ball－Arnaz）的家庭一样，也是现实生活中的家庭；也适用于非现实生活中的家庭，如《丹尼·托马斯》（*The Danny Thomas Show*）电视剧中的演员。斯皮格尔认为，这些电视上的家庭的功能之一是帮助调解美国人"逃往郊区"之后产生的疏离感：

---

❶ L. Spigel. Welcome to the Dreamhouse：Popular media and postwar suburbs [M]．Durham, NC：Duke University Press，2001：44.

对许多美国人来说，这些电视剧帮助他们缓解了从城市到郊区过渡的痛苦。但是，电视不仅为那些搬到郊区的居民提供了一剂补药，还带来了更好的东西：一种建立在虚幻的（而非真实的）朋友圈的感觉之上的，令人感到愉悦的模式。它提供了一个新的可能，那就是你可以一个人待在家里，远离隔壁那麻烦多事的邻居。它通过把社区置于一种虚构的距离，维持了社区团结和社交的理想状态。电视使人们得以进入一种想象中的社交生活，这种生活不是在桥牌俱乐部和麻将聚会的社区网络中共享，而是在哥伦比亚广播公司（CBS）、全国广播公司（NBC）和美国广播公司（ABC）的全国网络中共享。❶

由此，斯皮格尔接着指出，当时的电视带来了"一种新的社会体验，一种效仿真正友谊的逻辑……但又将这种体验转变为在家中观看电视的观众和电视人物之间共享的一种想象的社会关系"。❷ 这种关系远非不真实（这里她还叙述了受访者对于电视塑造的毕力格笔下的皇室家庭的怀旧之情），电视创造"在那里"（being there）这一感觉的能力生产了一种超现实主义。❸ 电视似乎属于更高层次的现实，而不是一个表征的领域。

虽然这适用于我们在本书中还没有真正涉及的媒体形式，但是对于它的描述是我们所熟悉的。这很容易转化为关于名人

---

❶ L. Spigel. Welcome to the Dreamhouse：Popular media and postwar suburbs ［M］. Durham，NC：Duke University Press，2001：45.

❷ L. Spigel. Welcome to the Dreamhouse：Popular media and postwar suburbs ［M］. Durham，NC：Duke University Press，2001：46.

❸ L. Spigel. Welcome to the Dreamhouse：Popular media and postwar suburbs ［M］. Durham，NC：Duke University Press，2001：46.

八卦能够发挥什么作用的争论，事实上，上面斯皮格尔的描述和下文尼尔·加布勒（Neal Gabler）对沃尔特·温切尔发明的八卦新闻体裁的吸引力和社会功能的描述之间存在很多相似之处：

> 社会学家路易斯·沃斯（Louis Wirth）指出了社区概念和社会概念的不同。社区概念是个人之间相互认识并通过亲属关系和邻里关系联系在一起；而社会概念是次要关系逐渐取代主要关系。20 世纪 20 年代，当美国从一个社区概念转变为一个社会概念时，八卦似乎为社会提供了社区所没有的一个要素：一个共同的参照系。在八卦中，每个人都被当作熟人对待，否则这些闲话就没有了意义。在八卦的世界，你可以在全国范围内筑起一道"后院围栏"（a national backyard fence），所有美国人都可以从围栏探出头去聊天。❶

这种分析角度引起了这样的一种想法，即我们与这些媒体人物的互动，以及我们关于他们的对话，可以从他们参与社区建设的角度来理解。尽管在日常生活中，八卦常常会产生贬义的联想，但赫尔墨斯的观点仍得到大量支持。赫尔墨斯认为，她所说的"严肃的八卦"可以在"扩大读者的私人世界，建立更加道德的社区"方面发挥作用。❷

---

❶　Neal Gabler. Walter Winchell：Gossip, Power and the Culture of Celebrity [M]. London：Picador, 1995：80 – 81.

❷　J. Hermes. Reading Women's Magazines：An Analysis of Everyday Media Use [M]. Cambridge：Polity, 1995：120.

　　赫尔墨斯的评论源于她的一个研究项目，在研究期间，她采访了荷兰女性八卦杂志的读者。这项研究承认了斯皮格尔所说的对于"想象性社交生活"的愉快建构，赫尔墨斯认为，这种虚构的社会生活的运作方式，可以通过关注建构性的话语来理解，关于名人的闲聊通过这些话语才得以发挥作用。在她的研究中，关于名人的话语有两种主要的"剧目模式"（repertoires），其中之一为"大家庭剧目模式"（extended family repertoire）。这种模式通过"亲密的讨论，将一大群人带入个人的私人生活"，可以扩展我们生活其中的社交和道德社区，提供了"通过把明星纳入其中来扩展你的家庭的乐趣"❶：

　　　　在想象的层面上，它帮助读者生活在一个比现实生活更广阔的世界里——一个由情感纽带支配的世界，它可能会因离婚等事件而动摇，但从未受到过严重的威胁。现实社会中存在的如高离婚率、破碎的家庭、离开家后几乎见不到孩子等问题，都暂时得到缓解。八卦的世界就像肥皂剧的世界：无论发生什么，它都不会分崩离析。❷

　　名人像家庭成员一样融入了日常生活，但不具有家庭成员通常涉及的责任和义务。这一点，结合上一节所讨论的名人八

---

❶　J. Hermes. Reading Women's Magazines：An Analysis of Everyday Media Use［M］. Cambridge：Polity，1995：124.

❷　J. Hermes. Media figures in identity construction［A］//P. Alasuutari. Rethinking the Media Audience：The New Agenda. London：Sage，1999：80. 与我们在前一章对戴安娜王妃之死的讨论相比，这样一个观点是有意义的。事实是，事情如此戏剧化地分崩离析，而不是继续为我们提供肥皂剧娱乐，这是她的死亡令人震惊的方面之一。

卦潜在的娱乐作用，有助于解释名人八卦的有效性和吸引力。

虽然名人八卦提供了一种富有想象力的方式来丰富个人社区，但它也驯化了欲望，产生了一种平衡的效果，抵消了在其他情况下媒体与观众之间权利关系的不对称性。在概述"游戏玩家：八卦者"这种观众类型的政治思想体系时，盖姆森强调了这种潜在的可能性：

> [这种类型的观众] 拒绝剧本将生产系统整合到赢得声誉的故事情节中，他们通常知晓这种编造故事的技巧和操纵方式，但只是漠不关心而已。从本质上讲，八卦拒绝了剧本所提供的威望和赞美，也拒绝了名人与观看者之间的垂直关系，相反，它选择了一种八卦者之间的集体评价和横向关系体系。❶

斯基格斯（Skeggs）和伍德（Wood）对改造类的真人秀节目的观众进行研究时，发现类似的过程同样存在，观众参与了斯基格斯和伍德所谓的"价值竞赛"（tournaments of value），解释着他们看到的东西。他们通过对话对所描绘的行为进行评估和评价，将银幕上的表演与观众的日常生活结构重新结合起来。盖姆森并不是唯一一个把八卦视为一种社会和文化授权形式的人，尼尔·加布勒在为沃尔特·温切尔撰写的传记中也表达了类似的观点：

---

❶ J. Gamson. Claims to Fame：Celebrity in Contemporary America ［M］. Berkeley：University of California Press，1994：177 – 178.

温切尔在贫困的环境中长大，缺少关爱，对社会地位比他高的人怀有深深的怨恨。他明白，八卦远远超出了新闻偷窥的基本吸引力，成为赋予读者和听众权利的武器。入侵名人的生活，揭露他们的秘密，迫使他们就范，八卦使名人人性化，并在人性化的过程中表明名人并不比我们普通人更好，在很多情况下甚至比我们更糟。❶

赫尔墨斯概括出的名人话语的第二个"剧目模式"是情节剧（repertoire of melodrama）模式。这个模式以一种非常不同的方式创建社区，而且更加矛盾、更加复杂：

情节剧的剧目可以涉及苦难、戏剧，可以通过多愁善感、追求轰动效应进行识别，也可以从它的道德底色中进行识别。情节剧中的生活被离奇地放大，在俗世世界中（In the vale of tears），名人扮演着至关重要且高度刻板的角色，让人联想到民俗文化和口头文化。❷

当"观众感到愤怒、震惊或者深受感动，并希望明确地评价他们所听到的内容时"，❸ 这一剧目模式就开始发挥作用。名人成了人们讨论和评价日常生活中如离婚、死亡、事业上的失望等戏剧性事件的场所，在表述名人生活时进行大肆渲染，似

❶ Neal Gabler. Walter Winchell：Gossip, Power and the Culture of Celebrity ［M］. London：Picador, 1995：xii.

❷ J. Hermes. Media figures in identity construction ［A］//P. Alasuutari. Rethinking the Media Audience：The New Agenda . London：Sage, 1999：80.

❸ J. Hermes. Reading Women's Magazines：An Analysis of Everyday Media Use ［M］. Cambridge：Polity, 1995：131.

乎是其戏剧性功能的一个关键组成部分，但讨论者的情感不一定是慷慨的或者善良的。事实上，赫尔墨斯提到，她的一些受访者向她举例说明了"他人的痛苦如何能够让他们感觉自己的生活更好"，或者他人的痛苦如何帮助他们处理自己的挫折或者悲伤。❶

这是一种消费模式，一方面助长了情节剧消费者夸张的想象力，另一方面也积累了社会上的怨恨：

> 在情节剧的核心，还有一种深刻传达出来的感觉，那就是世界是不公平的，这指向一种更加集体的社会不平等的感觉。当"富人和名人"（正如我的一位读者所说）的事情变得糟糕时，观众就会得到一种享受，这是一种广义上（而非政治上）想象正义正在发挥作用的方式。怜悯同情和愤慨不满是阅读八卦杂志时同等重要的两个乐趣。❷

同样，尼尔·加布勒在讨论沃尔特·温切尔专栏的政治性时，采用了类似的表述。八卦专栏在这方面也让一切回归正轨，为"在腐败世界中的正义"（justice in a corrupt world）服务。温切尔的创意被描述为一种反抗的行为，赋予八卦读者能力，能够通过借用富人、有权有势者、名人和特权阶层的形象生产意义并进行报复。❸ 同样，伊恩·康奈尔在 1992 年所撰写的书

---

❶　J. Hermes. Media figures in identity construction ［A］//P. Alasuutari. Rethinking the Media Audience：The New Agenda. London：Sage，1999：80.

❷　J. Hermes. Media figures in identity construction ［A］//P. Alasuutari. Rethinking the Media Audience：The New Agenda. London：Sage，1999：81.

❸　Neal Gabler. Walter Winchell：Gossip，Power and the Culture of Celebrity ［M］. London：Picador，1995：81.

中坚持认为，小报对待名人的方式不是提供名人形象供大众崇拜，相反是一种加剧"民众挑战特权"的手段："它们是民众可以最大限度地对于那些来自普通背景、'以令人可以理解的'形式成功的人表达和发泄压抑沮丧和愤怒不满的方式"。❶ 不过，他指出，表达这种沮丧和愤怒可能是很有趣的，或者用他的话说，是一种"有力而愉快的参与"。因此，这对于制造这些名人的社会和媒体机构并不构成对抗。更具体地来说，他认为，人们不会"反对授予特权。他们只是觉得特权被授予了错误的人——授予'他们'而不是'我们'——他们因此感到愤怒"。❷ 所以，细节很重要。因此，做出讨厌哪些人的决定需要与他人一起做出高度复杂的判断，这种判断形成于和他人的社交、辩论或对话中，通常是以比较愉快的方式做出的决定。

不过，赫尔墨斯强调，这两类名人话语的"剧目模式"都受到"渴望社区和努力加强社区"的驱动，她认为这是"所有八卦的固有属性"。❸ 在提出这一点时，赫尔墨斯正在努力挑战一个常识性的命题，即名人的八卦是关于评价和模仿榜样人物的言论。❹ "根据我的研究发现，"她说，"两种模式阅读名人八卦杂志的习惯不是围绕于完美自我的幻想，而是围绕于归

---

❶ I. Connell. Personalities in the popular media ［A］//P. Dahlgren, C. Sparks. Journalism and Popular Culture. London：Sage, 1992：74.

❷ I. Connell. Personalities in the popular media ［A］//P. Dahlgren, C. Sparks. Journalism and Popular Culture. London：Sage, 1992：82.

❸ J. Hermes. Reading Women's Magazines：An Analysis of Everyday Media Use ［M］. Cambridge：Polity, 1995：128.

❹ 我很感谢艾伦·麦基，他指出关于榜样的争论有一个例外。对于社区的特定人群——同性恋者、残疾人、有色人种等——更正确的认识是，这些群体中的某些突出的代表人物将作为值得效仿的榜样，因为这些群体并不经常被看作正面例子出现在媒体上。

属感的幻想，即对大家庭或者道德共同体的归属感的幻想"。❶

　　库尔德利关于追随名人是一种努力进入社会中心的观点可以与此相呼应。盖姆森在对洛杉矶举办的奥斯卡金像奖颁奖典礼上的一群观看名人的观众进行分析时，认为这种观看名人的现象也有暗示这种动机的迹象。盖姆森站在露天看台上，与红毯旁的人群一起等待明星的到来，并注意分析观看名人的观众对自己关注的对象的行为。他提到的一个细节是，观看者认为从那些红毯上走过的名人那里获得认可非常重要。其中非常有趣的是，由哪位名人提供这些认可并不重要，因为任何拥有这种身份的人的任何形式的认可，都被名人观看者视为一种认可。这意味着他们进入了社会权力的中心，尽管时间很短暂：

　　　　这些名人即使并非传统意义上的权力精英，也会被视为拥有权力的精英，无论这种权力多么短暂。在民主社会中，个人的卓越、自我的重要性、光辉和荣誉在意识形态上具有不确定性，也难以实现。作为精英，名人会对这个问题进行调和，他们因为受欢迎被合法化，在数百万双眼睛的注视下显得卓越不凡，也因为被人嫉妒而显得与众不同、魅力四射。❷

　　重要的是我们需要认识到，我在这种情况下所讨论的八卦的社会功能背后的矛盾性。就像我们在本书中看到的其他概念

　　❶　J. Hermes. Reading Women's Magazines：An Analysis of Everyday Media Use［M］. Cambridge：Polity, 1995：132.

　　❷　J. Gamson. Claims to Fame：Celebrity in Contemporary America［M］. Berkeley：University of California Press, 1994：132.

一样，名人通过八卦被加工成一种引人注目的商品——其本身很有趣，很有娱乐性。然而，他们也被乐此不疲地挪用到传统赋予八卦的社交任务中：人们通过谈论所有"了解"的名人来分享判断、价值观和规范。通过八卦来构建社区是一种多面性的活动：表达钦佩、阶级嫉妒、报复，或者只是传播可能不真实却很有意思的谣言。

或许，赫尔墨斯和盖姆森研究的巨大价值并不在于它们解释了名人在他们所考虑的特定情况下发挥的作用，虽然这个问题被论述得很好，但它也展示了名人的社会、文化和政治偶然性。我们有必要记住，与普通意义上的流行文化一样，这是一个由各种文化关系决定的领域，而不是一个不变的结构体系，如果人们试图解读它在特权方面显示出的政治功能或者文化意义，就必须以特定的历史节点为背景。到目前为止，还没有多少关于名人消费的论述开始着手做这样的事情。在下一节，我将简要谈论这方面的一个例子。

三、消费的历史：追星

> 你认为名人是什么？他们是别人送给我们的礼物，给我们带来了快乐。
>
> ——出自 20 世纪 80 年代的名人安杰琳（Angelyne），转引自盖姆森（1994：1）。

当然，大家可以见到针对个别明星的历史研究，或者针对名人的案例研究，戴尔 1986 年出版的《天体》就是一个重要的例子，而马歇尔 1997 年对奥普拉·温弗瑞和街头顽童合唱团（New Kids on the Block）的研究，以及凯什摩尔（Cashmore）

2003 年对大卫·贝克汉姆的研究，是相对而言为数不多的对一些电影明星之外的名人进行的研究。电影仍然是名人研究中最发达的领域，而且，观众的社会历史研究也成为电影明星史学研究中越来越重要的一个部分。米里亚姆·汉森（Miriam Hansen）1991 年对无声电影观众的研究尤其具有影响力，它展示了人们如何在历史的维度应对这种现象。当然，对汉森而言，她无法直接接触到粉丝的证词，因此没有把研究建立在 20 世纪 80 年代开始的电视观众研究之上的可能性。因此，我在这里想到的是多萝西·霍伯森（Dorothy Hobson，1982）❶、伊恩·昂（Ien Ang，1985）❷ 和大卫·莫利（David Morley，1986）❸ 提供的电视观众研究模式。然而，与伊恩·昂 1985 年的著作《观看达拉斯》（*Watching Dallas*）所采用的方法类似，杰姬·史黛丝（Jackie Stacey）1994 年出版的著作《追星记》（*Star Gazing*）能够做到与电影观众直接接触，并在观众谈论自己经历的来信中得到信息。

尽管书名如此，但史黛丝的书与其说是关于明星的作品，不如说是关于明星观众的研究。她研究的对象主要是 20 世纪 40 年代和 50 年代的美国女电影明星以及她们的英国影迷。《追星记》聚焦于女性粉丝的记忆和联想，目的是了解女电影明星特殊的吸引力，由此考察了明星能够发挥的作用，她们能够提供的乐趣，以及她们如何融入观众的日常生活。有时，人们关

---

❶ D. Hobson. Crossroads：The Drama of a Soap Opera ［M］. London：Methuen，1982.

❷ I. Ang. Watching Dallas：Soap Opera and the Melodramatic Imagination ［M］. London：Methuen，1985.

❸ D. Morley. Family Television：Cultural Power and Domestic Leisure ［M］. London：Comedia，1986.

注的焦点其实并不在名人身上，史黛丝就声称这本书是关于"英国白人女性对魅力、美国性和自我的幻想"的研究作品。❶明星成为一种有效的手段，为论述一系列当代其他研究主题提供了分析性的途径。"二战"后，受到现代化和美国化的影响，英国的流行文化发生了戏剧性的转变，而且大众对消费主义话语的接受程度也大为提高，这两点都在史黛丝这本关于女性经历的书中得到了很好的体现。

　　史黛丝的研究有一个特别的优点，就是对"电影为观众提供了一种逃避现实的方式"这一观点进行了细致入微的分析。她为我们提供了一种经过修改和革新的逃避主义概念，这种概念拒绝接受常识性的假设，即逃避主义可能构成对当代现实不负责任的漠视。事实上，正如史黛丝所说，她已经"扭转"了逃避现实的负面含义，并以此作为严肃对待"逃避现实的乐趣"的出发点：

　　　　我所分析的观众对明星的记忆突出了逃避现实为女性观众提供快乐的许多层面：物质的、感官的、情感的和精神的。例如，影院的内部提供了一个乌托邦式的空间和大量的感官奢侈品，存在的感觉（the feelings of being）让观众产生了一种归属感和同在感（a sense of belonging and to-getherness）；而明星则被视为乌托邦式的超验幻想。因此，起作用的不仅是电影文本的视觉愉悦，还有鼓励观众完全

　　❶　J. Stacey. Star Gazing：Hollywood Cinema and Female Spectatorship［M］. London：Routledge，1994：17.

沉浸于另一个世界的一系列吸引力。❶

　　考虑到这是"二战"时期以及战后不久英国女性可以从中寻求释放的世界，就不难看出为什么这种观看电影的愉悦被观众热切地去追求。

　　史黛丝对受访者叙述的询问表明，电影在为女性提供话语方面是多么有用，通过这些话语，她们可以构建自己的身份；电影作为女性的社交空间是多么令人愉悦；为了帮助我们理解女性观众和银幕上的女明星之间的关系，长期以来对女性观众的描述需要多么具体。值得注意的是，她们描述的这种关系并不是静态的。在撰写《追星记》的过程中，史黛丝强调"这时英国女性观众的观影方式已经发生了重大转变"。她认为，在"二战"和战后时期，好莱坞明星的形象是通过"不同的话语表述的，在一系列象征性层面上把观众与明星之间的距离最大化"：

　　　　这种话语的不同不仅体现在人们注意到对于20世纪40年代生活简朴的英国来说，好莱坞的魅力是一种不可能实现的理想；还体现在这个时候，"美国性"仍然保持着他者的那种魅力。因此，明星与观众的经济距离和地理距离，一同形成两者不同的文化认知。对于"二战"和战后的英国，"距离"代表了女性观众与好莱坞明星之间象征

---

❶　J. Stacey. Star Gazing：Hollywood Cinema and Female Spectatorship ［M］. London：Routledge，1994：122 – 123.

性的空间位置。❶

在这一时期，明星是梦幻人物，在粉丝看来，明星是难以想象的财富和魅力的象征。魅力也成为一个相当关键的术语，用来区分英国和美国电影中女性气质的构成：由于魅力的原因，"明星"来自好莱坞，而"演员"来自英国电影。❷ 这种潜在的差异戏剧性地反映在当时英国最基本的消费水平上，英国女性不仅很少有机会复制她们在屏幕上看到的女星的魅力，而且几乎没有机会买到衣服。❸

然而，随着英国从这一时期开始崛起，以及20世纪50年代中后期消费主义在整个社会的扩展，好莱坞的粉丝和英国的影迷之间的象征性和物质方面的距离逐渐缩小。消费与好莱坞明星一样的商品的机会增加了粉丝与这些明星在象征意义和想象方面的接近程度，也在某种程度上扩大了他们通过商品消费与这些明星保持相似的实际可能性。与此同时，20世纪50年代英国流行文化日益"美国化"，并逐渐模糊了过去10年形成的英国与美国文化生活之间巨大的地理和文化差异。作为这些转变的结果，史黛丝的受访者记录了好莱坞明星定位方面发生的重大转变：

　　　　观众对明星的记忆暗示了自我形象与明星理想形象之间日益增强的互动关系，通过购买与特定明星相关的商品，

---

　　❶ J. Stacey. Star Gazing：Hollywood Cinema and Female Spectatorship［M］. London：Routledge，1994：234.

　　❷ J. Stacey. Star Gazing：Hollywood Cinema and Female Spectatorship［M］. London：Routledge，1994：113.

　　❸ J. Stacey. Star Gazing：Hollywood Cinema and Female Spectatorship［M］. London：Routledge，1994：114.

打开了更加接近屏幕上理想明星的多种可能性。模仿性的自我转变通过消费获得可以想象的可能——无论是玛丽莲·梦露的套装或者金发，还是多丽丝·戴（Doris Day）的风格和衣服的面料、颜色。这些明星身份加女性气质的伪装（masquerades of stardom – femininity）是理想品质的体现，使理想的对象更接近自我。❶

有趣的是，我们在马歇尔 1997 年❷或者德·科尔多瓦 1990 年❸的著作中的发现，对消费资本主义和好莱坞之间的联系提供了一种略微不同、或许更加微妙的解读。对消费者个人需求的关注，使好莱坞明星创造的商品消费恢复了文化生产的可能性，而不是仅具有经济生产的可能性。

从某种角度来看，这可能不会被视为特别符合女性的利益，因为女性身体的物化（objectification）是其影响之一。然而，史黛丝的自身对这种微妙复杂的关系比较警惕，即使它们似乎已经完全被商品化。她认为"女性观众的消费行为并不能完全通过这种方式从男权文化中复制过来"：

> 矛盾的是，在 20 世纪 50 年代中后期的英国，女性观众在商品消费上关注的是把自己变成一个令人向往的对象，这同时也提供了一种逃避家庭生活、母亲身份的方式，而

❶　J. Stacey. Star Gazing：Hollywood Cinema and Female Spectatorship［M］. London：Routledge，1994：236.

❷　P. D. Marshall. Celebrity and Power：Fame in Contemporary Culture［M］. Minneapolis and London：University of Minnesota Press，1997.

❸　R. De Cordova. Picture Personalities：The Emergence of the Star System in America［M］. Urbana and Chicago：University of Illinois Press，1990.

这种家庭的日常琐事在当时越来越成为定义女性特征的标志。❶

然而，史黛丝也描述了一种观念上的转变，在这个转变过程中，好莱坞明星不再被认为是来自另一个星球的人物，而是被理解为一种可能触及的理想，对照这样的理想，观众可以建构自己的身体和身份。这种转变带来的结果是，消费品文化消费过程得到强化，而这一过程中各种便利手段的增加，成为好莱坞明星与他们的英国观众之间想象性关系历史的一部分：

> 我的论点……并不是基于这样一种假设，即当时所有的女性观众都有无限的能力去购买她们在好莱坞电影中看到并渴望的任何服装。事实上，这种奢侈仍然是少数人的特权。相反，我的意思是，这种商品在英国商店的普遍存在，以及由此产生的想象购买的可能性，将好莱坞明星的象征意义从遥远的另一个世界的欲望对象转变为让观众更加熟悉的、日常生活中可以通过消费来复制的女性气质的标志。❷

不难看出，如今的女性杂志、电视生活方式和化妆节目以及网络上都出现了这样一种趋势，即提供各种指南，告诉人们在哪里可以购买到图册中明星所穿的同款服装，或是更便宜的

---

❶　J. Stacey. Star Gazing: Hollywood Cinema and Female Spectatorship [M]. London: Routledge, 1994: 237 - 238.

❷　J. Stacey. Star Gazing: Hollywood Cinema and Female Spectatorship [M]. London: Routledge, 1994: 240.

仿制品。我们也不难看出，在这一过程中，孕育着当代名人演变成文化身份建构的关键内容的种子。

虽然这项研究在当代理解名人消费上产生了很大的共鸣，但史黛丝仍谨慎小心地区分了"历史时刻"（historical moment）和观众的"地理位置"（geographic location）这两个术语。文化过程发挥作用既是偶然的，又是决定性的，而不仅仅是文本形式或者促销实践的必然结果。史黛丝描述的是一种关系转变，当她的受访者和女明星之间的距离缩小时，相关的话语结构就会从以前的逃避转向现在的认同。然而，尽管她（颇有说服力地）描述了这种转变，但她还是小心翼翼地避免落入 20 世纪 70 年代把观众本质化的银幕理论（screen theory of essentialising spectatorship）设置的陷阱。她说，为解释这种转变而进行的详细的历史研究不应该消除"女性观看行为的多重意义的复杂性"。❶《追星记》是研究一部分观众在特定时间、特定地点把电影明星置于复杂的、多样的媒介用途的典范之作，因此，如果我们想要更好地了解名人的当代消费，该书为文化研究者在当代开展进一步研究提供了一个榜样。

四、在线消费名人

正如我们所看到的，在过去的 10 年里，名人在网络上和社交媒体上的出现改变了名人的生产和消费模式。现在网络上有太多的名人内容——博客、新闻公告专栏、官方名人网站，以及为来自所有其他平台的新闻媒体提供在线服务的网络。此

---

❶ J. Stacey. Star Gazing：Hollywood Cinema and Female Spectatorship［M］. London：Routledge，1994：239.

外，还有各种各样的互动模式，通过这些模式，名人消费得以发生，以至于能够产生新的、经过修改和补充的名人内容，这些名人内容进而被转移到官方网站、推特甚至晚间新闻上。到目前为止，我们已经讨论了在社区和身份建构方面具有生产性和发挥积极作用的名人消费模式，同时，我们也遇到过这样的争论，即对于名人进行正面消费也可能带来危险。在我看来，"名人崇拜"模式（celebrity worship paradigm）是最没有说服力的一种。在本章的最后部分，我想讨论网上名人消费的方式。网上的名人消费能够更加准确地反映消费的主导模式，也证明了当大多数人面对网上对于名人的表述时，"名人崇拜"会变得微不足道。

在许多最引人注目的名人八卦网站中，如佩雷斯·希尔顿（Perez Hilton）、"噢不他们没有"（Oh No They Didn't）、肤浅（The Superficial）等，有大量的材料复制了我们讨论的关于媒体对于名人杂志的处理方式。这里有很多对于明星表演的夸大其词和阿谀奉承，例如，佩雷斯·希尔顿的博客把碧昂斯（Beyonce）在 2013 年巴拉克·奥巴马第二次就职典礼上演唱国歌的表演描述为"令人惊叹的"和"必看的"。但是，这里也有为人们所熟知的怀疑和冷嘲热讽：一天后，佩雷斯·希尔顿的头条指责碧昂斯假唱（lip－syncing her performance）。即使在那些依赖粉丝对名人八卦渴望的网站上，人们也会毫不犹豫地从羡慕转向敌对，这与名人崇拜相去甚远。事实上，对名人的无端攻击有一种轻微的腐蚀性倾向，这些攻击把名人当作一个公平的游戏，从而以任何一种可以逗乐网络粉丝的方式对待他们。"噢不他们没有"是一个相对温和的名人八卦网站，但它也有一个名为"15 个最丑的名人脚"（15 Ugliest Celebrity Feet）的图片库。在这里，粉丝们可以看到，他们的明星奥普拉、伊曼和娜奥米·坎贝尔都患有拇囊炎！

然而，有很多网站比这更糟糕。艾米·沃特金斯·费舍尔（Amy Watkins Fisher）对于博客圈对待布兰妮·斯皮尔斯的方式做了高度批判性的讨论，尤其是佩雷斯·希尔顿的方式，费舍尔是这样描述的：

> 像希尔顿这样的博主对名人文化进行了"毫不留情"的抨击，发现了抨击名人是一种有利可图的商业模式，并对明星的态度以一种引人注目的方式转变，将其视为超越凡人的范畴，从而推广了一种卑鄙的行业（an Industry of Mean）。他的博客记录了他在重塑名人形象时获得的明星的快乐，将名人置于负面关系而非正面关系之中，把坏的凌驾于好的之上，把小型车祸看得比奥斯卡奖还重要，让周日下午的时尚表演失误优先于红毯的入场仪式。❶

正如费舍尔文章标题中引用的粉丝评论所暗示的那样，"我们就是喜欢这场灾难"（we just love this train wreck）。尽管这么说有些刻薄，但这已经证明关于消费兴趣的丰富内涵是值得挖掘的研究维度。正如约翰逊（Johansson）所指出的那样，抨击名人的故事和与阶级、身份有关的更广泛的问题联系在一起，因为消费者行使了一种令人愉悦的权力感，并且有了一种控制特权阶层的感觉。除了与阶级、身份相关之外，还有性别

---

❶ A. W. Fisher. We love this train - wreck: Sacrificing Britney to save America ［A］//S. Holmes, D. Negra. In the Limelight and Under the Microscope: Formsand Functions of Female Celebrity. New York and London: Continuum, 2011: 317.

的因素，因为女性名人的不幸遭遇在近些年来进一步成为公众关注的焦点。这些"不幸遭遇"中的主角有很多是女性。在迄今为止专门研究女性名人的一本著作的序言中，霍姆斯（Holmes）和内格拉（Negra）认为，"关于女明星在事业上大有成就而在个人生活上陷入困境的故事流传很广的原因之一是，当女性奋斗或者失败时，她们的行为对女性来说证明了'工作与生活的平衡'确实是不可能的"。❶ 此外，他们还指出，在识别和判断女性的"越界"（out - of bounds）行为时，会产生因为保守和性别带来的"乐趣"。❷ 猛烈抨击名人大有市场，似乎有一些重要的结构性的、社会的原因导致了对名人的抨击，而这些似乎还不足以解释这些故事"歇斯底里"的基调（我认为确切地说，这就是费舍尔对佩雷斯·希尔顿 2007 年"致布兰妮的公开信"的描述❸），也不足以解释费舍尔所说的"小报迎合低级趣味"（tabloid bottom - feeding）所带有的自以为是的腔调。❹ 与安德烈耶维奇 2008 年在电视节目《毫无怜悯之心》（*Television Without Pity*）中发现的那种混杂着热情和批评的做法不同，像 TMZ 这样的网站（和电视节目）在实践和目标上似乎

❶ A. W. Fisher. We love this train - wreck: Sacrificing Britney to save America [A] //S. Holmes, D. Negra. In the Limelight and Under the Microscope: Formsand Functions of Female Celebrity. New York and London: Continuum, 2011: 2.

❷ A. W. Fisher. We love this train - wreck: Sacrificing Britney to save America [A] //S. Holmes, D. Negra. In the Limelight and Under the Microscope: Formsand Functions of Female Celebrity. New York and London: Continuum, 2011: 2.

❸ A. W. Fisher. We love this train - wreck: Sacrificing Britney to save America [A] //S. Holmes, D. Negra. In the Limelight and Under the Microscope: Formsand Functions of Female Celebrity. New York and London: Continuum, 2011: 317 - 318.

❹ A. W. Fisher. We love this train - wreck: Sacrificing Britney to save America [A] //S. Holmes, D. Negra. In the Limelight and Under the Microscope: Formsand Functions of Female Celebrity. New York and London: Continuum, 2011: 316.

是一种直截了当的掠夺。TMZ 经常以一种让人想起《世界新闻报》（*News of the World*）的方式制造"我可逮着你了"（gotcha）的时刻，正是 TMZ 带给我们最令人不安的"小甜甜"布兰妮·斯皮尔斯的隐私照片（深夜不穿内衣购物、剃光头发，等等），以及哈里王子在拉斯维加斯的一家酒店房间里裸体嬉闹。在这两起事件中，TMZ 都能够将材料转化为主流新闻媒体的重大报道，因此它很高兴地宣称自己以传统新闻的方式为公众利益服务。

从目标市场以外的角度来看，网络上的名人生产和消费这一维度内所发生的一切难以让人敬佩和羡慕。即使只是以本章第一部分谈论到的戏谑方式来消费名人，也不得不承认，这类名人素材的乐趣来自于人们的反应具有侵略性、剥削性和报复性。然而，这可能并不代表人们在网络上体验名人的最低点。为此，我们需要走进网络体验的"名人胴体"（celebrity flesh）领域，即裸体名人的体验范畴。我想在此强调与这类内容相关的特定消费模式，它可能会以一种难以从外部进行解释的方式运作，而这似乎与我们在本章迄今为止研究的实践背道而驰。然而，这种类型的素材——与软色情网站（soft pornography sites）链接——确实形成了现行消费实践范围的一个维度，因此需要我们关注。最后，我认为，我在这里研究的名人实践将使我们超越我为本书定位的名人生产的具体环境，强调名人的流动性，以及它被挪用到其他商品化和消费领域的可能性。

裸体名人网站的前身可以溯源到地下黑市名人杂志，这些杂志刊登名人的裸体照片、一些八卦和电影评论，在某些情况下，还有杂志读者寄来的业余拍摄的裸体照片。澳大利亚裸体名人杂志《名人胴体》（*Celebrity Flesh*）❶ 有一期在内封刊登了一份宣言，标题是"去你的，我很出名"，为了庆祝它与那些关于明星"没有化妆（啊哈！）、被撞见穿着邋遢（不……）或者留着糟糕的发型外出"的"垃圾杂志"（trashy magazines）的不同之处：

> 《名人胴体》直指所有关于名人的核心——漂亮的脸蛋、裸体的女人、骄傲的男人……。
>
> 让我们面对这一切吧，它们是核心吸引力。其他的一切都只是装点门面——时尚、卷心菜减肥法、皇室婚礼、葬礼、毒品、宠物狗、婴儿……
>
> 但是，在所有的杂志中，《名人胴体》最接近灼热的真相，因为我们，至少，到达第一垒，也就是说，赤身裸体。
>
> 这是我们自 1999 年以来一直遵循的光荣传统，所以我们知道自己在做什么。我们是专业人士。❷

这份宣言的自嘲和对媒体的冷嘲热讽，以及对名人"灼热的真相"（the searing truth）的描述，当然是有意的滑稽夸张。但尽管如此，这份宣言和它所介绍的杂志内容仍构成了对传统名人八卦一种侵略性的进攻，因为这些都是些琐碎的消遣垃圾。在这里，名人以一种排外和物化的方式被定义：这份宣言以乐于挑衅和故意冒犯的写作姿态，几乎没有为本书目前

---

❶ 这类杂志在其他地方也有不同的版本。英国的版本包括《成人运动》或者《名人成人间谍》。

❷ Anonymous. Fuck Me, I'm Famous［J］. Celebrity Flesh, 2002（3）: 2.

关注的事情留下什么空间（如社区的建设）。它表明了名人只是一种特殊的性物化（sexual objectification）的奇观，仅此而已。

在很大程度上，一直延续到20世纪90年代末以来激增的裸体名人网站，这些网站通常要求浏览者在浏览网站内容之前进行订阅，这与标准的色情网站的运作方式很相似。这些网站为浏览者提供机会，让他们观看自己最喜欢的明星的裸体，网站上展示的大多数是由狗仔队拍摄的照片、电影的剧照、视频捕捉，或者从《男人帮》《名利场》《花花公子》等更知名或者主流杂志的宣传照片中截取来的图片，这些图片中甚至没有一张是由网站自己独立制作完成的。毫无例外，网站的运作规则就是造假——也就是说，把名人的面部照片拼接在别人的裸体上。这种现象如此普遍，以至于现在这些网络对待名人的方式都有迎合人们兴趣错觉的部分，这种错觉则表明这样展示名人更多的是一种对名人不尊重的热闹场面，而不是为了寻找"他们到底是什么样的人"的真相。有趣的是，将这些网站和之前的杂志与名人行业的其他部分区别开来的并不是这些照片本身（因为其中的许多照片也会通过其他方式在其他地方传播），而是主导性话语。

在我所看过的绝大多数网站上，对于裸体名人的展示伴随着与《名人胴体》宣言中类似的话语：乐观开朗，充满热情，坚忍执着，自信满满，相信它们所服务的消费者的兴趣不仅与软色情有关，也与名人有很大的关系。通过这些网站，名人实际上有了一个有效进入另一个行业的入口，这一点可以从观众浏览名人网站时看到的内容变化中得到证明。官方或者公共机构的名人网站与展示名人"热辣"或者"性感"照片的链接通常只有一次鼠标点击的距离之遥，这些网站的主体话语可能仍然相对地对名人表示基本的尊重，但是提示更加性感内容的进一步链接，旨在吸引访问者不要只停留在官网或者公共机构的网站。通过这些网站的名字，观众可以清楚地看到它们提供的意识形态。一个名为"名人奇观"的网站是软色情和主流图像的代表，在这里，网站在注重名人魅力的同时强调揭秘，因此它的兴趣与我们在第二章中关于名人产业的讨论没有完全脱节——尽管该网站对名人的裸体图片有所偏好。同样，其他视频分享网站之类的在线视频网站也有类似的特点：在满足人们对于明星、关于名人或者特定文本载体（如电影或电视节目）的兴趣的同时，它还提供从观众喜爱的明星出演的主流电影或电视节目中的情色场面。然而，如果观众想要追求自己喜爱的明星更加明确的形象或者表演，那么可以访问一个叫作"好莱坞妓女"的网站，这里揭秘的是女明星背后完全不同的"现实"——她们潜在地被作为性展示对象发挥作用，被框定在一种没有一丝歉意和确定无误的厌女的话语体系之内。在这一话语体系中，从她们被认为是神奇名人到她们被认为是妓女之间的距离短得惊人，但在妓女的话语背景中，使用她们图像的方式存在显著不同。图片嫁接和制造假照片泛滥成风，还有布兰妮·斯皮尔斯或者伊娃·门德斯（Eva Mendes）的虚假性爱视频，以及无处不在的帕梅拉·安德森－汤米·李的性爱视频（Pamela Anderson－Tommy Lee video）。在裸体名人网站的这一端，各种链接也不再指向其他名人网站，而是直指名人色情网站。

显然，像"好莱坞妓女"这样的网站，在展示名人裸体内容时并没有得到图片主人的同意，因此，尽管这些网站和裸体名人杂志只是宣传名人表征性实践的一部分，但我们仍可以合理地认定，这些网站和杂志的运作并没有为名人产业的利益服务，只是一种外围的运作方式而已。相反，这些网站为色情行业提供了一种吸引市场的方式，因为它从那些平淡无奇的网站吸走了访客。需要强调的是，这与大众市场的女性杂志使用名人来销售其产品存在不同。女性杂志将名人作为核心内容之一来销售杂志，而色情网站将名人作为一种吸引消费者的手段，然后再向消费者提供其他内容。换言之，这种做法可能类似于名人代言的商业运作，也就是说，使用名人的形象来吸引其他产品的买家。就色情名人网站而言，它与其他网站的关键区别在于，这些网站不是一个双方都同意的、契约式的、对双方都有利的安排，因为名人的形象被挪用，被用来从事许多名人并不赞成的事情。

　　然而，了解这一切之后，我们需要接受的是，至少被裸体名人网站和杂志所满足的最初兴趣构成了名人文化消费的常规做法之一。想要看看名人"到底是什么样"的欲望显然带有很大性的成分，需要强调的是，这种欲望不但通过许多裸体名人的模式得到满足，而且通过许多借助色情话语的明星行业的主流产品得到满足。裸体名人网站的访问者很容易被鼓励去做进一步的探索，这不仅有商业方面的原因，而且反映了一种含蓄的倾向，这至少代表一些消费者的意愿，这里值得思考的是，到底是什么构成了名人效应。正如我在前一章论述关于戴安娜王妃产生的吸引力那样，名人作为商品和欲望对象的可获得性，是其吸引力的基本组成部分，这一点绝不能被忽视。裸体名人杂志和网站最大限度地利用了这一点，提供可获得性的终极标志——未经许可展示名人赤裸的身体。

　　就此而言，还存在另外一个因素。霍姆斯和内格拉在2011

年的著作中写道，一些网站表达出性别歧视或者厌女症的意识（这在"好莱坞妓女"中可以明显看到）。我们之前在不同的语境下讨论过的报复动机很有可能在这里得到体现，在某些情况下，展示的图片是对这些引人注目的女性的一种羞辱。然而，当我们在前面讨论这些动机时，它被置于阶级排他性的背景下，指对特权的一种反应。我所描述的消费模式中可能有一种是以阶级为基础的、故意使用"粗俗"的话语组织的模式，而《名人胴体》宣言中的"我们是专业人士"确实标志着对这种话语建构性（constructedness of this discourse）的反讽意识。但乍一看，这些媒体产品的目标更多的是针对女性进行的报复行为，而不是针对阶级特权或者权力。然而，我也注意到，劳拉·基普尼斯（Laura Kipnis）提出的观点，即从后女性主义（post‐feminist）对此类表征的理解中删除阶级是非常危险的做法。在关于《好色客》（*Hustler*）杂志的讨论中，基普尼斯反对将这些图片解读为厌女症的简单表达（参见其 1992 年的文章）❶。她表示，在她写该文章的时候，学术界的女性主义讨论经常会采用这种策略，而且当遇到这样的裸体名人图片时，这种策略仍然会立即发挥作用。在谈论《好色客》时有一个与我们现在感兴趣的话题相关的人物特写，这个特写是关于狗仔队拍摄的一套臭名昭著的杰基·奥纳西斯的裸体照片。基普尼斯表明，如果有的人认为奥纳西斯只是作为一个不情愿的性对象呈现在读者面前，那么他就大错特错了。相反，她也有可能是作为一个政治目标呈现在读者面前。基普尼斯的意思是，这里有一个

---

❶ Kipnis, L. (Male) desire and (female) disgust: Reading Hustler ［A］// L. Grossberg, C. Nelson, P. Treichler. Cultural Studies. New York and London: Routledge, 1992.

阶级层面的因素在发挥作用，这激发了这些照片所带来的羞辱感，因为奥纳西斯显然占据了一个象征以及行使阶级权利和特权的位置。基普尼斯总结道，这本杂志能够有机会削弱和破坏这种权利，这被最有说服力地描述为一种阶级怨恨的表达，而不是厌女症的表达。通过浏览这些网站，我个人觉得这两种可能性都存在。

正如在第三章中简要提到的那样，通过"视频女主播"的现象（cam‐girls phenomenon）看来，名人的制造可以延伸到其他领域。在视频女主播的例子中，自己动手制造名人的过程也被她们带入色情门户网站，并与访问者建立关系。从一些更加挑剔的观点来看，这些关系使她们很接近于性工作者。对于名人的消费并没有与其他文化习俗割裂开来，因名人而调动起来的欲望也不容易被抑制。我不打算在这里对这些相关现象进行更加深入的研究，但我们确实需要认识到名人消费实践这一维度。我们所讨论的实践并不是没有问题，而且在某些方面与本章前面讨论的关于八卦更加主流的实践和功能有一定的不同。因此，这提醒我们，要对名人的文化功能进行解释是相当困难的事情，因为这种解释在出现了名人的所有语境中都具有同等的解释力。简单地说，它的普遍性使它成为一种极为广泛的和因情况而异的文化话语或商品。正如杰姬·史黛丝的著作和本章提到的网站以不同的方式展示的那样，在任何时间、以任何方式消费名人所涉及的政治因素总会有一个复杂的、微妙的、语境化的过程。

第七章　结论：名人与公众文化

　　有些人已经证明了这一点……无论是作为政治日益个性化的一部分，还是作为包括更多公众的更广泛的民主叙事的一部分，名人文化都是需要公众决议的公众争论的一个重要组成部分……这与长期以来把名人和围绕名人构建的媒体事件作为伪个性（pseudo - personalities）和伪事件（pseudo - events）的消极传统相抵触……但是，随着名人文化的增值……名人文化再也不能被简单地视为公共问题之外的事情而不予理会。❶

一、重视名人

　　从事名人研究工作一个不可避免的结果就是，研究者需要经常面对记者、同事甚至是出租车司机的提问：你为什么要干这个工作？尽管名人在我们的公共文化中占有很高的地位，但人们普遍认为名人的存在在本质上是微不足道的、昙花一现的或者无关紧要的。因此，我希望本书有助于帮助媒体和文化研究领域的学者认识到正视名人的必要性。在最后一章"结论"

---

　　❶　N. Couldry, T. Markham. Celebrity culture and public connection: Bridgeor chasm? [J]. International Journal of Cultural Studies, 2007, 10 (4): 404.

部分的开头，我想花一点时间解释一下要重视名人文化的理由。

在过去的 20 年中，名人的生产和消费在媒体、社会和文化关系的两个关键发展阶段中扮演过重要角色。第一个发展阶段是所谓的文化和社会的"媒体化"（mediatisation），❶ 即媒体在我们的日常生活中扮演更加基础的塑形角色。如果像库尔德利在 2003 年的书❷中所建议的那样，媒体发挥着"社会中心"（social centre）的作用，那么仅仅将媒体看作其他重要社会行为体（政府、行业、教育机构等）之间的中介就显得不太合适了。但对此现在仍有很多争论，简而言之，就是很多人会说媒体起着主导和独立的作用。

我们对政治、文化和社会生活的体验越来越被媒体所"塑造"。❸ 库尔德利解释道，在参与"塑造"我们文化的过程中，名人作为一种话语，对一些人来说，是连接媒体"社会中心"和"普通人"日常生活的桥梁。在这方面，名人对"媒体化"的进程作出了重大贡献。

第二个发展阶段与媒体如何通过巩固其市场力量来应对角色的重新配置有关。这种情况发生在这样一个背景下：随着媒体数量的激增，商业竞争大幅加剧，观众可以从不断扩大的节目内容菜单中选择自己感兴趣的内容。媒体曾经可能被定位为跨越娱乐和信息部门，以及跨越商业和公共部门进行运作，这

---

❶　这一术语颇具争议，事实上我们讲的应该是"媒体化"而非"媒介化"；参见库尔德利（2012）、赫普（2013）以及利文斯顿（2009）。

❷　N. Couldry. Media Rituals：A Critical Approach［M］. London and New York：Routledge，2003.

❸　A. Hepp. Cultures of Mediatization［M］. trans. K. Tribe. Cambridge：Polity，2013：2.

些内容我已经在其他地方讨论过❶，但它们现在更加明确地定位于娱乐行业，其信息和公共服务功能的重要性正在逐渐减弱。而且，名人对于媒体以娱乐为基础对自身进行重新定位的过程中具有重大意义。的确，名人已经成为当代媒体政治、经济一个核心的结构性组成部分，如果没有了名人和培养名人的产业，当代商业媒体生产的一些基本支持系统也会随之消失。

因此，在这两次在社会和政治层面都具有广泛影响的大规模转变中，名人结构性地被镶嵌在媒体行业中，并扮演着非常关键的角色。名人也在一些更加具体的方面做出了贡献。就像许多人所说的那样，如果媒体在文化身份建构中扮演越来越重要的角色，那么名人就是这一过程中一个引人注目的参与者。我们已经在本书的不同地方讨论过这个问题，但是对于这种参与，我想再次强调两个方面，这两个方面都让我们打消了媒体只是为了提供模仿的榜样而代表文化身份的想法。正如我们所看到的那样，情形很复杂，然而大卫·马歇尔在 2010 年的书❷中进一步复杂化了我们对这一过程的理解，他描述了从表征文化（a representational culture）到表现文化（a presentational culture）的转变，在后一种文化中，身份的生产既是一种个人表现的行为实践，也是一种媒介表征的实践。马歇尔将塑造名人形象作为解释这一转变的方法和范式，但是，如果他是正确的话，受到影响的并不仅仅是名人的塑造。马歇尔对于社交网络的关注，尤其是人们对推特的使用，旨在揭示名人作为工具在

---

❶　G. Turner. Ordinary People and the Media: The Demotic Turn [M]. London: Sage, 2010.

❷　P. D. Marshall. The promotion and presentation of the self: Celebrity as amarker of presentational media [J]. Celebrity Studies, 2010, 1 (1): 35 – 48.

普通人的私人生活层面对自我表现的影响。斯克格斯和伍德在 2012 年的一书❶中质疑电视真人秀明星参与某些公共人格建构的方式，或者就像我在自己的书中（特纳，2010❷）所讨论的那样，名人参与电视真人秀节目的社会后果是，其某些文化身份会被特权化。此时，我们谈论的不仅仅是媒体表征的问题，相反，我们强调的是杰克·布拉迪奇（Jack Bratich）在 2007 年的一书❸所描述的电视真人秀节目的运作方式，即它更像是一种对社会的"干预"，而不是一种表征形式：

> （电视真人秀）是一种构成技术（a constituting technology）——据杰克·布拉迪奇 2007 年的著作所述，它不是表征当前的事态，而是插手当前的事态，强化它需要的组成部分……（就像纪录片），它不仅在叙述性（表征性）层面发挥作用，而且意味着在表演层面通过表演来干预社会。❹

在这里，名人不是一个我们能像回应一系列其他文本一样去回应的表征领域；相反，它是一种对社会的干预模式，我们必须在承认它参与日常生活生产性质的条件下加以理解。

---

❶ B. Skeggs, H. Wood. Reacting to Reality Television：Performance, Audienceand Value ［M］. London and New York：Routledge, 2012.

❷ G. Turner. Ordinary People and the Media：The Demotic Turn ［M］. London：Sage, 2010.

❸ J. Bratich. Programming reality：Control societies, new subjects, powers of transformation ［A］//D. Heller. Makeover Television：Realities Remodeled. London：I. B. Taurus, 2007：1 – 5.

❹ B. Skeggs, H. Wood. Reacting to Reality Television：Performance, Audienceand Value ［M］. London and New York：Routledge, 2012：38.

另外一个领域与新闻业目前的状态有关。在这个领域，名人内容的兴起伴随着媒体某一方面的定义和功能的重大转变。在数字媒体崛起之前，新闻行业的危机感已经存在很长一段时间，并且就像我们在第四章所讨论的那样，这与两种相互冲突的争论密切相关，即小报代表的建立在商业和娱乐基础之上的必要性和信息媒体代表的传统大众使命之间的冲突。当前的情况——根据不断变化的市场条件而发展的情况（争夺受众的竞争愈发激烈，劳动力不断减少，新闻周期加快，以及平台多样化）——导致了把新闻重新定义为娱乐方式的重要变化。这一重新定义意味着，对于新闻行业来说，获取信息实际上已经成为公众次要的考虑因素，然而不仅如此，以往通过专业的信息提供来建立信任的道德结构也受到严重威胁。当然，近期最为臭名昭著的例子是英国的电话窃听丑闻，《世界新闻报》对"终于逮着你了"这一新闻模式充满热情的检举有了合乎逻辑的结论。名人新闻的商业重要性是这种情况的基础，也是促使新闻实践发展的基础，因为记者们不顾道德和法律的约束，试图成为捕捉引人注目的公众人物背后"私人"故事的第一人。这些人物中有许多人是名人，因此媒体甚至许多公众都认为曝光名人是公平的游戏。然而，让公众反对媒体如此做法的原因，似乎不是媒体对待名人的方式，而是它摆布普通民众的方法。在这种情况下，因为媒体曝光，普通民众好像成了因为孩子失踪而饱受创伤的父母。

当然，我们在前面已经讨论过小报化的影响，但是，当这些道德导向失去价值时，作为媒体故事的焦点，名人极其容易被全方位地利用，这是值得进一步思考的问题。2012年年底，澳大利亚一家专门播放恶作剧电话的广播节目成功地联系上了伦敦一家医院，当时剑桥公爵夫人正在这家医院接受严重孕吐的治疗。电台主持人假装自己是伊丽莎白女王和菲利普亲王，尽管手段不是很高明，但仍能成功地对接到了医护人员。这通电话在没有征得医护人员的允许下被公开播放，瞬间成为国际新闻。恶作剧电话的成功最初让人感到好笑，但当那位接电话的护士自杀时，这种感觉就变成了沮丧，人们普遍认为，这是媒体报道的羞辱造成的结果。那些没有直接参与恶作剧电话的媒体立即表达了它们对该节目不负责任的愤怒，而这引发了另一场媒体狂潮，并将电台主持人推到聚光灯下，人们认为他们应该对这名女子的去世负责。主持人在一个较长时段的采访中含泪道歉，但仍面临过失杀人的指控（这一指控最终没有成为现实）。这反过来又促使电台主持人进行法律咨询，并又一次引发了媒体寻找自己所在行业存在哪些最容易受到指责的地方。我不想深入地探讨恶作剧电话的行业道德，但重要的是，我们要意识到，在这个故事中媒体以各种矛盾的方式牵连其中：他们制作了未经允许就播出的恶作剧电话，严重侵犯了一位名人的隐私；为了把故事编造完整，他们追着负有相关责任的护士，在她的房子外面露营了好几天，侵犯了她的隐私；当媒体曝光导致她自杀时，那些追着她索取报道素材的人就矛头指向了最初的罪魁祸首——电台主持人，并对他们进行惩罚。无论责任如何承担，总有一个故事要讲，总有一个人要被责备。尽管每个故事都充满强烈的道德主义色彩，但媒体从一个道德目标转向另一个道德目标的投机取巧和圆滑多变，证明了公共责任这样的基本原则在这个行业中根本没有发挥作用。尽管人们不断地占据道德的制高点进行批判，但事实上，正是与名人新闻打交道的做法，为它的每一次干预提供了正当理由。

　　有人说，"9·11"事件发生之后，美国国内似乎出现了一种现象，如果将名人减肥和娱乐信息作为新闻提供给美国公众，就会在道德上遭受强烈谴责。"9·11"事件以及媒体对它的整体报道方式，生动地展示了"真正的"新闻该有的样子。此外，它也同样生动地展示了真正的新闻需要从观众那里获得怎样的参与模式。与此形成对比的是，20世纪90年代以娱乐为基础的新闻内容显得有些陈腐乏味。根据当时美国媒体的报道，名人杂志的发行量出现下降，以名人为基础的脱口秀节目似乎失去了对观众的吸引力，为下一季准备的大量的混合类名人真人秀电视节目也被大幅削减。电视真人秀节目利用羞辱或者恐惧场面吸引眼球的趋势被要求暂停，如《恐惧元素》（*Fear Factor*）等节目，这都是因为观众要求网络承担更多的责任以及新闻敏感性。人们还无从知晓，这种转变本身在多大程度上是对媒体的一种打击，不过，确实存在一种可能性，那就是它足以在学界引发重大讨论，特别是对围绕"9·11"事件对当代新闻的潜在影响展开的讨论。泽利泽（Zelizer）和艾伦（Allan）在2002年合著的书❶中，以这次事件为契机，仔细分析了当代新闻的伦理和公共利益表现。我们在本书中已经做过类似的分析，如在第四章我们已经引用和讨论过詹姆斯·凯里在2002年的书❷中对把新闻交给娱乐产业进行控制的抨击。虽然泽利泽和艾伦的作品关注的是新闻而不是名人，通过质疑"9·

---

　　❶　B. Zelizer, S. Allan. Journalism after September 11 ［M］. London and New York：Routledge, 2002.

　　❷　J. W. Carey. American journalism on, before, and after September 11 ［A］// B. Zelizer, S. Allan. Journalism after September 11. London and NewYork：Routledge, 2002.

11"事件也可能让人们对当代新闻业有一些了解，它对我一直谈论的当代名人生产和消费过程中涉及的长期转变做出了深刻和有益的回应。

虽然"9·11"事件引发了公众在新闻敏感性方面的转变，但这种转变没有持续下去，因为以前在娱乐新闻中占据主导地位的时尚内容重新获得了更加强劲的势头，《恐惧元素》之类的节目一如既往，名人现在在美国消费者的媒体大餐中扮演着比以前更加突出的角色（尽管名人杂志的销量显示出明显下降的迹象）。在美国以外的地方，媒体的做法甚至没有出现任何波澜，公共文化继续沿着我所描述的轨迹发展。

尽管我刚才提出了批评，但仍需要重申，现有关于公共文化的有用性和功能性的观点与以往存在很大的不同。我们遇见过这样一些人，他们为观众重新获得了对于媒体内容一定程度的民众主权而欢欣鼓舞；我们也遇见过这样一些人，他们强烈地谴责媒体作为公民信息提供者的重要性正在削弱。当代名人对于文化和媒体研究的意义隐含在这样一个事实中：名人仍然是公共文化的社会和政治功能以及民主潜力的主要讨论场所。也仍有许多事件，让我们想起早期新闻范式的目的，这种目的仍然存在，并随时等待被重新激活。

如果人们对这种情况持矛盾的看法和模棱两可的态度也不足为奇。我在本书中所描述的现象是一种需要持续平衡的行为，即在正确理解大众文化（尤其是）被贬低方面功能的需要和自满的政治之间的平衡，自满的政治可能是这种理解的产物之一。对于名人生产性文化功能的分析——如"身份工作机制"，它帮助展现名人和我们的身份——不应该掩盖相互矛盾的两个观点的同等重要性。这些问题可能涉及隐私问题和对于"攻击新闻"（attack dog）主题的补救问题，也可能涉及新闻媒体履行批评性调查工作的能力日益下降的问题，而批评性调查工作曾被视为新闻媒体最基本的民主服务。

当名人作为商品的话语体制和行业过程转移到其他领域时，也许我们极少会做出模棱两可的判断。这种话语体制和行业过程是一种管理公众对这些领域内参与者的认知以及确定意义发挥作用范围的准确性的手段。在娱乐业中，宣传和公共关系可能扮演着常规和合法的角色，因此它们在娱乐业发挥的作用不会引起过多的政治或社会关注。然而，制造名人的技术被用来管理新闻和公众讨论，特别是管理政治人物的呈现时，就会引发人们的关注。在我看来，后一个方面处于名人渗透的外缘，因此本书迄今为止还没有大量地讨论。话虽如此，在结束这个话题之前，仍有必要简要地讨论一下名人对一些国家有组织的政治（organised politics）的影响。

二、名人、政治与宣传"粉饰"

前文我们注意到，娱乐和体育产业用来生产名人的系统与现在用来塑造政治家公众形象的系统非常相似。成功的政治家需要建立公众形象，这意味着政党政治的常规惯例与生产名人的惯例相互一致。正如盖姆森所说，"生产能够引起公众注意的政治人物的背景，经常模仿、有时直接套用娱乐界的名人制造技巧……像娱乐界的名人一样，政客们需要接受训练，认真打理形象，穿上体面的服装，化上合适的妆容，精心考虑照明的效果"❶。盖姆森的简短讨论强调了二者之间的相似之处，指出宣传人员在"建立传统的名人推广"中扮演了核心角色，就好像宣传人员在推广政治家选举一样。❷ 理查德·席克尔研究了美国政治中类似的过程，描述了宣传人员如何参与艾森豪威尔、肯尼迪、卡特以及里根等美国总统的选举。他讨论到，竞选现在完全成了"个人魅力之间的较量"，竞选活动"只是提供了一个测试竞争者个人魅力的机会"。❸ 巴拉克·奥巴马赢得两次大选就是一个最佳例子。国际上普遍存在的总统竞选式活动的趋势强化了人们对于这个问题的关注——即便是在类似于威斯敏斯特（Westminster）或者基于政党的议会制度中也存在这种趋势。

正如我在前文提到的那样，这在一定程度上是一个公共关系无处不在的故事，是一个普遍的通过媒体管理公众认知的行业机制的商业化运作（commercial installation）。无论是在新闻领域，还是在娱乐或者体育新闻领域，"微笑职业"（smiling professions）对新闻实践的影响都是根本性的。但是，这个故事还包括其他一些组成部分，通过电视上的新闻和时事来改变走近政治的方式，以及改变主流纸质媒体对政治新闻的处理方式，反映出对个人的关注越来越多，这可能不利于以问题为基础的或者更加结构性的处理政治新闻的方式。正如我们在第四章关于小报化的讨论所看到的那样，这种关注也反映在娱乐形式上，

---

❶ J. Gamson. Claims to Fame：Celebrity in Contemporary America ［M］. Berkeley：University of California Press，1994：189.

❷ J. Gamson. Claims to Fame：Celebrity in Contemporary America ［M］. Berkeley：University of California Press，1994：186－189.

❸ R. Schickel. Intimate Strangers：The Culture of Celebrity in America ［M］. Chicago，IL：Ivan R. Dee，1985：146.

而且近年来，许多政治报道也转为这些形式。例如，八卦新闻和脱口秀的兴起，以及《每日秀》（*The Daily Show*）和《科尔伯特报告》（*The Colbert Report*）等讽刺类新闻评论节目，都对传统的新闻来源构成了挑战，从而影响了以大众为媒介的政治表达过程的组织方式。我们已经看到，脱口秀节目之所以被重新设计，目的是服务于宣传的利益，而不是公众的利益。随着这些以娱乐为基础的新闻形式的流行度逐渐上升，传统新闻形式的相关消费已经开始下降——从对消费者人数的统计看来，传统新闻形式的相关消费出现大幅下降。在众多关于名人和政治的讨论中，韦斯特（West）和奥曼（Orman）的讨论引发了人们对于这些趋势的关注：

> 全国性的调查显示，有约 10% 的美国人从杰伊·雷诺主演的《今夜秀》（*The Tonight Show*）以及《大卫·莱特曼深夜秀》（*Late Night with David Letterman*）等深夜娱乐节目中了解关于国家政治的信息。对于那些 30 岁以下的年轻人，这个数字上升为近 50%。随着网络新闻以牺牲硬新闻为代价，强调具有娱乐特色的故事和日常生活方式，越来越多的美国人开始转向娱乐节目寻找政治评论。❶

从那时起，这一趋势加速发展，且突出回应了博客的兴起以及社交网络在过滤和整合个人选择的新闻、分享首选条目和邀请评论等方面能力的日益强大。有些人认为这会导致"网络

---

❶ D. M. West, J. Orman. Celebrity Politics [M]. Upper Saddle River, NJ: Prentice-Hall, 2003: 100.

巴尔干化"（cyber‑balkanisation），因为消费者会形成自己狭隘的新闻爱好，桑斯坦（Sunstein）称之为"我的日报"（The Daily Me）。有的人担心，人们对于政治的参与会越来越多地受到个人偏好的驱动，从而逐步从公共政策议程中分离出来。❶现在这样的现象非常普遍，媒体专家和学者都指出，观看电视新闻的年轻观众呈现缺失的状态，阅读报纸的年轻人数量也在急剧下降，年轻人（特别是那些狂热的名人消费者）逐渐脱离了传统新闻和传统政治。❷ 这是一种积极鼓励有组织的政治利益与名人生产过程相结合的趋势，它不仅是一个兜售杰出政治家的魅力或者风度的简单问题，也是为了寻找新的方式来调整政治以适应更广泛的潜在市场，还涉及政治文化如何管理媒体对特定政治问题的处理以及媒体获取相关问题的信息。特别是在媒体内部，这一问题引发了激烈的争论，争论主要围绕如何操作有政治倾向的新闻的宣传"粉饰"。

　　媒体管理政治报道的方式，对当代政治运动和政府日常管理的影响越来越大。公共关系顾问、媒体顾问和新闻官员在西方的政治体系中出现激增的现象，并成为当代民主管理体系中不可或缺的标准组成部分。现在有一个被称为"政治顾问"（spin doctors）的人群，他们的任务包括撰写新闻稿件，向法律团队介绍如何通过法庭禁令和司法禁令控制信息，等等。因为这些"政治顾问"是以新闻记者的身份接受训练，因此他们的

---

❶　C. Sunstein. Republic. com 2. 0［M］. Princeton：Princeton University Press, 2009.

❷　N. Couldry, T. Markham. Celebrity culture and public connection: Bridgeor chasm? ［J］. International Journal of Cultural Studies, 2007, 10（4）：403 – 422; S. Inthorn, J. Street. Simon Cowell for Prime Minister? Young citizens' attitudes towards celebrity politics［J］. Media, Culture and Society, 2011, 33（3）：1 –11.

工作是服务于政客的利益而不是公众的利益。所以，媒体和公众对"政治顾问"表示不满是可以理解的，因为媒体和公众都认为政治顾问是干预公众和公众代表人物之间关系的反民主官员（anti-democratic functionaries）。

在与入侵式的报道和新闻收集模式的共生（symbiosis）发展过程中，媒体管理采用现在被广泛描述为"编造粉饰"的模式，有些人认为这是必要的，❶ 人们也没有对此感到奇怪。宣传推广和公共关系行业在其他领域的崛起已经证明媒体管理的能力对政党的政治体系来说是无法抗拒的。民意调查是生产政治新闻故事和跟踪公众看法的一种手段，它的发展与公众人物的管理密切相关，因此，对公众人物的管理成为当代政治的一项核心活动。现在的政治完全变成了对于个人形象的媒体呈现的管理，对于特定辩论领域的管理，以及对于党派"信息"的管理（party's "message" of the moment）。所采用的策略也绝大多数来自公关的危机管理模式，也有来自名人产业建立名人商品公共身份的方法，而控制管理模式运用的动机与保护特定政治实体的利益完全一致。与小报化讨论的其他大多数领域不同，政治媒体舆论的编造与粉饰的运作并未引发有力的或者有原则性的讨论，从而为它的实践进行辩护。毫无疑问，格林斯莱德（Greenslade）❷ 认为，政治对高水平媒体管理模式的接纳只是作为对媒体自身不负责任的回应而发展起来的，他还提醒我们，保护政客的隐私和个人声誉免遭当代新闻的过度报道是一个合

---

❶ R. Greenslade. Spin the beginning [N]. The Guardian: Media, 2002-06-24 (2-3).

❷ R. Greenslade. Spin the beginning [N]. The Guardian: Media, 2002-06-24 (2-3).

法的公共事务。尽管如此，人们仍普遍认为，"政治顾问"媒体管理模式的目的是控制公众获取民主政治所依赖的信息。然而，这并不是简单地通过拒绝获取信息就能够实现的。更常见的现象是，通过发布信息的时间或者宣传其他新闻的议程，将公众的兴趣从敏感的问题转移到一些争议较小的事情上。一名政治记者曾把这些"政治顾问"称为"大规模分散公众注意力的武器"（weapons of mass distraction），❶ 强调了他们控制议程和新闻曝光程度的能力，而不是对信息实际压制的能力。

这一讨论已经使我们偏离了本节的出发点——政治的名人化（celebritisation of politics），我想通过讨论这一进程的另外一个方面使讨论回到正轨。把名人纳入政党政治的方式在美国已经发展得非常成熟（盖姆森引用一位政治分析人士的话说，将由人格魅力驱动的政治操纵制度化，"就像苹果派一样美国化"❷）。作为一种趋势，名人政治在过去几十年里得到加速发展，据韦斯特和奥曼所言，"名人政治（celebrity politics）的新兴模式"已经"改变了美国的政治"：

> 杰出的人物利用名望竞选公职或影响那些竞选公职的人，他们能够利用自己的平台为自己和其他政客筹集资金。在一个以媒体为中心的政治体系中，名人善于吸引媒体的注意力。关于这些名人的报道非常精彩，记者们也喜欢围

---

❶ B. Crawford. Editors battle the twin sins of secrecy and spin［J］. Media, The Australian, 2002（10）: 2.

❷ J. Gamson. Claims to Fame: Celebrity in Contemporary America［M］. Berkeley: University of California Press, 1994: 189.

绕魅力四射的名人进行报道。❶

这样的结果是，名人已经成为政治活动"不可分割的参与者"：竞选、筹款、游说，等等——我要补充一句，这些活动并非总是成功的：大家可以想想著名演员克林特·伊斯特伍德在 2012 年美国共和党全国代表大会上用一把空椅子代表奥巴马，开展了一场不着边际的奇怪辩论。但是，当名人在政治上获得成功时，他获得的回报也是成倍的：既有助于名人将自己的名人商品进行营销的整体职业规划，又赋予他们在党内的政治影响力。当然，这甚至有可能使他们成功地获得政治职位。看到娱乐和体育界的名人成功地竞选公职，美国人已经习以为常，近年来最引人注目的例子是 2003 年阿诺德·施瓦辛格（Arnold Schwarzenegger）成功当选加利福尼亚州州长，像这样的例子不胜枚举。

对于其他国家的人来说，这种似乎"只有在美国才可能发生"的故事，现在在自己国家的新闻媒体上也经常会出现。然而，这只是一种非常表面的反映，韦斯特和奥曼这样解释了名人在美国的政治权力特殊性：

> 尽管美国人并不信任政客，他们对步入政界的名人却更为尊重、更有信心。这些名人拥有超越公共服务和个人诚信的名望，这使得他们能够在政治上取得传统的政客们

❶ D. M. West, J. Orman. Celebrity Politics［M］. Upper Saddle River, NJ：Prentice‑Hall, 2003：6.

无法达到的成功。❶

　　这些候选人的个人名望非但不会让人觉得他们不可靠，反而让他们在道德评价上比政客更具优势。如果这个描述准确，而且，我也没有理由怀疑它，那么在很多重要方面，名人在美国的政治角色截然不同于他们在英国等国家的角色。当然这种现象并非独一无二，例如，在菲律宾，有一种较为普遍的职业轨迹，那就是将娱乐明星带入政坛，在 1998 年当选为菲律宾总统的约瑟夫·埃斯特拉达（Joseph Estrada）就曾经是一名演员。韦斯特和奥曼的研究在这些方面为大家提供了一些意外的内容。例如，他们对八卦新闻融入政治领域的看法比在其他国家的语境中人们所预期的更为积极，他们认为，越南战争和水门事件（Watergate）影响了美国公众对政客的看法，强化了在个人层面对各类政府官员进行严格审查的必要性。考虑到比尔·克林顿在整个总统任期内接受了大量的个人审查让一些非美国人（non - Americans）感到意外，这一论点就有了强大的解释力。该论点描述的原则与英国媒体围绕政客的私生活进行报道时的不成文规定大相径庭，英国的不成文规定实际上是将政客的私人行为从媒体关注中独立出来，直到这些行为直接影响到政客履行公职的表现时，媒体才会公开报道。

　　在我最了解的语境中，如在澳大利亚和英国，正是这个建构不真实性的根本话语——总是将名人作为商品进行协商谈判——限制了个体名人的政治可能性，并使得其竞选政治职务

---

❶　D. M. West, J. Orman. Celebrity Politics［M］. Upper Saddle River, NJ: Prentice - Hall, 2003: 102.

会或多或少地让人感到不可思议。当然，也有例外，如英国演员格伦达·杰克逊（Glenda Jackson）和澳大利亚摇滚乐队"夜战"（Midnight Oil）的前主唱彼得·加勒特（Peter Garrett）。但是，我一直想表达的是，名人必须在模棱两可和矛盾冲突的话语结构中定义自己，这使得公众很难认真看待他们。而且据我所知，在这种情况下，对于那些通过明显的"名人化"进行自我表现的政客来说，他们同样面临不被公众认真看待的危险。因此，接受了这种自我表现策略的政治体系很有可能使得整个行业名誉扫地。正是这种可能性，让那些批评政治明星化的人感到担忧。此外，正如我之前所指出的那样，当这个过程被用于将政治问题的表述置于政治人物的名人身份之下时，人们普遍承认，公众公开讨论的能力被削弱了。

本书第二部分论述了名人产业制造部门的商业目标是尽可能多地控制媒体对名人商品的获取与代理。另外，第三部分对名人消费展开的研究表明，要在实践中实现控制媒体对名人商品的获取与代理这一目标是多么困难。因此，本书研究的一些名人案例，可以被明确地表述为媒体权力的去中心化（de-centring of media power）。这种类型的名人有多种形式——例如，电视真人秀节目提供给普通人的是"突然火爆的名人"（the e-ruptive celebrity），网络打造的是自制的"微名人"。虽然我所描述的媒体内容的大众化转向与本质上的民主政治明显脱节，但这种转向拥有对媒体内容行使更大程度的民主权利的可能性，以及让普通民众获得更大程度的媒体访问的可能性。我认为，消费名人是一种潜在的生产性社会活动，因为通过消费名人商品，消费者获得了某种形式的权利。在我看来，将名人管理技巧与有组织的政治相结合，是为了中和这种消费模式所产生的权利。二者相结合会收回权利并将权利集中在控制大众媒体访问和内容的某些精英手中，以保护他们自身的利益。这种发展的含义，与第五章关于"草根名人"生产性的论点相冲突，因此必须加以限定。

正如我在本节开头所说的那样，政治的名人化确实处于我所讨论的关于名人在流行文化中的作用这一概念的边缘。它利用了我们已经描述过的名人生产系统的某些方面，其消费模式也保留了我在其他地方提到的模棱两可和相互矛盾的性质但我们仍然在积极地解读关于政治的表征，无论它被管理得多么好。然而，与我在本书中研究的大多数名人制造不同的是，"政治顾问"的工作主要是为了中断公众对于信息的获取。娱乐业的宣传人员可能偶尔也需要这样做，但他们的主要目的是将人们的注意力吸引到文化消费的优先选择上，两者的重点完全不同。有时，获取政治信息对于公众来说极其重要，例如，在美国领导的对伊拉克的打击上，官方提供的合法性政治信息对于美国公众相当重要。妨碍公众获取这些信息是一种媒体干预，它的目的与美化拉塞尔·布兰德或汤姆·克鲁斯形象的目的截然不同。媒体干预需要引起更广泛的关注，并最终完全超越我们对于名人的考虑。

三、结　论

名人的普遍存在性——这是我在本书中一直强调的一个名人属性——使得写一本名人著作的目标实现起来很难。我不敢期望所有的问题都被涵盖在我的讨论能够涉及的范围之内。我之所以会选择一些论题，就是因为它们具有说明性的价值，而不是作为描述名人在其中发挥作用的各种文化背景的手段。但是，我确实希望在我所讨论的范围内，我的论证方法能够取得更大的成功。这本书之所以使用不同的处理方式分别探讨名人的生产和消费，除了其他目的之外，我还试图想让读者认识到理解名人文化实践需要运用不同的方法。这样的划分强调了理解生产名人的产业条件的重要性，因为在文化和媒体研究中，已经出版的很多著作都聚集于把名人——通常是个体名人——作为文本进行分析。文本研究的方法充分考虑了名人作为一种媒体产品所具有的令人惊奇的壮观性（spectacular nature），却极少关注这些奇观（spectacles）最初是如何出现的。人们注意到以名人信息为特色的网站激增是一回事，但是理解导致这一现象出现的产业和文化转变是另一回事。在今天的文化研究中，如果我们想要理解这些现象的多重意义和重要性，就需要从尽可能多的角度来进行研究。令人感到欣慰的是，在过去的五六年里，我们已经看到人们使用的研究方法越来越多样化，例如，人们对在特定历史节点上名人的形成历史❶以及通过特定媒体的行业实践建构名人❷等内容产生了更大的兴趣；对于名人的性别属性及其消费，研究者的兴趣也出现了一个令人欣慰的复兴。❸

在广为流传的话语中，名人通常被视为一个非理性的领域，

❶　F. Inglis. A Short History of Celebrity［M］. Princeton：Princeton University Press，2010；C. Hindson. Mrs Langtry seems to be on the way to a fortune：The Jersey Lilyand models of late nineteenth century fame［A］//S. Holmes，D. Negra. Inthe Limelight and Under the Microscope：Forms and Functions of Female Celebrity. New York and London：Continuum，2011.

❷　J. Bennett. Television Personalities：Stardom and the Small Screen［M］. London andNew York：Routledge，2011.

❸　S. Holmes，D. Negra. In the Limelight and Under the Microscope：Forms and Functions of Female Celebrity［A］. New York and London：Continuum，2011.

其吸引力可以通过魔法（magic）、魅力（charisma）、精神异常（pathology）、妄想（delusion）等隐喻来解释。接受这种解释诚然是名人在当今西方文化中发挥作用的一部分，但在这本书中，我还想展示一些额外的、或许更加经验主义的解释名人运作方法的价值。最基本的是，本书重点关注媒体行业中那些经常被排除在学术研究之外的部分，尤其是名人的宣传和推广工作。从这个角度来看，名人定义的模糊性及其作为我们公共文化组成部分的权利在我看来显得更加清晰。当我们把名人概念化为某种需要专业化管理或者通过话语进行解构的东西时，对待他们的观点就会变得完全不同。通过研究名人的工作实践、生产名人的文化等，人们可以理解这一切是如何实现的。这些方法已经成为叙述其他媒体产品（如新闻或者电视的生产）的常规方法，也是我在本书中试图思考的一个重要部分，这说明一套多视角的研究方法对于研究这种文化现象大有裨益。

此外，我一直关注的问题是，在当代公共文化中媒体如何发挥作用这一持续辩论的背景下讨论名人文化，例如，小报化的问题，娱乐相对于信息、民主娱乐（entertainment versus information，democratainment）的问题，等等。我认为这些问题都不是轻而易举就可以做出回应的。文化研究能够使我们以一种理论化和政治协调的方式解决这些问题，但也提醒我们注意涉及其中的政治事件的不可预见性。现在我们面临的问题是，当我们仍然选择密切关注在特定历史时期发挥作用的具体的权利关系时，这无助于我们寻求一种全球化的解释。我们必须继续通过新闻媒体对目前民主理想的表现进行明确的讨论：的确，在我看来，这是文化研究应该重新承担的一项职能。在写这本书的过程中，我得到的经验是，如果这些辩论与特定的历史、文化和行业背景相脱节，问题就无法轻易解决。名人具有这样的潜能，即以让人强烈谴责或者拍手喝彩的方式运作，但这两种潜能都不是它的内在本质。在努力解决问题时，我在本书的相关章节中给予不同的研究角度应有的重视，目的是把它们作为进一步探讨问题的手段。

尽管我们已经从各种角度对名人文化进行了分析，但是关于名人，我们依然有很多方面不甚了解。对于名人，我也做出了多种解释：他们是一种话语塑造下的产物，是一种商品，是一种产业，甚至可能是社会关系的一种形式。然而，我也已经准备好接受这样一个事实：这一切仍然不能完全解释成被杰姬·史黛丝的受访者所描述的那种明星与粉丝关系的力量（the force of the celebrity – fan relation）。在《明星》最后一段非常精彩的段落中，理查德·戴尔提醒我们，虽然他专注于明星的文化分析和去神秘化，但是当他看到玛丽莲·梦露时，还是忍不住屏住了呼吸。❶ 我希望我们能够理解名人，也希望本书能够让我们朝着这个目标更迈进一步。但重要的是，在我们不忘自己为什么想要解读名人文化，而且认识到为什么解读名人仍是如此难以实现的同时，还需要把解读名人的冲动牢记在心。

---

❶ R. Dyer. Stars［M］. London：BFI（Revised edition 1998，Stars：New Edition with Paul McDonald，London：BFI.），1979：184.

参考文献

［1］ Alberoni, F. (1972) "The powerless elite: Theory and sociological re-search on the phenomenon of stars", in D. McQuail (ed.), *Sociology of Mass Communications: Selected Readings.* Harmondsworth: Penguin. pp. 75 – 98.

［2］ Allen, K. (2011) "Girls imagining careers in the limelight: Social class, gender and fantasies of 'success'", in S. Holmes and D. Negra (eds), *In the Limelight and Under the Microscope: Forms and Functions of Female Celebrity* . New York and London: Continuum. pp. 149 – 173.

［3］ Andrejevic, M. (2004) *Reality TV: The Work of Being Watched.* Lanham,MD: Rowman and Littlefield.

［4］ Andrejevic, M. (2008) "Watching television without pity: The produc-tivity of online fans", *Television and New Media*, 9 (1): 24 – 46.

［5］ Andrews, D. L. and Jackson, S. J. (2001) (eds) *Sports Stars: The Cul-tural Politics of Sporting Celebrity.* London and New York: Routledge.

［6］ Ang, I. (1985) *Watching Dallas: Soap Opera and the Melodramatic I-magination.* London: Methuen, 1985.

［7］ Anonymous. (2002) "Fuck Me, I'm Famous", *Celebrity Flesh*, (3), p: 2.

［8］ Becker, K. (1992) " Photojournalism and the Tabloid Press ", in P. Dahlgren and C. Sparks (eds), *Journalism and Popular Culture.* London: Sage.

［9］ Becker, K. (1998) "The Diana Debate: Ritual". *Screen*, 39 (3):

289 – 293.

[10] Bennett, J. (2011) *Television Personalities: Stardom and the Small Screen.* London and New York: Routledge.

[11] Billig, M. (1992) *Talking of the Royal Family.* London and New York: Routledge.

[12] Bird, S. E. (2002) "Taking it personally: Supermarket tabloids after September 11", in B. Zelitzer and S. Allan (eds), *Journalism after September* 11. London and New York: Routledge. pp. 141 – 159.

[13] Bonner, F. (2003) *Ordinary Television: Analyzing Popular TV.* London: Sage.

[14] Bonner, F. (2011) *Personality Presenters: Television's Intermediaries with Viewers.* Farnham: Ashgate.

[15] Boorstin, D. (1971) *The Image: A Guide to Pseudo – Events in America.* New York: Atheneum. (Originally published in 1961 as *The Image or What Happened to the American Dream?*).

[16] Bourdieu, P. (1990) *In Other Words: Essays Towards a Reflexive Sociology.* Oxford: Polity.

[17] Bratich, J. (2007) "Programming reality: Control societies, new subjects, powers of transformation", in D. Heller (ed.), *Makeover Television: Realities Remodeled.* London: I. B. Taurus. pp. 1 – 5.

[18] Braudy, L. (1986) *The Frenzy of Renown: Fame and its History.* New York and Oxford: Oxford University Press.

[19] Brauer, L. and Shields, V. R. (1999) "Princess Diana's celebrity in freeze – frame: Reading the constructed image of Diana through photographs", *European Journal of Cultural Studies*, 2 (1): 5 – 25.

[20] Bromley, M. and Cushion, S. (2002) "Media fundamentalism: The immediate response of the UK national press to September 11", in B. Zelitzer and S. Allan (eds), *Journalism after September 11.* London

and New York: Routledge. pp. 160 – 177.

[21] Campbell, B. (1998) *Diana, Princess of Wales: How Sexual Politics Shook the Monarchy.* London: Women's Press.

[22] Carey, J. W. (2002) "American journalism on, before, and after September 11", in B. Zelitzer and S. Allan (eds), *Journalism after September 11.* London and NewYork: Routledge. pp. 71 – 90.

[23] Cashmore, E. (2003) *Beckham.* Cambridge: Polity.

[24] Chaney, D. (1993) *Fictions of Collective Life: Public Drama in Late Modern Culture.* London and New York: Routledge.

[25] Chaney, D. (2001) 'The mediated monarchy', in D. Morley and K. Robins (eds), *British Cultural Studies: Geography, Nationality and Identity.* Oxford: Oxford University Press. pp. 207 – 220.

[26] Cheung, C. (2000) "A home on the web: Presentations of the self on personal homepages", in D. Gauntlett (ed.), *Web. Studies: Rewiring Media Studies for the Digital Age.* London: Arnold. pp. 43 – 51.

[27] Conboy, M. (2002) *The Press and Popular Culture.* London: Sage.

[28] Connell, I. (1992) "Personalities in the popular media", in P. Dahlgren and C. Sparks (eds), *Journalism and Popular Culture.* London: Sage. pp. 64 – 85.

[29] Couldry, N. (2000a) *Inside Culture: Re – Imagining the Method of Cultural Studies.* London: Sage.

[30] Couldry, N. (2000b) *The Place of Media Power: Pilgrims and Witnesses of the Media Age.* London and New York: Routledge.

[31] Couldry, N. (2001) "Everyday royal celebrity", in D. Morley and K. Robins (eds), *British Cultural Studies: Geography, Nationality and Identity.* Oxford: Oxford University Press.

[32] Couldry, N. (2003) *Media Rituals: A Critical Approach.* London and New York: Routledge.

[33] Couldry, N. (2012) *Media, Society, World: Social Theory and Digital Media Practice.* Cambridge: Polity,.

[34] Couldry, N. and Markham, T. (2007) "Celebrity culture and public connection: Bridge or chasm?". *International Journal of Cultural Studies*, 10 (4): 403–422.

[35] Cowen, T. (2000) *What Price Fame?* . Cambridge, MA, and London: Harvard University Press.

[36] Crawford, B. (2002) "Editors battle the twin sins of secrecy and spin", *Media, The Australian*, 10–16 October, p. 3.

[37] Dahlgren, P. and Sparks, C. (eds) (1992) *Journalism and Popular Culture.* London: Sage.

[38] Dayan, D. and Katz, E. (1992) *Media Events: The Live Broadcasting of History.* Cambridge, MA: Harvard University Press.

[39] De Cordova, R. (1990) *Picture Personalities: The Emergence of the Star System in America.* Urbana and Chicago: University of Illinois Press.

[40] Donoghue, F. (1996) *The Fame Machine: Book Reviewing and Eighteenth Century Literary Careers.* Stanford: Stanford University Press.

[41] Dovey, J. (2000) *Freakshow: First Person Media and Factual Television.* London: Pluto.

[42] Dovey, J. (2002) "Confession and the unbearable lightness of factual television", *Media International Australia Incorporating Culture and Policy*, No. 104: pp. 10–18.

[43] Dyer, R. (1979) *Stars.* London: BFI. (Revised edition 1998, *Stars: New Edition* [with Paul McDonald], London: BFI.)

[44] Dyer, R. (1986) *Heavenly Bodies: Film Stars and Society.* London: BFI/Macmillan.

[45] Eckert, S. (1991) "The Carole Lombard in Macy's window", in C. Gledhill (ed.), *Stardom: Industry of Desire.* London and New York:

Routledge. pp. 30 – 39.

[46] Elliott, A. (1999) *The Mourning of John Lennon.* Melbourne: Melbourne University Press.

[47] Elton, B. (2001) *Dead Famous.* London: Bantam.

[48] Fisher, A. W. (2011) "We love this train – wreck: Sacrificing Britney to save America", in S. Holmes and D. Negra (eds), *In the Limelight and Under the Microscope: Forms and Functions of Female Celebrity.* New York and London: Continuum.

[49] Fowles, J. (1992) *Starstruck: Celebrity Performers and the American Public.* Washington, DC, and London: Smithsonian Institution Press.

[50] Franklin, B. (1997) *Newszak and News Media.* London: Edward Arnold.

[51] Friend, T. (2002) "They love you!". *The Observer Magazine,* 8 December, pp. 34 – 45.

[52] Frow, J. (1998) "Is Elvis a god? Cult, culture, questions of method". *International Journal of Cultural Studies,* 1 (2): 197 – 210.

[53] Gabler, N. (1995) *Walter Winchell: Gossip, Power and the Culture of Celebrity.* London: Picador.

[54] Gamson, J. (1994) *Claims to Fame: Celebrity in Contemporary America.* Berkeley: University of California Press.

[55] Gamson, J. (1998) *Freaks Talk Back: Tabloid Talk Shows and Sexual Nonconformity.* Chicago: University of Chicago Press.

[56] Garber, M. (1995) *Vice Versa: Bisexuality and the Eroticism of Everyday Life.* NewYork: Simon and Schuster.

[57] Gauntlett, D. (ed.) (2000) *Web. Studies: Rewiring Media Studies for the Digital Age.* London: Arnold.

[58] Giles, D. (2000) *Illusions of Immortality: A Psychology of Fame and Celebrity.* London: Macmillan.

［59］ Gitlin, T. (1997) "The anti – political populism of Cultural Studies", in M. Ferguson and P. Golding (eds), *Cultural Studies in Question*. London: Sage.

［60］ Gitlin, T. (2001) *Media Unlimited: How the Torrent of Images and Sounds Overwhelms Our Lives*. New York: Metropolitan Books.

［61］ Gledhill, C. (ed.) (1991) *Stardom: Industry of Desire*. London and New York: Routledge.

［62］ Gough – Yates, A. (2003) *Understanding Women's Magazines: Publishing, Markets and Readerships*. London and New York: Routledge.

［63］ Greenslade, R. (2002) "Spin the beginning". *The Guardian: Media*, 24 June, pp. 2 – 3.

［64］ Hansen, M. (1991) *Babel and Babylon: Spectatorship in American Silent Film*. Cambridge, MA: Harvard University Press.

［65］ Harper, S. (2006) "Madly famous: Narratives of mental illness in celebrity culture", in S. Holmes and S. Redmond (eds), *Framing Celebrity: New Directions in Celebrity Culture*. London and New York: Routledge.

［66］ Hartley, J. (1992) *The Politics of Pictures: The Creation of the Public in the Age of Popular Media*. London and New York: Routledge.

［67］ Hartley, J. (1996) *Popular Reality: Journalism, Modernity, Popular Culture*. London: Edward Arnold.

［68］ Hartley, J. (1999) *Uses of Television*. London and New York: Routledge.

［69］ Hartley J. (2008) *Television Truths*. Malden, MA: Blackwell.

［70］ Hartley, J. (2009) *The Uses of Digital Literacy*. St Lucia: University of Queensland Press.

［71］ Hartley, J. and Lumby, C. (2003) "Working girls or drop dead gorgeous? Young girls in fashion and news", in K. Mallan and S. Pearce (eds), *Youth Cultures: Texts, Images and Identities*. Westport CT and London: Praeger. pp. 47 – 67.

[72] Hay, J. and Ouellette, L. (2008) *Better Living Through Reality TV: Television and Post – Welfare Citizenship*. Malden, MA: Blackwell.

[73] Hepp, A. (2013) *Cultures of Mediatization*, trans. K. Tribe. Cambridge: Polity.

[74] Herman, E. S. and McChesney, R. W. (1997) *The Global Media: The New Missionaries of Corporate Capitalism*. London and Washington, DC: Cassell.

[75] Hermes, J. (1995) *Reading Women's Magazines: An Analysis of Everyday Media Use*. Cambridge: Polity.

[76] Hermes, J. (1999) "Media figures in identity construction", in P. Alasuutari (ed.), *Rethinking the Media Audience: The New Agenda*. London: Sage. pp. 69 – 85.

[77] Hesmondhalgh, D. (2013) *The Cultural Industries* (third edition). London: Sage.

[78] Hill, A. (2002) "*Big Brother*: The real audience", *Television and New Media*, 3 (3): 323 – 340.

[79] Hill, A. (2007) *Restyling Factual TV: Audiences and News, Documentary and Reality Genres*. London: Routledge.

[80] Hills, M. (2002) *Fan Cultures*. London: Routledge,.

[81] Hindman, M. (2009) *The Myth of Digital Democracy*. Princeton and Oxford: Princeton University Press.

[82] Hindson, C. (2011) "Mrs Langtry seems to be on the way to a fortune: The Jersey Lily and models of late nineteenth century fame", in S. Holmes and D. Negra (eds), *In the Limelight and Under the Microscope: Forms and Functions of Female Celebrity*. New York and London: Continuum.

［83］ Hobson, D. (1982) *Crossroads: The Drama of a Soap Opera.* London: Methuen.

［84］ Holmes, S. (2009) "Jade's back and this time she's famous: Narratives of celebrity in the *Celebrity Big Brother* race row". *Entertainment and Sports Law Journal* 7: 1, xx – xxxvi.

［85］ Holmes, S. and Negra, D. (eds) (2011) *In the Limelight and Under the Microscope: Forms and Functions of Female Celebrity.* New York and London: Continuum.

［86］ Holmes, S. and Redmond, S. (eds) (2006) *Framing Celebrity: New Directions in Celebrity Culture.* London and New York: Routledge.

［87］ Hopkins, S. (2002) *Girl Heroes: The New Force in Popular Culture.* Sydney: Pluto.

［88］ Horrie, C. and Nathan, A. (1999) *Live TV: Tellybrats and Topless Darts – The Uncut Story of Tabloid Television.* London: Pocket.

［89］ Inglis. F. (2010) *A Short History of Celebrity.* Princeton: Princeton University Press.

［90］ Inthorn, S. and Street, J. (2011) "Simon Cowell for Prime Minister? Young citizens' attitudes towards celebrity politics". *Media, Culture and Society*, 33 (3): 1 – 11.

［91］ Jeffreys, E. (2010) "Accidental Celebrities: China's chastity heroines and charity", in L. Edwards and E. Jeffries (eds), *Celebrity in China.* Hong Kong: Hong Kong University Press.

［92］ Jenson, J. (1992) "Fandom as pathology: The consequences of characterization", in L. Lewis (ed.), *The Adoring Audience: Fan Culture and Popular Media.* London and New York: Routledge. pp. 9 – 29.

［93］ Johansson, S. (2006) "Sometimes you wanna hate celebrities': Tabloid readers and celebrity coverage", in S. Holmes and S. Redmond (eds), *Framing Celebrity: New Directions in Celebrity Culture.* London and New

York: Routledge.

[94] Johnson, R. (1999) "Exemplary differences: Mourning (and not mourning) a princess", in A. Kear and D. L. Steinberg (eds), *Mourning Diana: Nation, Culture and the Performance of Grief*. London and New York: Routledge.

[95] Johnson – Woods, T. (2002) *Big Bother*. St Lucia: University of Queensland Press.

[96] Kear, A. and Steinberg, D. L. (eds) (1999) *Mourning Diana: Nation, Culture and the Performance of Grief*. London and New York: Routledge.

[97] Kelly, K. and McDonnell, E. (eds) (1999) *Stars Don't Stand Still in the Sky: Music and Myth*. London: Routledge.

[98] Khurana, R. (2003) *Searching for a Corporate Saviour: The Irrational Quest for Charismatic CEOs*. Princeton and Oxford: Princeton University Press.

[99] Kilborn, R. W. (1998) "Shaping the real: Democratization and commodification in UK factual broadcasting". *European Journal of Communication*, 13 (2): pp. 201 – 218.

[100] King, B. (1991) "Articulating stardom", in C. Gledhill (ed.), *Stardom: Industry of Desire*. London and New York: Routledge. pp. 167 – 182.

[101] Kipnis, L. (1992) " (Male) desire and (female) disgust: Reading *Hustler*", in L. Grossberg, C. Nelson, and P. Treichler (eds), *Cultural Studies*. New York and London: Routledge. pp. 373 – 391.

[102] Kitzmann, A. (1999) "Watching the Web watch me: Explorations of the domestic webcam", MIT Communications Forum, http://web. mit. edu/comm – forum/papers/kitzmann. html#f17.

[103] Klein, N. (2000) *No Logo*. London: Flamingo.

[104] Knee, A. (2006) "Celebrity skins: The illicit textuality of the celebri-

ty nude", in S. Holmes and S. Redmond (eds), *Framing Celebrity: New Directions in Celebrity Culture*. London and New York: Routledge.

[105] Kuhn, A. (1998) "Preface to Special Debate: Flowers and tears – The death of Diana, Princess of Wales", *Screen*, 39 (1): 67 – 68.

[106] Langer, J. (1981) "Television's 'personality system'", *Media, Culture and Society*, 3 (1): 351 – 365.

[107] Langer, J. (1998) *Tabloid Televison: Popular Journalism and the "Other" News*. London: Routledge.

[108] Leadbetter, C. (2000) *Living on Thin Air: The New Economy*. Harmondsworth: Penguin.

[109] Leff, L. J. (1997) *Hemingway and His Conspirators: Hollywood, Scribners, and the Making of American Celebrity Culture*. Lanham, MD: Rowman and Littlefield.

[110] Leppert, A. and Wilson, J. (2011) "Living The Hills life: Lauren Conrad as reality star, soap opera heroine, and brand", in S. Holmes and D. Negra (eds), *In the Limelight and Under the Microscope: Forms and Functions of Female Celebrity*. New Yorkand London: Continuum. pp. 261 – 279.

[111] Levy, B. and Bonilla, D. M. (eds) (1999) *The Power of the Press: The Reference Shelf*. 71: 1, New York and Dublin: H. W. Wilson Co.

[112] Lewis, L. (ed.) (1992) *The Adoring Audience: Fan Culture and Popular Media*. London and New York: Routledge.

[113] Livingstone, S. (2009) "On the mediation of everything", *Journal of Communication*, 59 (1): 1 – 18.

[114] Lumby, C. (1997) *Bad Girls: The Media, Sex and Feminism in the 90s*. Sydney: Allenand Unwin.

[115] Lumby, C. (1999) *Gotcha: Life in a Tabloid World*. Sydney: Allen and Unwin.

[116] Lumby, C. (2006) "Doing it for themselves? Teenage girls, sexuality and fame", in S. Redmond and S. Holmes (eds), *Stardom and Celebrity: A Reader*. London: Sage. pp. 341 –352.

[117] Marcus, G. (1991) *Dead Elvis: A Chronicle of a Cultural Obsession*. New York: Doubleday.

[118] Marshall, P. D. (1997) *Celebrity and Power: Fame in Contemporary Culture*. Minneapolis and London: University of Minnesota Press.

[119] Marshall, P. D. (2000) "The celebrity legacy of The Beatles", in I. Inglis (ed.), *The Beatles, Popular Music and Society: A Thousand Voices*. London: Macmillan. pp. 163 – 175.

[120] Marshall, P. D. (ed.) (2006) *The Celebrity Culture Reader*. New York and London: Routledge.

[121] Marshall, P. D. (2010) "The promotion and presentation of the self: Celebrity as a marker of presentational media", *Celebrity Studies*, 1 (1): 35 –48.

[122] Marwick, A. and Boyd, D. (2011) "To see and be seen: Celebrity practice on Twitter", *Convergence*, 17 (2): 139 – 158.

[123] Masciarotte, G. – J. (1991) " 'C' mon girl: Oprah Winfrey and the discourse of feminine talk", *Genders*, 11: 81 – 110.

[124] McCutcheon, L., Lange, R. and Houran, J. (2002) "Conceptualization and measurement of celebrity worship", *British Journal of Psychology*, 93 (1): 67 –87.

[125] McCutcheon, L., Maltby, J., Houran, J. and Ashe, D. (2004) *Celebrity Worshippers: Inside the Minds of Stargazers*. Baltimore, MD: PublishAmerica.

[126] McDonald, M. G. and Andrews, D. L. (2001) "Michael Jordan: Corporate sport and postmodern celebrityhood", in D. L. Andrews and S. J. Jackson (eds), *Sports Stars: The Cultural Politics of Sporting Ce-*

lebrity. London and New York: Routledge.

[127] McGuigan, J. (1992) *Cultural Populism*. London: Routledge.

[128] McGuigan, J. (2000) "British identity and 'The People's Princess"', *The Sociological Review*, February, 1 (48): 1 – 18.

[129] McNamara, K. (2011) "The paparazzi industry and new media: The evolving production and consumption of celebrity news and gossip websites". *International Journalof Cultural Studies*, 14 (5): 515 – 530.

[130] Mieszkowski, K. (2001) "Candy from strangers", Salon. com, August, 13, http://archive. salon. com/tech/feature/2001/08/13/cam_girls/.

[131] Miller, T., Govil, N., McMurria, J. and Maxwell, R. (2001) *Global Hollywood* . London: BFI.

[132] Milmo, C. and Akbar, A. (2002) "BBC raises the stakes with new 'reality TV' show, *The Independent*, 1 July, p. 5.

[133] Monaco, J. (ed.) (1978) *Celebrity: The Media as Image Makers*. New York: Delta.

[134] Moore, C. (2012) "I'm kind of a big deal on the Internet: Reddit. com and the reshaping of celebrity". Paper delivered to the Inaugural Celebrity Studies conference, Deakin University, December.

[135] Moran, J. (2000) *Star Authors: Literary Celebrity in America*. London: Pluto.

[136] Morgan, S. (2011) "Celebrity: Academic 'pseudo – event' or a useful concept for historians?", *Cultural and Social History*, 8 (1): 95 – 114.

[137] Morley, D. (1986) *Family Television: Cultural Power and Domestic Leisure*. London: Comedia.

[138] Murray, S. (2003) "Media convergence's third wave: content streaming", *Convergence: The Journal of Research into New Media Technolo-*

gies, 9 (1): 8 – 22.

[139] Pertierra, A. C. and Turner, G. (2013) *Locating Television: Zones of Consumption.* London and New York: Routledge.

[140] Pieper, C. (2000) "Use your illusion: Televised discourse on journalism ethics in the United States", *Social Semiotics*, 10 (1): 61 – 79.

[141] Redmond, S. and Holmes, S. (eds) (2006) *Stardom and Celebrity: A Reader.* London: Sage.

[142] Rein, I. , Kotler, P. and Stoller, M. (1997) *High Visibility: The Making and Marketing of Professionals into Celebrities.* Lincolnwood, IL: NTC Business Books.

[143] Rodman, G. B. (1996) *Elvis After Elvis: The Posthumous Career of a Living Legend.* London and New York: Routledge.

[144] Rojek, C. (2001) *Celebrity.* London: Reaktion.

[145] Rojek, C. (2012) *Fame Attack: The Inflation of Celebrity and its Consequences.* London: Bloomsbury.

[146] Roscoe, J. (2001) "*Big Brother* Australia: Performing the 'real' twenty – four – seven", *International Journal of Cultural Studies*, 4 (4): 473 – 488.

[147] Rosen, J. (2006) "The people formerly known as the audience". *PressThink: Ghost of Democracy in the Media Machine*, 27 June. http: // archive. pressthink. org/2006/06 /27/ppl_ frmr. html (last accessed 24 January 2013).

[148] Ross, A. (1989) *No Respect: Intellectuals and Popular Culture.* London and New York: Routledge.

[149] Rowe, D. (1995) *Popular Cultures: Rock Music, Sport and the Politics of Pleasure.* London: Sage.

[150] Sales, N. J. (2003) "The camera wars". *Vanity Fair*, March, pp. 78 – 85.

[151] Saltzman, J. (1999) "Celebrity journalism, the public and Princess Diana", in B. Levy and D. M. Bonilla (eds), *The Power of the Press*. New York and Dublin: H. W. Wilson. pp. 73 – 75.

[152] Scannell, P. (2002) "*Big Brother* as a Television Event". *Television and New Media*, 3 (3): 271 – 282.

[153] Scheeres, J. (2001) "Girl model sites crossing line?". *Wired News*, 23 July, http//www. wired. com/news/ebiz/0, 1272, 45346. 00. html.

[154] Schikel, R. (1985) *Intimate Strangers: The Culture of Celebrity in America*. Chicago, IL: Ivan R. Dee.

[155] Schickel, R. (2000) *Intimate Strangers: The Culture of Celebrity in America* (revised edition) . Chicago, IL: Ivan R. Dee.

[156] Schmid, D. (2006) "Idols of destruction: Celebrity and the serial killer", in S. Holmes and S. Redmond (eds), *Framing Celebrity: New Directions in Celebrity Culture*. London and New York: Routledge.

[157] Senft, T. M. (2008) *Camgirls: Celebrity and Community in the Age of Social Media*. New York: Peter Lang.

[158] Shattuc, J. M. (1997) *The Talking Cure: TV Talk Shows and Women*. New York and London: Routledge.

[159] Shattuc, J. M. (1998) "Go Ricki: Politics, perversion and pleasure in the 1990s", in C. Geraghty and D. Lusted (eds), *The Television Studies Book*. London: Edward Arnold. pp. 212 – 227.

[160] Shepard, A. C. (1999) "Celebrity journalists: It's part of Watergate's legacy: A highly paid, star – studded media elite. That's good for a handful of journalists, but is it good for journalism?", in B. Levy and D. M. Bonilla (eds), *The Power of the Press*. New York and Dublin: H. W. Wilson.

[161] Silverstone, R. (1998) "Special Debate. Flowers and tears: The Death of Diana, Princess of Wales: Space", *Screen*, 39 (1): 81 – 84.

［162］ Skeggs, B. , Wood, H. (2012) *Reacting to Reality Television: Performance, Audience and Value.* London and New York: Routledge.

［163］ Spigel, L. (2001) *Welcome to the Dreamhouse: Popular media and postwar suburbs.* Durham, NC: Duke University Press.

［164］ Stacey, J. (1994) *Star Gazing: Hollywood Cinema and Female Spectatorship.* London: Routledge.

［165］ Staiger, J. (1991) "Seeing stars", in C. Gledhill (ed.), *Stardom: Industry of Desire.* London and New York: Routledge. pp. 3 – 16.

［166］ Storey, J. (2003) *Inventing Popular Culture: From Folklore to Globalization.* Malden, MA: Blackwell.

［167］ Sunstein, C. (2009) *Republic. com 2. 0 .* Princeton: Princeton University Press.

［168］ Taylor, A. (2013) "Tweeting feminism: Naomi Wolf, celebrity and the (feminist) uses of social media". Paper presented to *Console – ing Passions* conference. Leicester, UK, June.

［169］ Turner, G. (1999) "Tabloidisation, journalism and the possibility of critique", *International Journal of Cultural Studies*, 2 (1): 59 –76.

［170］ Turner, G. (2001) "Ethics, entertainment and the tabloid: The case of talkback radio in Australia", *Continuum*, 15 (3): 349 –358.

［171］ Turner, G. (2003) *British Cultural Studies: An Introduction* (third revised edition) . London and New York: Routledge.

［172］ Turner, G. (2010) *Ordinary People and the Media: The Demotic Turn.* London: Sage.

［173］ Turner, G. , Bonner, F. and P. D. Marshall (2000) *Fame Games: The Production of Celebrity in Australia.* Melbourne: Cambridge University Press.

［174］ van Krieken, R. (2012) *Celebrity Society.* London: Routledge.

［175］ Walker, A. (1970) *Stardom: The Hollywood Phenomenon.* London:

Michael Joseph.

[176] Wark, M. (1999) *Celebrities, Culture and Cyberspace: The Light on the Hill in a Postmodern World.* Sydney: Pluto.

[177] Weinstein, D. (1999) "Art versus commerce: Deconstructing a (useful) romantic illusion", in K. Kelly and E. McDonnell (eds), *Stars Don't Stand Still in the Sky: Music and Myth.* London: Routledge. pp. 56 – 71.

[178] Wernick, A. (1991) *Promotional Culture: Advertising, Ideology and Symbolic Expression.* London: Sage.

[179] West, D. M. and Orman, J. (2003) *Celebrity Politics.* Upper Saddle River, NJ: Prentice – Hall.

[180] Whannel, G. (2002) *Media Sports Stars: Masculinities and Moralities.* London and New York: Routledge.

[181] Whiteley, S. (2006) "Celebrity: The killing fields of popular music", in S. Holmes and S. Redmond (eds), *Framing Celebrity: New Directions in Celebrity Culture.* London and New York: Routledge. pp. 329 – 342.

[182] Wills, G. (1997) *John Wayne: The Politics of Celebrity.* London and Boston, MA: Faber and Faber.

[183] Wilson, E. (1997) "The unbearable lightness of Diana". *New Left Review*, No. 226, pp. 136 – 145.

[184] Wood, H. and Skeggs, B. (eds) (2011) *Reality Television and Class.* London: Palgrave Macmillan.

[185] Young, T. (2001) *How to Lose Friends and Alienate People.* London: Little, Brown.

[186] Zelizer, B. and Allan, S. (eds) (2002) *Journalism after September 11.* London and New York: Routledge.

英文版索引

格式：英文＋中文＋英文版页码

accidental celebrity 意外走红的名人 41－42

Acker，K. 凯西·阿克 20

Adult Sport《成人运动》143n

Adventures of Ozzie and Harriet，The
《奥齐和哈里特的冒险》126

Airline《航空公司》58

Airport《机场》58

Alberoni，F. 阿尔贝罗尼 23－24

Ali，G. 阿里斯泰尔·莱斯利·格
雷厄姆 25

Al－Jazeera 半岛电视台 99

Allen，L. 莉莉·艾伦 73

Allen，K. 艾伦 93

Amazing Race，The《极速前进》
40

Anderson，P. 帕梅拉·安德森 140

Andrejevic，M. 安德烈耶维奇 28，
93，125，137

Andrews，D. L. and Jackson，S. J.
安德鲁斯和杰克逊 21－22

Ang，I. 昂 108，132

Apprentice，The《飞黄腾达》18

Arbuckle，F. 阿巴寇 15

Arctic Monkeys 北极猴子乐团 73

Armstrong，L. 兰斯·阿姆斯特朗
118

Bachelor，The《单身汉》124

Barcan，R. 露丝·巴肯 108

Bardot 巴尔多特 77n

BBC World 英国广播公司世界频道
99，120n

Beatles，The 披头士乐队 61

Becker，K. 卡琳·贝克尔 109－
110

Beckham，D. 大卫·贝克汉姆 22，
132

Bennett，J. 詹姆斯·班尼特 8，
17，71，72，156

Bernays，E. 爱德华·伯奈斯 48

Bertelsmann 贝塔斯曼 34

Beyonce 碧昂斯 136

Bieber，J. 贾斯汀·比伯 36，39，
53，73，74

Big Bother《兄弟帮》77n

Big Brother《老大哥》3，8，10，
40，58，59，63，64 – 70
passim，87，89，93，124

Billig，M. 毕力格 106，127

Biography《传记》69

Bird，S. E. 伯德 80

Blanchett，C. 凯特·布兰切特 16

Blair，T. 托尼·布莱尔 18

Bonner，F. 邦纳 17，41，58，68，
89，120n

Boorstin，D. 丹尼尔·布尔斯丁 4 –
5，13，18，26

Bourdieu，P. 布尔迪厄 67

Boyle，S. 苏珊·博伊尔 39

Brand，R. 拉塞尔·布兰德
51，155

Bratich，J. 杰克·布拉迪奇 146

Braudy，L. 里奥·布劳迪 10 – 11，
20，66，87，88

Bromley，M. and Cushion，S. 布罗
姆利和库逊 83

Burchill，J. 朱莉·伯奇尔 49

Burrell，P. 伯勒尔 41

camgirls 视频女主播 70 – 71，141 –
142

Campbell，B. 比阿特丽克斯·坎
贝尔 108

Campbell，N. 坎贝尔 136

Carey，J. 詹姆斯·凯里 85

Carey，M. 玛丽亚·凯莉 73

Cashmore，E. 凯什摩尔 132

celeactor 角色名人 25

celebrification 名人化 92

Celebrity《名流》7

agents 代理人 37，46 – 47

as branding mechanism 作为品牌机
制 36

CEOs 首席执行官 18 – 19

as commodity 作为商品 4，9 – 10，
37 – 38，75

and commodity consumption 商品消
费 133 – 135

and convergence 汇集 35 – 36

and cultural identity 文化身份 93 –
94，114 – 115

industry 行业 38

structure of 结构 44 – 45

and journalism 新闻业 146 – 150

magazines 期刊 38，52 – 53，78 –

83

managers 管理者 37，47

modernity of 现代性 11 – 12

and the notorious or criminal 声名狼
藉以及犯罪人物 25 – 26

pervasiveness of 普遍性 3 – 4，13，
18，20

and politics 政治 149 – 155

and porn sites 色情网站 138 – 141

publicists 宣传人员 48 – 49，51 –
52

online 在线 9，23，74 – 76，81 –
82，124 – 142

as religion 宗教 6 – 7，29

and social media 社交媒体 27

and sports 体育 21 – 22，42 – 43，
116 – 119

Celebrity Adult Spy《名人成人间谍》
143

Celebrity Big Brother《名 人 老 大
哥》64

Celebrity and Power《名流与权力》
7，16，22，44，61，94，131 –
132

Celebrity Flesh《名人胴体》9，80，
138 – 142

Celebrity. Wonder. com 名人奇观 139

celetoid 小报名人 25，40

Chaney，D. 大 卫 · 钱 尼 28，51，
106 – 107

Cheung，C. 张 71

Claims to Fame《声名鹊起》7，44，
122

Clarkson，K. 克拉克森 56n

Clifford，M. 马克斯·克利福德 47

Clinton，B. 比尔·克林顿 154

CNN 美 国 有 线 电 视 新 闻 网
99，120n

Colbert Report，*The*《科尔伯特报
告》50

Colliers《矿工杂志》13

Combs，S. P. 吹牛老爹 62

Comcast 康卡斯特 34

Conboy，M. 康博伊 43，90

Connell，I. 伊 恩 · 康 奈 尔 30n，
85，130

Conrad，L. 劳伦·康拉德 17

content streaming 内容串流 35 – 36

Cops《警察》84

Cosmopolitan《柯梦波丹》82

Couldry，N. 尼克·库尔德利 66 –
8 passim，70 – 71，88，89 – 90，
92，107，130，144 – 145，157n

Couldry，N. and Markham，T. 库尔
德利和马卡姆 91，144，151

Crawford，B. 克劳福德 152

Cruise, T. 汤姆·克鲁斯 22, 51, 73, 155

Culture and Society《文化与社会》5

Current Affair, *A*《当前时事》84

Daily Show, *The*《每日秀》150

Danny Thomas Show, *The*《丹尼·托马斯》127

Diana, Princess of Wales 威尔士王妃戴安娜 9, 26, 52, 55, 87, 99 – 101 passim, 105, 107 – 113, 120n, 143n

De Cordova, R. 德·科尔多瓦 14 – 15, 17, 30n, 39, 43, 115, 134

De Niro, R. 罗伯特·德尼罗 16

Depp, J. 约翰尼·德普 16

Diagnosis Murder《谋杀诊断》70

DiCaprio, L. 莱昂纳多·迪卡普里奥 117

Disney 迪士尼 34

Diver, S. 斯图亚特·戴弗 30n, 41 – 42

Dolly《洋娃娃》80

Donovan, J. 杰森·多诺万 53

Dovey, J. 乔恩·多维 68, 90

Downey, R. Jnr 小罗伯特·唐尼 117

Driving School《驾校》58

Dyer, R. 理查德·戴尔 7, 16, 20, 30n, 37, 115, 116, 157

Easton, S. 伊斯顿 77n

Eastwood, C. 克林特·伊斯特伍德 16, 125, 153

Elliott, A. 埃利奥特 100, 103

Elvis Presley 埃尔维斯·普里斯利 6, 26, 101, 105

Entertainment Tonight《今晚娱乐》69

Epstein, B. 布莱恩·爱泼斯坦 61

Estrada, J. 约瑟夫·埃斯特拉达 153

Everage, Dame Edna 埃德娜·埃弗烈治夫人 25

Express, *The*《每日快报》83

Facebook 脸书 72

Fairbanks, D. 道格拉斯·费尔班克斯 15

Fairfax《费尔法克斯报》82

Fame Academy《名声学院》63

Fame Attack《名誉攻击》6, 44, 48, 103

Fame Games《名利游戏》7, 40, 41, 44, 50, 53, 100

Fear Factor《恐惧元素》148

FHM《男人帮》53，82，95n，139

film stars 电影明星 7，13–16，38–39，43，132–135

Fisher，A. W. 艾米·沃特金斯·费舍尔 136–137

FOX 福克斯新闻 99

Franklin，B. 鲍勃·富兰克林 3，50，79

Freaks Talk Back《变态的谈话》68

Freeman，C. 弗里曼 120n

Frenzy of Renown，*The*《名誉的迷乱》10–11

Friend，T. 弗润德 55n

Frow，J. 约翰·弗劳 6，105

Fry，S. 斯蒂芬·弗雷 74

Gabler，N. 尼尔·加布勒 12–13，23，24，46，127–128，129–130

Gamson. J. 约书亚·盖姆森 7，9，11，15，30n，38，39，45，46，51，54，55n，68，86，102，122–5 passim，128，129，130–131，142n，149–150，152

Garrett，P. 彼得·加勒特 154

Gascoigne，P. 保罗·加斯科因 118，120n

Gates，B. 比尔·盖茨 19

George Burns and Gracie Allen Show，*The*《乔治·伯恩斯和格雷西·艾伦秀》126

Gibson，M. 梅尔·吉布森 51，105

Giles 贾尔斯 7，8，21，30n，38，55n，103–104

Gitlin，T. 吉特林 3，85，99

Gledhill，C. 克里斯汀·格莱德希尔 30n，114

Global Hollywood《全球好莱坞》33

Globe，*The*《环球报》78

Goody，J. 杰德·古迪 56n，67

gossip 八卦 119，126–131，136–137

Got Talent《达人秀》63

Gough–Yates，A. 安娜·高夫–耶茨 78，79

Grace，H. 海伦·格蕾丝 108

Graham Norton《葛拉汉姆·诺顿秀》78

Grant，H. 休·格兰特 51，53

Greenslade，R. 格林斯莱德 151，152

Grigorievan，O. 奥克莎娜·格里戈里耶娃 105

Guardian，*The*《卫报》81–82

Hansen，M. 米里亚姆·汉森 132

Harpers Bazaar《时尚芭莎》82

Hartley，J. 约翰·哈特利 19－20，
　　30n，79，86，87－88，90，
　　111，120n

Hasselhoff，D. 大卫·哈塞尔霍
　　夫 39

Hay，J. and Ouellette，L. 哈伊和
　　奥雷特 28

Heat《热度》81

Heavenly Bodies《天体》55n，115，
　　116，131

Hello! 《名人，你好!》38，52，
　　53，80，81，87，95n，106

Herman，E. S. and McChesney，R.
　　W. 赫尔曼和麦克切斯尼 34

Hermes. J. 乔克·赫米斯 27，119，
　　128，129，130，131

Hesmondhalgh，D. 赫斯蒙德霍
　　34，55n

Hepp，A. 赫普 144，145，157n

High Visibility《名声大振》44

Hill，A. 安妮特·希尔 68，
　　69，124

Hills，M. 希尔斯 124

Hills, The《好莱坞女孩》58

Hilton，P. 佩雷斯·希尔顿 52，
　　72，136－137

Hindman，M. 欣德曼 77

Hindson，C. 辛德森 11，156

Hobson，D. 多萝西·霍伯森 132

Hola!《赫拉!》80

Hollywood Whores《好莱坞妓女》
　　9，140，141

Holmes，S. and Negra. D. 霍姆斯和
　　内格拉 137，141，156

Home and Away《聚散离合》40

Hopkins，S. 霍普金 94

Houston. W. 惠特尼·休斯顿 75

Hung，W. 亨 56n

Hustler《好色客》141

Idol《偶像》40，56，58，63

I Love Lucy《我爱露西》126

Illusions of Immortality《不朽的幻
　　象》7

Iman 伊曼 136

Inglis，F. 弗雷德·英格利斯
　　11，156

Inthorn，S. and Street，J. 因桑和斯
　　特里特 151

Intimate Strangers《亲密的陌生人》
　　30n，101

Inventing Popular Culture《流行文化
　　的创造》5

Jackson，G. 格伦达·杰克逊 154

Jackson，M. 迈克尔·杰克逊

9，53

Jennicam "看珍妮" 网站 70 – 71

Jenson，J. 若利 · 詹森 30n，102，125

Jerry Springer《杰里 · 斯普林格》78

Jersey Shore《泽西海岸》58

Jobs，S. 史蒂夫 · 乔布斯 19

Johansson，S. 约翰逊 137

Johnson，R. 理查德 · 约翰逊 27，108，111 – 113，114，116

Johnson – Woods，T. 托尼 · 约翰逊 – 伍兹 64，77n

Jordan，M. 迈克尔 · 乔丹 36，42

Kardashian，K. 金 · 卡戴珊 3

Kear，A. and Steinberg，D. L. 基尔和斯坦伯格 108

Keeping up with the Kardashians《与卡戴珊一家同行》59

Kennedy，J. F. K. 约翰 · 费茨杰拉德 · 肯尼迪 100

King，B. 巴里 · 金 39

Kingsley，P. 派特 · 金斯利 50，55n

Kipnis，L. 劳拉 · 基普尼斯 141

Kitzmann，A. 金斯曼 77n

Klein，N. 内奥米 · 克莱恩 36，45，62

Khurana，R. 拉凯什 · 库拉纳 18 – 19

Kuhn，A. 安妮特 · 库恩 109

Kutcher，A. 艾什顿 · 库奇 73

Lady Gaga 嘎嘎小姐 60，74

Lally，E. 伊莱恩 · 拉利 108

Langer，J. 约翰 · 兰格 8，16，17，78

Lawrence，F. 弗洛伦丝 · 劳伦斯 12

Laemmle，C. 卡尔 · 拉姆勒 12

Leadbetter，C. 查尔斯 · 李德贝特 87

Lee，T. 帕梅拉 · 安德森 – 汤米 · 李 140

Lennon，J. 约翰 · 列侬 26，100 – 110

Lennon and McCartney 列侬和麦卡特尼 61

Leno，J. 杰伊 · 雷诺 51

Leppert，A. and Wilson，J. 爱丽丝 · 莱波特和朱莉 · 威尔逊 17

Lewinsky，M. 莫尼卡 · 莱温斯基 30n

Lees，J. 乔安妮 · 利斯 30n

literary celebrity 文学名人 20 – 21

Livingstone. S. 利文斯顿 157n

Lloyd，J. 贾斯汀·劳埃德 108

Lohan，L. 林赛·罗韩 8

Lopez，J. 珍妮弗·洛佩兹 36

Love，C. 考特尼·洛夫 75

Lumby，C. 隆比 79，88，93

Masciarotte，G - J. 马塞洛第 88

Marshall，P. D. 大卫·马歇尔 6，13，15 - 16，20，22 - 23，27 - 28，30n，39，41，43，49，53，61 - 62，64，70，72，92，93 - 94，114，134，145

Marwick，L. and Boyd，D. 马威克和博伊德 27，72，73 - 76 passim

May，L. 拉里·梅 43

Mazur，K. 马祖尔 55n

McCutcheon L，et al. 麦克卡森等 125

McDonald M. G. and Andrews D. L. 麦克唐纳和安德鲁斯 42

McKee，A. 艾伦·麦基 143n

McGuigan，J. 麦圭根 110 - 111，113，118

McNamara，K. 麦克纳马拉 38，52，55 - 56n

Media Sports Stars《媒体体育明星》117

Media Unlimited《媒体无限》30n

Mendes，E. 伊娃·门德斯 140

Metacafe 在线视频网站 139

micro - celebrity 微名人圈 23，71 - 72

Milli Vanilli 米力瓦利合唱团 61

Miller，H. M. 哈里·莫里斯·米勒 47

Miller，T. et al. 托比·米勒等人 33，34，102

Minogue. K. 凯莉·米洛 53

Mirror，*The*《每日镜报》83

Modern Review《现代评论》49

Modern Screen《现代电影》13

Monaco，J. 詹姆斯·摩纳哥 24，30n

Monkees，The 门基乐队 61，77n

Moore，C. 摩尔 143

Moore，D. 黛米·摩尔 73

Moran，J. 乔·莫兰 20 - 21，39

Morgan，S. 西蒙·摩根 11

Morley，D. 大卫·莫利 132

Morrison，J. 莫里森 105

Moving Picture World《电影世界》13

Murdoch，R. 鲁伯特·默多克 34 - 35

Murray, S. 西蒙妮·穆雷 35

MySpace 我的空间 72

naked celebrities 裸体名人 139－141

National Enquirer, *The* 《国家询问报》52，53，78，80，81

Neighbours 《家有芳邻》40，53，54，93

Nesmith, M. 迈克尔·内史密斯 61

New Kids on the Block 街头顽童合唱团 22，132

News Corporation 新闻集团 34

News of the World 《世界新闻报》52，83－84，146－147

Newszak 《新闻娱乐化》50

Nicholson, J. 杰克·尼科尔森 8

No Logo 《拒绝品牌》45

Now 《嘉人 Now》53，80

N'Sync 超级男孩 62

Obama, B. 巴拉克·奥巴马 18，136

Observer, *The* 《观察家报》83

Oh No They Didn't（*ONTD*）《噢不他们没有》136

OK! 《好的!》80，81

Onassis, J. 奥纳西斯 141

One Direction 单向乐队 62

Oprah 《奥普拉秀》78，84

Ordinary People and The Media 《普通人与媒介：民众化转向》91

Osbourne, O. 奥兹·奥斯本 117

Ovitz, M. 迈克尔·奥维茨 47

paparazzi 狗仔 52，55－6n

para－social interactions 准社会关系互动 26－27，102－105

Parker, S. J. 莎拉·杰西卡·帕克 60

Parkinson 《帕金森秀》78

People 《人物周刊》53，80

Pertierra, A. C. and Turner, G. 安娜·克里斯蒂娜·佩蒂拉和特纳 33

Pickford, M. 玛丽·碧克馥 12，15

Phelps, M. 迈克尔·菲尔普斯 22

Photoplay 《电影故事》13

Pietersen, K. 凯文·皮特森 22

Planet Diana 《全球的戴安娜：文化研究与全球追悼》108

Playboy 《花花公子》139

Popstars 《流行歌手》62－64，68，77n

Popular Reality 《流行现实》86，

111

powerless elite 没有权力的精英 23 – 24

Premiere《首映》82

Promotional Culture《文化促销》10

public relations（PR）公共关系 47 – 48

and news, 新闻 50, 149

and politics 政治 151 – 152

and publicity 宣传 50 – 51

and talk shows 脱口秀 51

Ramey, P. 雷米 55

Reagan, R. 罗纳德·里根 18

Real Life《真实生活》93

reality TV 电视真人秀 10, 17, 40 – 41, 58 – 60 passim, 145 – 146

Reeves, K. 基努·里维斯 125

Rein, I. , Kotler, P. and Stoller, M. 赖因、科特勒和斯托勒 33, 43, 44 – 45, 46, 47, 50

Re：Public 出版社集团 108

Ricki Lake《瑞奇·雷克》78, 84

Ringley, J. 珍妮佛·林格莉 70

Rivera, G. 杰拉尔多·瑞弗拉 8

rock stars 摇滚明星 61 – 2

Rodman, G. 吉尔伯特·罗德曼 101

Rojek, C. 克里斯·罗杰克 6, 8, 9, 11, 24 – 26, 29, 30n, 45, 73, 76, 88, 103, 104 – 105, 120n

Romney, M. 米特·罗姆尼 125

Ronaldo, C. 克里斯蒂亚诺·罗纳尔多 22

Rooney, W. 韦恩·鲁尼 117

Roosevelt, F. D. R. 富兰克林·德拉诺·罗斯福 18

Roscoe, J. 罗斯科 68, 69

Rosen, J. 罗森 23, 79

Ross, A. 安德鲁·罗斯 30n, 67

Roth, P. 菲利普·罗斯 20

Rowe, D. 大卫·罗 42, 47

Rushdie, S. 萨尔曼·拉什迪 21

Sales, N. J. 萨莱斯 55n

Saltzmann, J. 萨尔茨曼 85

Saturday Evening Post, The《星期六晚邮报》13

Schickel, R. 理查德·席克尔 12, 26, 30n, 88, 101, 103, 125, 150

Schmid, D. 施密德 8, 26

Schwarzenegger, A. 阿诺德·施瓦辛格 16, 153

Screen《银幕》109

Search for a Supermodel《寻觅超模》63

Senft，T. 特蕾莎·森福特 23，71

September 11 "9·11" 事件 148

Shattuc，J. 简·沙图克 68，86

Shephard，A. C. 谢泼德 8

Silver Screen《银幕》13

Simpson，J. 辛普森 60

Skeggs，B. and Wood，H. 斯基格斯和伍德 28，30，67，129，146

social media 社交媒体 9

Sony 索尼 34

Spears，B. 布兰妮·斯皮尔斯 51，53，136，137，140

Spice Girls 辣妹组合 60 – 62

Spigel，L. 林恩·斯皮格尔 126 – 127，128

Stacey，J. 杰姬·史黛丝 132 – 135，142

Staiger，J. 施泰格 30n

Star，*The*《星报》80

Star Gazing《追星记》132 – 135

Stars《明星》27 – 28，116，157

Storey，J. 约翰·斯托里 5

Sugar《甜心》79 – 80

Sun，*The*《太阳报》80

Sunstein，C. 桑斯坦 151

Superficial，The 肤浅 136

Survivor《幸存者》3，58

Swift，T. 泰勒·斯威夫特 105

tabloid press，UK 英国小报出版社 83 – 84，146 – 147

Talking of the Royal Family《论王室》106

Talking Cure，*The*《谈话治疗》68

Taylor，A. 安西娅·泰勒 74 – 75，77n

television and the 'ordinary' 电视与"普通人" 88 – 90，92 – 94

personalities 人格 16 – 17

stars 明星 40

talk shows 脱口秀 86 – 87，92

TelevisionWithoutPity. com 电视节目网 125

Time Warner 时代华纳 34 – 35

TMZ 名人网站 52，137

Trisha《特丽莎》78

Trump. D. 唐纳德·特朗普 18

Turner，G. 格雷姆·特纳 40，58，77，91，95n，116，145

Turner，G，Bonner，F，and Marshall，P. D. 特纳、邦纳与马歇尔 8，24，27，29，37，40，

46，50，53，93，100，121

Tulloch，J. 约翰·塔洛克 30n

Twitter 推特 9，23，49，72，73 – 76 passim，92，124，145

Updike，J. 约翰·厄普代克 20

Us《美国周报》52，80

Uses of Digital Literacy，*The*《数字文化的用途》88

Uses of Television《电视的用途》87 – 88，90

Vagina《阴道新传》75

van Krieken，R. 罗伯特·梵·科里科恩 11，74

Vanity Fair《名利场》38，49，53，81，82，139

Vivendi 威望迪 34

Vogue《时尚》82，95n

Voice，*The*《美国之声》63

Walker，A. 亚历山大·沃克 11

Walkerdine，V. 瓦莱丽·沃克丁 67

Wark，M. 沃克 121

Watching Dallas《观看达拉斯》132

Welcome to the Dreamhouse《欢迎来到梦想之家》126 – 127

Weinstein，D. 迪那·韦恩斯坦 39，61

Wernick，A. 安德鲁·维尼克 10，19，30n

West，K. 坎耶·维斯特 105

West，D. M. and Orman，J. 韦斯特和奥曼 150 – 151，152 – 155

Whannell，G. 盖里·沃纳尔 22，42，54，57，87，117 – 119 passim，120n

What Not To Wear《时尚大忌》58

Who《人物》80

Who Do You Think You Are?《你以为你是谁?》69

Williams，R. 雷蒙德·威廉姆斯 5

Winchell，W. 沃尔特·温切尔 12 – 13，46，127，129 – 130

Winfrey，O. 奥普拉·温弗瑞 22，36，132，136

Wolf，N. 娜奥米·沃尔夫 75

Wood，H. and Skeggs，B. 伍德和斯基格斯 28

Woods，T. 泰格·伍兹 22，43，53，118

Young，T. 托比·杨 49，51 – 52，102

YouTube "油管" 73

艾伦 148

Zukor，A. 阿道夫·朱克 12

Zelizer，B. and Allan，S. 泽利泽和